財務報告に関する
概念フレームワークの設定

―財務情報の質的特性を中心として―

中山重穂 著

成文堂

まえがき

　本書は、国際会計基準審議会（IASB）と米国財務会計基準審議会（FASB）の共同作業による概念フレームワーク改訂プロジェクトのなかでもフェーズAにおける財務情報の質的特性を対象とし、その改訂プロセスを予備的段階も含めて時系列的に整理するとともに、財務報告の利用者、作成者、会計事務所、会計基準設定主体などの関係者との2回にわたる調整過程を経て、いかなる性格を持つ質的特性が最終的に公表されるに至ったのかを明らかにするものである。

　概念フレームワークとは、現行の財務報告基準ないしは会計基準を説明するための、あるいはそれらの将来的な設定のための基盤となる基本的な諸概念を体系化したものである。したがって、概念フレームワークは、財務報告あるいは財務諸表作成に関するメタ概念として規範的かつ包括的な性格を持つことが求められる。さらには、社会的なコンセンサスに基づく普遍性と社会的要請や環境変化に対応した先進性をも兼ね備えることが要求される。

　そういった意味において、概念フレームワークは、純学問的な理論に基づき整備された概念の体系というよりも、むしろ関連する法制度、経済システム、商慣行、会計実務のような環境上の諸要因に加えて、財務報告の利用者、作成者、監査人、基準設定主体、規制当局などといった関係者の要請や価値観を基底に持つ、社会的な要請や合意のもとに形成された規約的な概念としての側面を強く持つものであるといえよう。

　それゆえ、概念フレームワークの最適解は、環境上の諸要因あるいは上記関係者による要請、価値観、および指向性といった諸条件の相違や組み合わせに応じて多様に導出されるものであろうし、前提となるそれら諸条件が変化すれば、それに合わせて概念フレームワークも改訂される必要が生じるであろう。

　このことは裏を返せば、設定された概念フレームワークの吟味を通じて、概念フレームワーク構築時に思考基盤となった社会的要請、価値観、あるい

は指向性などを類推できることを意味する。

　2004年より始まるIASBとFASBの共同作業による概念フレームワーク改訂プロジェクトは、両審議会による財務報告基準ないしは会計基準の統一化に端を発したものではあるが、それと同時に財務会計を取り巻く諸環境あるいは両審議会の指向性の変化からも要請されたプロジェクトである。すなわち、両審議会は、現行の財務報告基準ないしは会計基準を説明するための、あるいは将来的な基準設定のための概念的基盤として充分に機能することが既存の概念フレームワークには期待できないと判断し、新たな理念を持った概念フレームワークを構築する必要性を認識したものと考えられる。本書においては、新たに提案された財務情報の質的特性に対して関係者から寄せられた見解や要請を分析するとともに、提案された、あるいは最終的に公表された質的特性の基底にある両審議会の持つ概念フレームワークへの期待あるいは理念の解読を試みている。

　新たな規約あるいはルールが設定されたならば、当該規約ないしはルールが所期の目的を果たすべく機能しているかどうかを検証する必要があるであろう。しかし、概念フレームワークについては、所期の目的を達成可能かどうかを即時かつ正確に確認することは難しい。というのも、新たな概念フレームワークを基礎概念として持つ各種基準が開発、適用されるまで、その効果を直接的に確認できないためである。本書においても、新たな財務情報の質的特性が財務情報の有用性を高めるものであるかどうかを経験的に検証するに至っていない。また、新概念フレームワークがまだ未完成であることもあり、新たな財務情報の質的特性が概念フレームワークにおける下位概念に対していかなる影響を及ぼしているのか、あるいは認識や測定のプロセスといかなる関係を持つのか、といった点まで充分な検討が及んでいない。それらの点で本書は多くの課題を残している。その他にもさらなる検討や検証が必要な箇所や誤認箇所もあるであろう。いずれも筆者の力量不足によるものであり、今後の研究課題としたい。

　振り返ってみれば、現在に至るまで、実に多くの方々にご指導、ご助力を賜っている。この場を借りて心より感謝申し上げたい。ここで全員のお名前を挙げることはできないが、とりわけ本書の上梓にあたっては次の方々に負

うところが大きい。

　友岡賛先生には、学部、大学院だけでなく現在に至るまで指導教授としてご指導を賜っている。学恩に充分に報いているとはいいがたい不肖の弟子であるが、先生の懐の深いご指導あっての現在の筆者である。大学院時代にご教授いただいた笠井昭次先生、黒川行治先生、澤悦男先生、山口操先生を始めとした諸先生からは多くの薫陶を受けた。また、大学院の諸先輩や諸学兄には、現在も公私においてお世話になっている。

　また、本研究テーマに取り組むきっかけとなった国際会計研究学会研究グループ（テーマ「国際会計の概念フレームワーク」）の主査である佐藤倫正先生を始め、メンバーの小西範幸先生、齊野純子先生、田代樹彦先生、角ヶ谷典幸先生、向伊知郎先生、村田英治先生には、研究会のみならず、その後の懇親会の席や温泉においても有益なアドバイスやアイディアをいただいている。

　筆者の所属する愛知学院大学の諸先生にも多くのご指導ご鞭撻を賜っている。とりわけ飯島康道先生、伊藤徳正先生、西海学先生、西舘司先生、平賀正剛先生からは研究会やその後の懇親会等を通じて多くのご教授や刺激をいただいている。愛知学院大学産業研究所長である岡田義昭先生には本書の刊行にあたって多大なご尽力と叱咤激励をいただいた。そして、故平野勝朗先生には研究面に限らず多岐にわたって含蓄のあるご助言をいただいた。今となっては感謝の気持ちをお伝えする術もないが、この場を借りて感謝申し上げると共に心から平野先生のご冥福を祈念申し上げたい。

　また、本書の編集にあたっていただいた成文堂編集部の篠崎雄彦氏に深謝申し上げる。

　最後に私事ながら、研究活動を続けるにあたって、気まぐれな筆者を物心、様々なかたちで支援し、励ましてくれる家族に心より感謝したい。

　なお、本書は、国際会計研究学会研究グループ「国際会計の概念フレームワーク」および科学研究費補助金・基盤研究(A)「国際会計の概念フレームワークに関する総合的研究（課題番号24243053）」による研究成果の一部である。

2013年1月　阿良池の研究室にて

中　山　重　穂

略語一覧

AAA：American Accounting Association（米国会計学会）
AARF：Australian Accounting Research Foundation（オーストラリア会計研究財団）
AASB：Australian Accounting Standards Board（オーストラリア会計基準審議会）
AcSB：Accounting Standards Board（会計基準審議会：カナダ）
AICPA：American Institute of Certified Public Accountants（米国公認会計士協会）
APB：Accounting Principles Board（会計原則審議会：米国）
ASB：Accounting Standards Board（会計基準審議会：英国）
ASBJ：Accounting Standards Board of Japan（企業会計基準委員会：日本）
ASRB：Accounting Standards Review Board（会計基準検討審議会：オーストラリア）
CICA：Canadian Institute of Chartered Accountants（カナダ勅許会計士協会）
DASB：Dutch Accounting Standards Board（オランダ会計基準審議会）
DRSC：Deutsche Rechnungslegungs Standards Committee（ドイツ会計基準委員会）
DSR：Deutscher Standardisierungsrat（ドイツ基準設定委員会）
FASAC：Financial Accounting Standards Advisory Council（財務会計基準諮問会議：米国）
FASB：Financial Accounting Standards Board（財務会計基準審議会：米国）
FASF：Financial Accounting Standards Foundation（財務会計基準機構：日本）
GAAP：Generally Accepted Accounting Principles（一般に公正妥当と認められた会計原則）
IAS：International Accounting Standards（国際会計基準）
IASB：International Accounting Standards Board（国際会計基準審議会）
IASC：International Accounting Standards Committee（国際会計基準委員会）
IFRS：International Financial Reporting Standards（国際財務報告基準）
JICPA：Japanese Institute of Certified Public Accountants（日本公認会計士協会）
KASB：Korea Accounting Standards Board（韓国会計基準委員会）

MASB：Malaysian Accounting Standards Board（マレーシア会計基準審議会）
NZSA：New Zealand Society of Accountants（ニュージーランド会計士協会）
PSASB：Public Sector Accounting Standards Board（公会計基準審議会：オーストラリア）
SEC：Securities and Exchange Commission（証券取引委員会：米国）
SFAC：Statement of Financial Accounting Concepts（財務会計概念ステートメント：米国）
SFAS：Statement of Financial Accounting Standards（財務会計基準書：米国）

目　次

まえがき　i
略語一覧　iv

序　章　概念フレームワークの展開と本書の意義 …………… 1
1　概念フレームワークと財務情報の質的特性の意義 (1)
2　概念フレームワークにおける質的特性の展開 (3)
3　本書の意義と構成 (5)

第1章　共同概念フレームワーク整備へのアプローチ ……… 11
1　はじめに (11)
2　共同概念フレームワークの整備方法 (13)
3　IASB 概念フレームワークと FASB 概念フレームワークにおける検討課題 (19)
4　会計基準における概念フレームワークの位置付け (26)
5　むすびにかえて (31)

第2章　「共通する問題領域」の検討 ……………………………… 37
1　はじめに (37)
2　質的特性に関する論点の整理と検討 (39)
3　むすびにかえて (66)

第3章　財務報告作成における質的特性の適用プロセス …… 71
1　はじめに (71)
2　質的特性の新たな相互関係の構築 (73)
3　意思決定に有用な財務報告書に向けた基準設定のための質的特性の利用 (80)

4　むすびにかえて（91）

第4章　IASB/FASB 共同概念フレームワーク『討議資料』の公表とその特徴 …… 97

1　はじめに（97）
2　討議資料における質的特性の意義と特徴（98）
3　結論の根拠（109）
4　むすびにかえて（110）

第5章　IASB/FASB 共同概念フレームワーク『討議資料』の分析と考察 …… 113

1　はじめに（113）
2　コメントレター投稿者のバックグラウンドの分析（114）
3　討議資料に対するコメントレター（116）
4　『討議資料』の目指すもの（132）
5　むすびにかえて（134）

第6章　IASB/FASB 共同概念フレームワーク『公開草案』の公表とその特徴 …… 145

1　はじめに（145）
2　イントロダクション（146）
3　基本的な質的特性（148）
4　補強的な質的特性（155）
5　財務報告の制約条件の適用（158）
6　むすびにかえて（160）

第7章　IASB/FASB 共同概念フレームワーク『公開草案』の分析と考察 …… 165

1　はじめに（165）
2　コメントレター投稿者のバックグラウンド（166）

3　公開草案に対するコメントレターの分析と
　　　　両審議会の対応（*168*）
　　4　公開草案にみる両審議会の方向性（*183*）
　　5　むすびにかえて（*186*）

第8章　IASB/FASB 共同概念フレームワーク
　　　　『有用な財務情報の質的特性』の公表とその検討…*195*
　　1　はじめに（*195*）
　　2　『有用な財務情報の質的特性』の公表（*196*）
　　3　質的特性の改訂プロジェクトの概要（*203*）
　　4　信頼性から忠実な表現への置換え（*206*）
　　5　ファイナルペーパーにおける忠実な表現（*209*）
　　6　忠実な表現と検証可能性の関係（*211*）
　　7　忠実な表現の採用のインプリケーション（*213*）
　　8　むすびにかえて（*216*）

参考資料一覧 ……………………………………………………………*223*

序章　概念フレームワークの展開と本書の意義

1　概念フレームワークと財務情報の質的特性の意義

　概念フレームワークは後述するように米国において先駆的に開発、公表される。

　FASBによれば、財務会計において概念フレームワークは憲法（constitution）に相当し、より具体的には、首尾一貫した基準へと導くことができ、かつ財務会計および財務諸表の性質、機能、限界を規定する相互関連的な目的（objectives）と原理（fundamentals）の体系的なシステムとして開発されるという（FASB [1976a] p. 2、同訳書 p. 5）。そして、ここでいう目的とは、会計の目指す最終的な目標（the goals and purposes）を規定するものであり、原理とは、報告すべき事象の選択、それら事象の測定、および関係者のために測定された事象を集約し、伝達する手段の指針となる会計の基本的概念であるという（FASB [1976a] p. 2、同訳書 p. 5）。

　このようなFASB概念フレームワークの意義として以下の点が指摘される（FASB [1976a] pp. 5-9、同訳書 pp. 10-16）。
(a) 会計基準設定に対する責任を有する組織に指針を提供すること。
(b) 特定の公表された基準が存在しない場合に、会計上の問題を解決するための準拠枠を提供すること。
(c) 財務諸表の作成における判断の許容範囲を規定すること。
(d) 財務諸表に対する財務諸表利用者の理解と信頼を高めること。
(e) 比較可能性を高めること。

　また、IASBの前身であるIASCによれば、概念フレームワークとは、外部の財務諸表利用者のための財務諸表の作成および表示の基礎をなす概念を述べたものとされ、その目的として以下のような7項目が掲げられる（IASC

[1989] para. 1)。現在、これらの目的は、IASC が IASB へと、IAS が IFRS へと置き換えられているもののその基本的な主旨に変更はない。

(a) IASC 理事会が、将来の IAS の開発と現行の IAS の見直しを行うために役立てること。
(b) IAS によって認められている代替的な会計処理の数を削減するための基礎を提供することによって、IASC 理事会が財務諸表の表示に関する規則、会計基準および手続きの調和を促進するために役立てること。
(c) 各国の会計基準設定主体が国内基準を開発する際に役立てること。
(d) 財務諸表の作成者が、IAS を適用し、また、IAS の主題となっていないテーマに対処する際に役立てること。
(e) 財務諸表が IAS に準拠しているかどうかについて、監査人が意見を形成する際に役立てること。
(f) 財務諸表の利用者が、IAS に準拠して作成された財務諸表に含まれる情報を解釈するために役立てること。
(g) IASC の作業に関心を有する人々に、IAS の形成に対するアプローチに関する情報を提供すること。

以上のように FASB よりも IASB (IASC) の掲げる目的のほうが、具体的で、かつ対象とする範囲が広いものの、いずれの概念フレームワークも期待される基本的な役割に相違はないといえよう。いずれにおいても現行の財務報告基準ないしは会計基準の概念的基盤を説明すること、および財務諸表の作成と利用におけるガイドラインとして役立つことが期待されている。また、それらに加えて、将来、財務報告基準ないしは会計基準を開発する際の概念的基盤を提供することも期待されている。

したがって、かかる役割が期待される概念フレームワークの設定にあたっては、財務報告に対する社会的な要請と財務報告の対象となる経済環境の現状および変化とが充分に斟酌される必要がある。

次に、概念フレームワークの中でも質的特性に着目すると、従来の IASB 概念フレームワークにおいて財務諸表の質的特性は、「財務諸表が提供する情報を利用者にとって有用なものとする属性」(IASC [1989] para. 24) と定義される。

他方、従来のFASB概念フレームワークにおいて会計情報の質的特性は、情報を有用なものとする要素であり、会計選択における規準の役割を果たすものとされる（FASB [1980] para. 5、同訳書 p. 63）。そして、それら特性は、永続性を持つものであることが望まれるが、さればといって不変性を持つものではなく、財務報告が行われる経済的、法律的、政治的および社会的な諸環境によって左右され、また、新しい洞察や新しい研究成果に応じて可変的であり、新しい知識が得られることによって、現在の判断が時代遅れであると判明した場合には、改訂が必要であるとされる（FASB [1980] para. 2、同訳書 p. 62）。

　なお、質的特性については、FASB [1980] では「会計情報」の質的特性、IASC [1989] では「財務諸表」の質的特性、IASB [2010] と FASB [2010] では有用な「財務情報」の質的特性と、枕となる表記がそれぞれ相違している。本書ではそれらの表記を各文脈において可能な限り使い分けることとする。

2　概念フレームワークにおける質的特性の展開

　米国における先駆的な概念フレームワーク開発は、1920年代までさかのぼり、W. A. Paton による "*Accounting Theory*"（Paton [1922]）および J. B. Canning による "*The Economics of Accountancy*"（Canning [1929]）に求められるとされるが、組織的な概念フレームワーク開発に限定した場合には、1936年に AAA から公表された『会社報告諸表会計原則試案（*A Tentative Statement of Accounting Principles Affecting Corporate Reports*)』が先駆けとされる（Zeff [1999] pp. 89-90）。ただし、そこにおいては、原価と価値、利益の測定、および資本と剰余金といった項目が設けられ、それらに関する記述はあるが（AAA [1936] pp. 187-191）、財務報告の目的や会計情報の質的特性に関する記述はまだみられない。

　質的特性に注目すると、1966年に AAA によって公表された『基礎的会計理論（*A Statement of Basic Accounting Theory*)』において、目的適合性、検証可能性、不偏性、および量的表現可能性の4項目が、ある資料を会計情報に

含めるかどうかを判断する指針である会計情報の基準（standards for accounting information）として示されている（AAA [1966] p. 8、同訳書 p. 12-13）。

また、1970年に AICPA から公表された APB ステートメント第4号『企業財務諸表の基礎をなす基本概念と会計原則（Basic Concepts and Accounting Principles Underlying Financial Statements of Business Enterprises）』では、目的適合性、理解可能性、検証可能性、中立性、適時性、比較可能性、および完全性の7項目が、会計情報を有用なものとする質的目的（qualitative objectives）として掲げられている（AICPA [1970] paras. 73, 87-94、同訳書 p. 42、pp. 46-48）。

さらに、1973年に同じく AICPA より公表された『財務諸表の目的に関する研究グループ報告書「財務諸表の目的」（Report of the Study Group on the Objectives of Financial Statements, Objectives of Financial Statements）』では、目的適合性と重要性、形式と実質、信頼性、不偏性、比較可能性、首尾一貫性、および理解可能性が、財務諸表およびその他の報告書において利用者のニーズを満たすために情報が有すべき質的特性（qualitative characteristics）として列挙されている（AICPA [1973] pp. 57-60、同訳書 pp. 73-79）。

そして、1980年には FASB から SFAC 第2号として『会計情報の質的特性（Qualitative Characteristics of Accounting Information）』が公表される。SFAC 第2号では、目的適合性、信頼性、理解可能性、比較可能性が会計情報の質的特性として示されている（FASB [1980] fig. 1、同訳書 p. 77）。

他方、米国以外の国々においても、概念フレームワークとそれに伴う質的特性の公表あるいは設定の試みが多数なされている（諸概念フレームワークの開発については、PSASB and AASB [1993]、Storey and Storey [1998]、菊谷 [2002]、森川 [2003]、斎藤編 [2007]、有限責任あずさ監査法人 IFRS 本部編 [2012] などを参照のこと）。例えば、カナダ（1988年、CICA [1988]）、オーストラリア（1990年、PSASB and ASRB [1990a]、[1990b]、[1990c]）、ニュージーランド（1993年、NZSA [1993]）、および英国（1999年、ASB [1999]）においてそれぞれ概念フレームワークに相当する文書が公表されている。また、ドイツ（2002年、DSR [2002]）や日本（2004年、ASBJ [2004]）では、正式な概念フレームワークは未発表であるが、設定の試みのための資料が公表されている。これらの国々では、米国と同様に、概念フレームワークの設定や公表にあたって様々な文書

が作成され、検討が繰り返されており、また、当該文書の公表後に改訂されている概念フレームワークもある。

このように各国において概念フレームワークが開発される一方で、1989年にはIASCから概念フレームワークとして『財務諸表の作成及び表示に関するフレームワーク (*Framework for the Preparation and Presentation of Financial Statements*)』が公表される。当該概念フレームワークはIASCからIASBへと国際的な会計基準設定主体が改組された後も、IASBによって承認され、IASBの概念フレームワークとして適用されている。

かかる状況において、2004年、IASBとFASBは、双方の既存の概念フレームワークを改良し、収斂させた単一の概念フレームワークを共同で開発することに合意する。両審議会が概念フレームワークを開発するに至った背景として、会計基準の国際的収斂のための概念的な環境整備、概念フレームワークの老朽化に伴うアップデートの必要性、および原則主義の採用による概念フレームワークの首尾一貫性および体系性の強化が考えられる。

そして2010年には両審議会による概念フレームワーク改訂プロジェクトの一部、フェーズAが完了し、『第1章：一般目的財務報告の目的』および『第3章：有用な財務情報の質的特性』が公表される。

3　本書の意義と構成

概念フレームワークは、会計基準が首尾一貫したルールのシステムとなるよう、前提となる基本概念を体系化したものであり、現行の会計基準をできるだけ整合的に記述するとともに、会計基準の向かうべき方向を示唆することで、将来の基準設定に指針を与える役割も担うものとされる（斎藤［2007］p. 147）。

本書は、かかる概念フレームワークについて、2004年に始まるIASBとFASBの共同作業による概念フレームワーク改訂プロジェクトの中でもフェーズAの『第3章：有用な財務情報の質的特性』を取り上げ、その改訂作業に関して、計画段階から最終的な2010年の公表までを時系列的に整理、分析したものである。

概念フレームワークあるいはそこで指摘される情報の質的特性に関しては、規範的、記述的、計量的、歴史的、あるいは国際比較的アプローチなどのもと多数の研究が国内外の先達によって取り組まれるとともに、その成果が公表されており、枚挙には暇がない（例えば、Macve [1981]、Joyce et al. [1982]、安藤 [1996]、Storey and Storey [1998]、Zeff [1999]、菊谷 [2002] など）。その中にあって同じく概念フレームワーク、とりわけ質的特性を研究対象とする本書の意義を見いだすとすれば以下の点にあると考えられる。

　第1に、一般に上位概念から演繹的に導出されるとみなされる概念フレームワークの詳細な策定プロセスが明らかにされる。財務情報の質的特性の策定にあたっては、コメントレターを広く募集し、財務報告利用者、作成者、監査人、会計基準設定主体、規制主体、研究者などからのコメントを参考としつつ、改訂作業が進められている。とりわけ財務報告の目的と財務情報の質的特性に関しては2度にわたってコメントレターが募集されている。上位概念である財務報告の目的から演繹的に財務情報の質的特性が導出される中にあって、同時に、実務上の経験から生じる見解や諸関係者の価値観など外部からの意見が加味、調整された上で概念フレームワークとして設定される側面もあることが討議資料（IASB [2006a]、FASB [2006a]）および公開草案（IASB [2008a]、FASB [2008a]）の検討から明らかにされる。

　第2に、財務情報の質的特性の策定プロセスを時系的に整理することによって従来の質的特性の問題点および新たな質的特性の特徴がより明確にされる。本書では、最終的に公表されたファイナルペーパー（IASB [2010]、FASB [2010]）のみに注目するのではなく、改訂作業の予備的段階における改訂方法や改訂すべき論点、討議資料と公開草案のそれぞれの特徴と改訂プロセス、および討議資料と公開草案へのコメントレターなども検討対象としている。このため、従来のIASBとFASBのそれぞれの概念フレームワークにおける各質的特性が、なぜ最終的にファイナルペーパーのように改訂され、位置付けられることとなったのかがより明確にされる。

　第3に、概念フレームワークにおける新たな財務情報の質的特性の検討を通じて、財務報告基準ないしは会計基準の国際的収斂を進めようとしているIASBとFASBによる基準設計の今後の方向性の洞察を試みている点であ

る。重要な質的特性として広く認知されていた信頼性に代わる忠実な表現の採用、質的特性の相互関係の構築などの基底にある両審議会の意図を推察する。

　以上のような特徴を持つ本書は以下のような構成をとる。

　まず、第1章においては、主に両審議会がいかなるアプローチで共同概念フレームワークの収斂、改良、および完成に取り組むのかを検討する。加えて、質的特性に関して修正すべき課題および原則主義と概念フレームワークの関係について検討、整理する。そして、概念フレームワーク整備の全体像を示す。

　第2章では、概念フレームワーク改訂プロジェクトにおける重点課題である「共通の問題領域」を中心に、質的特性にかかわる論点と両審議会のそれら論点に対する見解とを両審議会による討議プロセスをもとに明らかにする。

　第3章では、質的特性の相互関係および適用プロセスの明確化に向けた両審議会による討議プロセスを時系列的に整理するとともに、両審議会がどのような質的特性の相互関係を構築し、意思決定に有用な財務情報を作成することを企図していたのかを明らかにする。

　第4章では、討議資料において示された各質的特性および制約条件の意義と特徴について明らかにする。そして、続く第5章では、討議資料で示された質的特性に対するコメントレターの分析を通じて、討議資料に内在する問題点を明らかにするとともに、両審議会が目指す会計的枠組みの方向性を考察する。

　第6章では、公開草案で示される質的特性および制約条件とそれらの相互関係の特徴を、討議資料と比較、検討する。そして、続く第7章では、第5章と同様に公開草案へのコメントレターの検討および分析を通じて公開草案の基底にある両審議会の意図を考察する。

　最後に、第8章では、最終的に公表されたファイナルペーパー『第3章：有用な財務情報の質的特性』の概要を示すとともに、質的特性の主要な改訂と関連する論点を中心に検討し、改訂の背後にある両審議会の示す会計的方向性と問題点を考察する。

なお、これらのうち、第1章の第4節「会計基準における概念フレームワークの位置付け」は中山［2012a］を、また、第8章「IASB/FASB共同概念フレームワーク『有用な財務情報の質的特性』の公表とその検討」は中山［2012b］を加筆修正したものである。

〈引用文献〉

安藤英義編著［1996］『会計フレームワークと会計基準』中央経済社。
ASBJ（基本概念ワーキング・グループ）［2004］『討議資料「財務会計の概念フレームワーク」』ASBJ。
菊谷正人［2002］『国際的会計概念フレームワークの構築―英国会計の概念フレームワークを中心として―』同文舘出版。
斎藤静樹［2007］「概念フレームワーク」『会計学大事典〈第五版〉』中央経済社、pp. 147-148。
斎藤静樹編著［2007］『詳細「討議資料・財務会計の概念フレームワーク」第2版』中央経済社。
中島省吾訳編［1964］『増訂 A. A. A. 会計原則』中央経済社。
中山重穂［2012a］「原則主義」『国際会計の概念フレームワーク』国際会計研究学会研究グループ最終報告書、pp. 117-120。
中山重穂［2012b］「財務情報の質的特性」『国際会計の概念フレームワーク』国際会計研究学会研究グループ最終報告書、pp. 39-48。
森川八洲男［2003］「ドイツ版概念フレームワークの構想」『企業会計』第55巻第10号、pp. 1380-1389。
有限責任あずさ監査法人 IFRS 本部編［2012］『IFRSの基盤となる概念フレームワーク入門』中央経済社。
AAA [1936] A Tentative Statement of Accounting Principles Affecting Corporate Reports, *The Accounting Review*, Vol. 11, No. 2, pp. 187-191.
AAA [1966] *A Statement of Basic Accounting Theory*, AAA（飯野利夫訳［1969］『アメリカ会計学会 基礎的会計理論』国元書房）.
AICPA [1970] APB Statement No. 4, Basic Concepts and Accounting Principles Underlying Financial Statements of Business Enterprises, *APB Accounting Principles, Original Pronouncements as of June 30, 1973*, Vol. 2, Commerce Clearing House, Inc.（川口順一訳［1973］『アメリカ公認会計士協会 企業会計原則』同文舘出版）.
AICPA [1973] *Report of the Study Group on the Objectives of Financial Statements, Objectives of Financial Statements*, AICPA（川口順一訳［1976］『アメリカ公認会計士協会 財務諸表の目的』同文舘出版）.

ASB [1999] *Statement of Principles for Financial Reporting*, ASB.
Canning, J. B. [1929] *The Economics of Accountancy*, Arno Press (reprinted 1978).
CICA [1988] Financial Statement Concepts, Section 1000, *CICA Handbook*, CICA.
DSR [2002] *Entwurf Grundsätze ordnungsgemäßer Rechnungslegung (Rahmenkonzept)*, DSR.
FASB [1976a] *Scope and Implications of the Conceptual Framework Project*, FASB (森川八洲男監訳 [1988]『現代アメリカ会計の基礎概念』白桃書房).
FASB [1980] *SFAC No. 2, Qualitative Characteristics of Accounting Information*, FASB (平松一夫・広瀬義州訳 [2002]『FASB 財務会計の諸概念（増補版）』、中央経済社).
FASB [2006a] *Preliminary Views, Conceptual Framework for Financial Reporting : Objective of Financial Reporting and Qualitative Characteristics of Decision-Useful Financial Reporting Information*, Financial Accounting Serieis, No. 1260-001, FASB.
FASB [2008a] *Exposure Draft, Conceptual Framework for Financial Reporting : The Objective of Financial Reporting and Qualitative Characteristics and Constraints of Decision-Useful Financial Reporting Information*,Financial Accounting Series, No. 1570-100, FASB.
FASB [2010] *SFAC No. 8, Conceptual Framework for Financial Reporting : Chapter 1, The Objective of General Purpose Financial Reporting, and Chapter 3, Qualitative Characteristics of Decision-useful Financial Information*, FASB.
IASB [2006a] *Discussion Paper, Preliminary Views on an improved Conceptual Framework for Financial Reporting : The Objective of Financial Reporting and Qualitative Characteristics of Decision-useful Financial Reporting Information* IASB.
IASB [2008a] *Exposure Draft of An improved Conceptual Framework for Financial Reporting : Chapter 1 : The Objective of Financial Reporting, Chapter 2 : Qualitative Characteristics and Constraints of Decision-useful Financial Reporting Information* IASB.
IASB [2010] *Conceptual Framework for Financial Reporting : Chapter 1 : The Objective of General Purpose Financial Reporting and Chapter 3 : Qualitative Characteristics of Useful Financial Information* IASB.
IASC [1989] *Framework for the Preparation and Presentation of Financial Statements*, IASC Foundation (IASC 財団編、ASBJ・FASF 監訳 [2009]『国際財務報告基準 (IFRS) 2009』中央経済社).
Joyce, E J., R. Libby, and S. Sunder [1982] FASB's Qualitative Characteristics of Accounting Information : A Study of Definitions and Validity, *Journal of*

Accounting Research, Vol. 20, No. 2, pp. 654-675.

Macve, R. [1981] *A Conceptual Framework for Financial Accounting and Reporting: The Possibilities for an Agreed Structure*, ICAEW.

NZSA [1993] *Statement of Concepts for General Purpose Financial Reportining*, NZSA.

Paton, W. A. [1922] *Accounting Theory*, Scholars Book Co. (reprinted 1973).

PSASB and AASB [1993] *The Development of Statements of Accounting Concepts and Accounting Standards*, AARF and AASB.

PSASB and ASRB [1990a] *Statement of Accounting Concepts, SAC 1, Definition of the Reporting Entity*, AARF and ASRB.

PSASB and ASRB [1990b] *Statement of Accounting Concepts, SAC 2, Objective of General Purpose Financial Reporting*, AARF and ASRB.

PSASB and ASRB [1990c] *Statement of Accounting Concepts, SAC 3, Qualitative Characteristics of Financial Information*, AARF and ASRB.

Storey, R. K. and S. Storey [1998] *FASB Special Report, The Framework of Financial Accounting Concepts and Standards*, FASB (財企業財務制度研究会訳[2001]『財務会計の概念および基準のフレームワーク』中央経済社).

Zeff, S. A. [1999] The Evolution of the Conceptual Framework for Business Enterprises in the United States, *The Accounting Historians Journal*, Vol. 26, No. 2, pp. 89-131.

第1章　共同概念フレームワーク整備への
　　　　アプローチ

1　はじめに

　2004年4月、IASBとFASBの両審議会は、既存の概念フレームワークを改良し、収斂させた単一の概念フレームワークを共同開発することの是非を討議し、最終的に合意へと至った（IASB［2004a］para. 1）。そしてその際、両審議会は、具体的な協議事項の策定へと入る前の予備的作業として、プロジェクト担当者に同年10月における合同会議までに新たな概念フレームワークの整備方法や公表方法といったプロジェクト進行計画の立案を指示した（IASB［2004b］p. 4）。

　2002年9月に開催されたIASBとFASBによる合同会議において覚書（Memorandum of Understanding：MOU）、いわゆるノーウォーク合意が交わされた。同覚書では、財務報告のために国内のみならず国際的に利用可能な高品質で単一の会計基準を開発すること、そのために、IASBの開発するIFRSとFASBの開発する米国会計基準とを収斂させることが取り決められた。異なる会計上の概念的枠組みから同一の会計基準を導出することは極めて困難にちがいない。したがって、会計基準の収斂のためには、会計基準を設定、理解するための概念フレームワークも収斂させる必要がある。共通の概念フレームワークを基盤として会計基準の整備が進められることで、会計基準の収斂がより円滑に推進可能になると考えられるためである（FASAC［2004a］p. 8）。このため、上述のような共同概念フレームワーク整備の合意へと至ったのである。

　加えて、2004年時点において両審議会が採用する概念フレームワークは、利用開始から相当な期間が経過しており、現実の経済環境および企業の経営実態に対して適合しない領域が散見されるようになっていた。例えば、財務

情報の質的特性に関する概念的なフレームワークとして、従来、IASB では、その前身である IASC が1989年に公表した『財務諸表の作成及び表示に関するフレームワーク』における「財務諸表の質的特性」が、FASB では、1980年に公表された SFAC 第2号『会計情報の質的特性』が、効力を有していた[1]。IASB 概念フレームワーク、FASB 概念フレームワーク（すなわち SFAC）ともに公表から長時間が経過している。その間、会計が対象とする経済環境や企業の経営実態は大幅に変化している。その結果、従来の概念フレームワークおよび概念フレームワークにおいて想定されていた経済環境や企業取引と現実の経済環境や企業取引との間に齟齬が生じていた。そのため、IASB と FASB は、双方の概念フレームワークを収斂させるだけでなく、現状の経済環境や企業取引と合致していない問題箇所ないしは未対応の箇所があれば、改良および補足を加えつつ概念フレームワークを整備する必要があった（FASAC [2004a] pp. 6-7）。

また、IASB と FASB は、原則主義に立脚した会計基準を整備する姿勢を示している[2]。原則主義による会計基準とは、詳細な規定の設定によって整備された基準ではなく、原理原則のみを明示することによって簡潔明瞭に整備された基準をいう。したがって、原則を補足するための詳細な規定は設けられないか、最少限にとどめられる。さらに、原則から外れることを認める例外規定は許容されない。このような原則主義による会計基準の開発においては、原則の設定や会計的判断の拠り所となる、理論的な整合性を持ち、包括的で体系的な概念フレームワークが必要となる（FASAC [2004a] p. 7）。

以上のように、両審議会が共同概念フレームワーク整備の合意へと至った背景として、会計基準の国際的収斂、概念フレームワークの老朽化、および原則主義の採用が考えられる[3]。これら背景との対応から、共同概念フレームワークの整備における課題として以下の3点が指摘できる。

(a) IASB と FASB の概念フレームワークの収斂
(b) 現在の経済環境および企業の経営実態や企業取引との対応
(c) 概念的枠組みとしての首尾一貫性および体系性の確保

以上のような背景および課題を前提として、本章においては両審議会が採用した概念フレームワーク整備の方針および方法を明らかにする。まず初め

に、両審議会がいかなるアプローチで共同概念フレームワークの収斂、改良、そして完成に取り組むのかについて検討する。次に、両審議会が共同で概念フレームワークを整備するにあたってどのような問題意識を有していたのか、財務情報の質的特性における両概念フレームワーク間の相違点および修正すべき課題を中心に検討する。続いて、会計基準と概念フレームワークの関係について原則主義との関わりで整理する。そして最後に、両審議会が計画した共同概念フレームワーク整備の全体像を示す。

2 共同概念フレームワークの整備方法

2-1 共同概念フレームワークの段階的な整備

共同概念フレームワークを整備するにあたって、両審議会の概念フレームワークの収斂と改良を同時並行的に進め、単一のプロジェクトとして完成を目指すべきか、それとも収斂と改良とを別個のプロジェクトとし、複数の段階に分けて進めるべきかが検討された（IASB [2004a] paras. 97-105）。

このような状況に対して、

(a) 概念フレームワークの収斂、改良、および完成を単一の計画とする方法
(b) 第1段階として両概念フレームワークの収斂に注力しつつ、部分的な改良を行い、第2段階として残りの改良および未着手部分の完成を目指す方法
(c) 第1段階として収斂と改良に注力し、第2段階として未着手部分の完成を目指す方法

という3種類の方法が提案、検討された（IASB [2004a] para. 106）。

(a)の方法は概念フレームワークの収斂と改良のみならず概念フレームワーク全体の完成を目指すものであり、そのため、完了までに長期間を要する。一方、(b)の方法は概念フレームワークの収斂のみを優先課題とする方法であり、(c)の方法は収斂と改良の両方を優先課題とする方法である。完成までのプロセスにおいて収斂と改良のいずれに力点を置くか、というアプローチの相違はあるが、いずれの方法も最終的には概念フレームワークの完成を目指している点で相違はない。

IASB [2004a] では、概念フレームワークの整備と同時並行で会計基準の整備も進行させなくてはならない状況を考えると、概念フレームワークの整備を一定の到達目標を持つ、いくつかの段階に分割したほうが、一直線に完成を目指すよりも、部分的に完成した概念フレームワークから会計基準設定プロセスへのフィードバック、あるいはその反対に、会計基準設定プロセスからの概念フレームワーク整備作業へのフィードバックが可能となり、双方向性のある、より柔軟な制度設計が可能になるという見解が示されている (IASB [2004a] paras. 109-111)。この見解に基づくならば、(a)の方法よりも、(b)ないしは(c)の方法が適切ということになる。

また、IASBとFASBの既存の概念フレームワークを対比して双方の良い部分を抽出し、収斂を進めたとしても、不備のある領域や未対応の領域は残される。理論的な整合性がとれた、包括的で、体系的な共同概念フレームワークを開発するためには、両概念フレームワークの共通点、相違点を洗い出し、収斂を進めつつ、論理的矛盾や経済環境ないしは企業取引に対応しないなどといった問題箇所があれば修正を加え、不足部分があれば補足する必要がある。したがって、収斂と改良とを同時に進めつつ、完成を目指すほうが合理的な方法といえ、この場合には、(b)よりも(c)の方法のほうが適切ということになる。ただし、問題箇所には修正の重要度や緊急度の高低があるであろう。そこで、重要度や緊急度を考慮して、問題箇所のうち優先度の高いものから修正するほうが現実的な整備方法であると考えることもできる。この場合は、(c)よりも(b)の方法のほうが適切ということになる。

ただし、このように部分に分けたパッチワーク的な概念フレームワーク整備は、完成段階に至るまで概念フレームワークの全体像を俯瞰できず、ともすればピースミールアプローチとして批判される可能性も否定できない。しかし、概念フレームワーク全体の整備には相応の期間を必要とするため、2002年のノーウォーク合意にもあるような会計基準の国際的統一ないし収斂を喫緊の課題としている状況においては現実的ではないと判断される可能性が高い。

IASBとFASBは2004年4月の合同会議において、概念フレームワークの整備をいくつかのフェーズに分けて進めることを決定した (IASB [2004b]

p. 4)。また、あわせて、概念フレームワークの収斂と概念フレームワークの中でも目的、質的特性、構成要素、認識および測定といった特定領域に絞った改良とに集中的に取り組むことも表明した（IASB [2004b] p. 4）。この決定を下した合同会議の議事録（IASB [2004b]）においては、前出の3種類の方法のいずれを採用したのかは明示されていないものの、優先的に概念フレームワークの収斂と部分的な改良に取り組む、(b)の方法を採用したものと理解してよいであろう。

2-2　共同概念フレームワーク整備へのアプローチ

IASBとFASBの既存の概念フレームワークを収斂させ、共同概念フレームワークを整備するにあたって、オリジナル・アプローチ（original approach）[4]、カレント・アプローチ（current approach）、およびハイブリッド・アプローチ（hybrid approach）という3種類の整備方法が検討された（FASAC [2004a] pp. 9-11）。

(1) オリジナル・アプローチ

オリジナル・アプローチとは、いくつかの階層に分割されたピラミッド型の概念構造を基礎とし、その上位階層から順に概念フレームワークを設定していく方法であり、このためトップダウン・アプローチ（top down approach）とも呼ばれる（FASAC [2004] p. 9）。

オリジナル・アプローチは、FASBがSFACを設定する際に用いた方法であり、その設定プロセスは、図1-1のようなピラミッド型の概念階層図に基づき進められたという（FASAC [2004a] p. 9）。例えば、SFACの設定においては、まず最上位階層である目的（objectives）階層から取り組みが始められた。そして、それが1978年に公表されたSFAC第1号『営利企業の財務報告の基本目的』へと結実する。次に、目的階層直下の基本的（fundamental）階層へと作業が移り、1980年、SFAC第2号『会計情報の質的特性』、第3号『営利企業の財務諸表の構成要素』が公表される[5]。以降、操作的（operational）階層、表示（display）階層へと作業は進められる。ただし、すべての項目がSFACへと結実したわけではなかった。例えば、表示階層にお

図1-1　ピラミッド型概念階層図

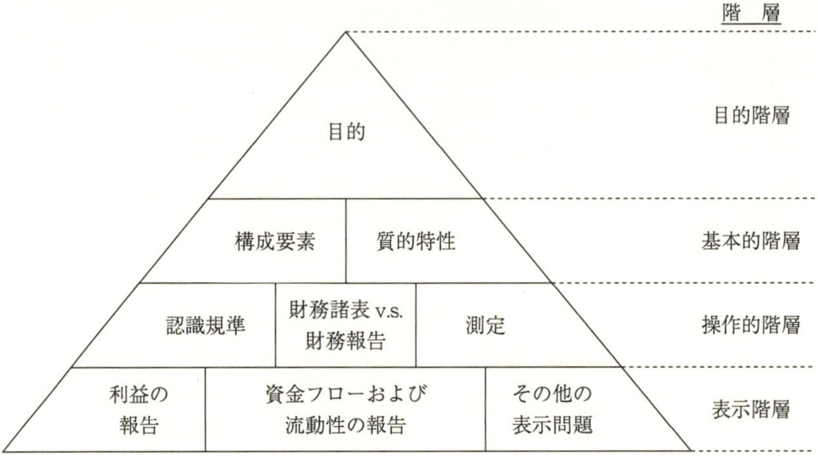

```
              目的                    目的階層
       ─────────────────
         構成要素 │ 質的特性           基本的階層
       ─────────────────
      認識規準│財務諸表 v.s.│測定      操作的階層
             │財務報告    │
       ─────────────────
      利益の │資金フローおよび│その他の  表示階層
      報告   │流動性の報告    │表示問題
```

（出所）FASAC［2004a］pp. 9-11、p. 14をもとに著者作成

ける利益の報告（reporting earnings）、資金フローおよび流動性の報告（reporting funds flow and liquidity）、その他の表示問題（other display issues：財政状態計算書や株主資本変動計算書など）といった項目については、公開草案[6]は公表されたものの、SFACとしての公表には至らなかった（FASAC［2004a］pp. 9-11）。

このトップダウン・アプローチを採用した場合、上位概念から下位概念へと順にフレームワークが整備されるため、理論的な整合性がとれた、包括的で、体系的な概念フレームワークの構築が可能となるが、その分、時間とその結果としての人的資源とを必要とすることになる（FASAC［2004a］p. 11）。したがって、それらに制約がある状況においては合理的な方法ではない。

(2) カレント・アプローチ

2番目の整備方法であるカレント・アプローチとは、新たな会計基準および財務報告基準の設定ないしは既存の基準の改訂に端を発して、当該基準と関連する概念フレームワークの改訂が必要となった場合に、当該フレームワークの該当部分のみを改訂することで概念フレームワークの整備を進める方法である（FASAC［2004a］p. 11）。例えば、負債と資本に関する会計基準の開

発に伴って負債と資本の定義の改訂が必要とされる場合、あるいは収益認識にかかわる会計基準の開発にともなって収益の認識規準や資産、負債、収益、利得といった構成要素の定義の改訂が必要とされる場合などが該当する（FASAC [2004a] p. 11）。この方法は、パッチワーク的に整備を進める方法であるため、アドオン・アプローチ（add-on approach）ともよばれ、概念フレームワークの整備箇所は限定的となる（FASAC [2004a] p. 11）。

このような特徴を持つカレント・アプローチは、オリジナル・アプローチと比べて、整備箇所を限定することになる分、時間や人手を相対的に必要としない。しかしながら、このアプローチのもとでは、会計基準の設定が概念フレームワークの整備を先導することになり、会計基準の設定における概念的判断指針というそもそもの概念フレームワークの位置付けと矛盾し、加えて、フレームワーク整備が場当たり的となり、理論的な整合性がとれた、包括的で、体系的なフレームワークを構築するという目標とも合致しない（FASAC [2004a] p. 12）。

(3) ハイブリッド・アプローチ

以上のようにオリジナル・アプローチとカレント・アプローチという二つの整備方法が示された。しかし、いずれの方法も長所と短所を併せ持ち、かつそれらは相互補完的な性格を有している。そこで両者の折衷案として、第3のアプローチであるハイブリッド・アプローチ（別名、コンバインド・アプローチ：combined approach）が提案された（FASAC [2004a] p. 12）。

この方法は、概念フレームワークの整備を、会計基準の設定に付随する追加的作業としてではなく、独立したプロジェクトとして進める方法であり、それと同時に、ピラミッド型の概念階層を持つフレームワーク全体の包括的な整備を目指すのではなく、会計基準設定時にたびたび直面する、「共通する問題領域（crosscutting issues）」に集中して整備作業を進める方法でもある（FASAC [2004a] pp. 12-13）。例えば、共通する問題領域として、蓋然性（probable）の定義、負債の定義、契約上の権利義務の会計などがあるという（FASAC [2004a] p. 13）。

(4) ハイブリッド・アプローチの採用

結論からいえば、2004年10月の合同会議において、共同概念フレームワークの整備方法として、ハブリッド・アプローチが採用された（IASB［2004a］paras. 1-3、IASB［2004b］p. 4）。

その根拠としては、

(a) ハイブリッド・アプローチは、オリジナル・アプローチのように、ピラミッド型の概念階層に基づく、概念フレームワーク全体の整備を行うわけではないが、あらかじめ決められた概念フレームワークの特定の領域を中心に、実際の会計基準設定において問題となっている箇所を取り上げるため、効率的な整備方法であること

(b) その際も個々の会計基準の設定とは切り離された個別のプロジェクトとして、会計的概念の検討がなされるため、カレント・アプローチよりも包括的なフレームワークの構築が可能となること

(c) 概念フレームワークの整備箇所を共通する問題領域に限定するため、効率的に時間と人員を利用することが可能であり、また、短期的な成果を期待できるため、オリジナル・アプローチよりも合理的な整備方法であること

(d) 共通する問題領域に関連する会計基準の設定に先駆け、該当領域の概念フレームワークが整備されれば、会計基準設定に際しての概念的指針として、より有用な概念フレームワークが構築されること

などがあげられる（FASAC［2004a］pp. 12-13）。

このハイブリッド・アプローチのもとでは、原則として共通する問題領域を中心に概念フレームワークの整備が進められるのであるから、裏を返せば、改良されたり、新たに付け加えられたりなどした概念フレームワーク部分は、複数の会計基準と関連性を有する重要な問題領域であると推定できる。

3 IASB概念フレームワークとFASB概念フレームワークにおける検討課題

3-1 共同概念フレームワーク構築のための検討課題

IASBとFASBは、共同概念フレームワーク構築の検討段階において、双方の既存の概念フレームワークの相違点、改善すべき問題点といった検討課題について、包括的な整理を行っている。具体的には、2004年10月の合同会議において以下の(1)から(6)の項目が検討課題として示されている（IASB [2004a] paras. 15-82）。

(1) 目的（purpose）と位置付け（status）

両概念フレームワークともIASBないしはFASBによる会計基準の設定あるいは改訂の支援を目的としているが（IASC [1989] para. 1、FASB [1978] preface）、IASB概念フレームワークは、この他にも各国会計基準設定主体、財務諸表作成者、監査人、および財務諸表利用者の支援も目的として掲げており（IASC [1989] para. 1）、FASBのものよりも目的の範囲が広い。そのため、両者の目的の調整が必要となる。

また、FASB概念フレームワークすなわちSFACは、米国GAAPヒエラルキーに含まれておらず（FASB [1978] preface）、IASBのヒエラルキーにおけるIASB概念フレームワークの位置付けよりも低いレベルにある。したがって、概念フレームワークとしてのSFACの米国GAAPヒエラルキーにおける位置付けを強化する必要がある[7]。

(2) 範囲（scope）

範囲については、対象とする事業形体（sectors）、報告主体（entities）、および財務報告の境界線（financial reporting boundaries）という三つの領域がある。

1) 事業形体

IASB概念フレームワークは、民間部門、公的部門を問わず、商工業などすべての報告企業の財務諸表を適用範囲としている（IASC [1989] para. 8）。一

方、FASBの概念フレームワークは民間部門の営利企業と非営利組織を適用範囲としている[8]。このように、両概念フレームワークが対象とする事業形体の範囲が異なるため、共同概念フレームワークの整備にあたっては対象とする事業形体を統一する必要がある[9]。

2) 報告主体

IASBおよびFASBはともに、頑健性の高い報告主体概念、すなわち、何を根拠として特定の法的主体ないしは経済的主体を報告主体とみなすのかという明確な概念的枠組みを構築していない（IASB [2004a] para. 26）。このため、報告主体にかかわる概念フレームワークを新たに構築する必要がある。

なお、2004年10月の合同会議では、他の概念フレームワーク項目の整備を優先することが提言されており、報告主体に関する概念フレームワークの構築の優先度は低いものとみなされていた[10]（IASB [2004a] para. 28）。

3) 財務報告の境界線

IASB概念フレームワークでは、貸借対照表、損益計算書、財政状態変動計算書、注記、およびその他不可欠な計算書や明細書から構成される財務諸表を適用範囲とし、取締役による報告書、経営者による説明や分析、財務報告書に含まれる類似項目などは適用外とされる（IASC [1989] para. 7）。一方、FASB概念フレームワークでは、財務諸表以外の手段によって提供される財務情報も概念フレームワークの範囲内とされる（FASB [1978] para. 5）。したがって、共同概念フレームワークの適用対象となる財務報告を財務諸表のみとするのか、それともそれよりも広い範囲とするのかが問題となる。

(3) 目的 (objectives)

IASBとFASBの概念フレームワークは、現在のおよび潜在的な投資者、従業員、貸付者、仕入その他の取引先、得意先、政府その他の官公庁、および一般大衆などといった情報利用者に対して、経済的意思決定に有用な情報を提供することを財務報告の基本目的としている（IASC [1989] para. 12、FASB [1978] para. 34）。ただし、重要な情報利用者の位置付けが両者において異なる。IASB概念フレームワークでは、資本提供者としての投資者のニーズを満たす財務諸表の提供を第一義としている（IASC [1989] paras. 9-10）

一方、FASB概念フレームワークは投資者と債権者を最も重要な情報利用者としている（FASB [1978] para. 30）。情報利用者の範囲が異なれば、概念フレームワークにおける財務報告の目的も相違すると考えられるため、いかなる情報利用者に重きをおくのかが問題となる。

(4) **基本的概念**（fundamental concepts）

基本的概念として、基礎となる前提（underlying assumptions）、質的特性（qualitative characteristics）、構成要素（elements）、および資本（capital）と資本維持（capital maintenance）という四つの領域がある。

1) **基礎となる前提**

IASB概念フレームワークでは基礎となる前提として発生主義と継続企業とが本文において取り上げられているが（IASC [1989] paras. 22-23）、FASB概念フレームワークでは明記されていない（IASB [2004a] para. 42）。このため共同概念フレームワークにおいて発生主義と継続企業をどのように取り扱うのかが問題となる。

なお、合同会議では、発生主義と継続企業は、構成要素や測定といった他の領域と関連させて整備することが提言されている（IASB [2004a] para. 42）。

2) **質的特性**

IASB概念フレームワークにおいては、質的特性間における序列は示されていないが（IASC [1989] para. 24）、FASB概念フレームワークでは質的特性の相互関係が階層化されている（FASB [1980] paras. 32-34）。また、両概念フレームワークともに会計情報の中立性を要求する一方で、慎重性ないしは保守主義を許容している（IASC [1989] para. 37、FASB [1980] para. 92）。このため、質的特性相互の位置付けや整合性の確認および整備という重要な問題が提起される。

また、合同会議では、信頼性など重要な質的特性が正しく理解されていない場合があることが指摘されており（IASB [2004a] para. 50）、各質的特性の定義の確認、場合によっては新たな質的特性の設定が検討課題となる。

3) **構成要素**

両概念フレームワークにおける資産、負債、資本といった構成要素の定

義は概ね共通しているが、資産の定義における将来キャッシュフローの意義など、細部において相違がみられるため（IASB [2004a] paras. 54-55）、調整が必要となる。また、負債の定義、負債と資本の区別、契約上の権利と義務など概念フレームワークの改良が必要とされる領域も存在する（IASB [2004a] para. 56）。

4）資本と資本維持

資本概念と資本維持概念として、両概念フレームワークとも、貨幣資本と貨幣資本維持、および実体資本と実体資本維持を紹介している（IASC [1989] paras. 102-104、FASB [1984] paras. 46-48）。このうち、FASB概念フレームワークでは貨幣資本と貨幣資本維持が採用されている（FASB [1984] paras. 45, 47）。一方、IASB概念フレームワークではどちらの資本維持概念を選択するかは、財務諸表利用者のニーズに基づくべきとされている（IASC [1989] para. 103）。いかなる資本概念を採用すべきかは、測定領域と関連性が高いため、これら概念についての収斂作業は測定プロジェクトにおいて議論すべきとされている（IASB [2004a] para. 61）。

(5) 操作的概念（operational concepts）

操作的概念としては、認識（recognition）と測定（measurement）という二つの概念的領域がある。

1）認識

両概念フレームワークとも、項目ごとに認識規準を設定しているが、その際、当該項目の目的適合性は、FASB概念フレームワークでは認識規準に含められるが、IASB概念フレームワークでは含められない、将来キャッシュ・インフローないしはアウトフローが生じる蓋然性（probable）は、IASB概念フレームワークでは認識規準に含められるが、FASB概念フレームワークでは含められない、などといった認識規準の相違がみられる（IASB [2004a] para. 64）。また、資産あるいは負債の認識中止のように概念フレームワークの整備よりも会計基準の設定のほうが先行している領域もある（IASB [2004a] para. 67）。したがって、この領域では、両概念フレームワークの収斂と未着手の領域の整備が求められる。

なお、認識に関しては、構成要素の定義と連携させて整備すべきであることが指摘されている（IASB [2004a] para. 69）。

2) 測定

両概念フレームワークとも複数の測定属性を利用することを示唆しているものの、それら測定属性の使い分けの指針は示していない。したがって、原初測定および再評価、減損、減価償却などを含めた事後的な測定に関する概念フレームワークの整備が必要とされる。

なお、この領域については、構成要素の定義に基づいて進行させるべきであるとされる（IASB [2004a] para. 75）。

(6) 表示（display）

表示については、IASB、FASBともに明示的な定義を持った概念フレームワークを提示していない表示（presentation）および開示（disclosure）、すなわち、どのように情報を表示すべきか、およびいかなる情報を開示すべきかにかかわる概念フレームワークを取り扱う（IASB [2004a] paras. 78-79）。両概念フレームワークでは、財務報告の目的と合致した情報開示、財務諸表の構成、注記や補足情報の役割など表示や開示にかかわる議論はされているが、それらをさらに整理し、概念的枠組みとして、収斂を進め、体系的に発展させる必要がある（IASB [2004a] para. 79）。

なお、この領域についても、会計基準整備への即効性および整備の所要時間を考慮して、他の概念フレームワーク項目の整備を優先することが提言されている（IASB [2004a] para. 82）。

3-2 質的特性にかかわる検討課題

以下においては、前節で概観した2004年10月の合同会議において指摘された論点を中心にIASBとFASBの概念フレームワークにおける会計情報の質的特性の共通点、相違点および問題点を検討する。

まず、両概念フレームワークの質的特性に関する共通点として、

(a) 両概念フレームワークとも、経済的意思決定において情報利用者に有用な情報を提供するための属性、という観点から会計情報の質的特性を

議論していること
(b) その結果、両概念フレームワークとも、理解可能性、目的適合性、信頼性、および比較可能性といった同様な質的特性を有すること
(c) コストとベネフィットおよび目的適合性と信頼性との間にみられるような質的特性間のトレードオフ関係が制約条件として取り上げられていること

が指摘されている（IASB [2004a] para. 47）。

この他にも、例えば、目的適合性であれば予測価値と確認価値、信頼性であれば表現の忠実性、中立性、および完全性などというように、質的特性にサブ特性ないしは構成要素を設定している点なども共通点として指摘できる。

その一方で、両概念フレームワークの質的特性に関する相違点としては、
(a) IASB 概念フレームワークでは、理解可能性、目的適合性、信頼性、および比較可能性といった、いずれの質的特性も優先されるべき特性とみなし、同列的に取り扱っていること
(b) FASB 概念フレームワークでは、理解可能性を利用者特有の特性として、目的適合性と信頼性を優先的な特性として、比較可能性を二次的な特性としてそれぞれ位置付けるなど、質的特性間に序列を設けていること

といったことが指摘されている（IASB [2004a] para. 48）。

加えて、この質的特性間の関係については、FASB 概念フレームワークでは階層関係として図示されているのに対し（FASB [1980] fig. 1）、IASB 概念フレームワークではそのような関係図は示されていない。

また、他にも、例えば、信頼性に関しては、IASB 概念フレームワークでは、忠実な表現、中立性、および完全性が構成要素とされているが、FASB 概念フレームワークでは、検証可能性、中立性、および表現の忠実性が構成要素とされているなど、質的特性の定義において相違がみられる。

両概念フレームワークの質的特性に共通する改善すべき問題点としては、
(a) 両概念フレームワークとも質的特性として中立性を含めているにもかかわらず、同時に慎重性ないしは保守主義も含めていること

(b) 例えば、会計情報と会計情報によって表現しようとする経済的状況ないしは事象との一致という概念フレームワークの意図を無視し、信頼性が監査可能性あるいは検証可能性と同義とみなされる場合があるように、両概念フレームワークにおいて重要な質的特性が正しく理解されていない場合があること

が例示されている (IASB [2004a] paras. 49-50)。

　質的特性に関しては、このような相違点あるいは改善すべき点があることもあって、合同会議では、共同概念フレームワークの整備に際して、優先的に取り組むべきであることが提言されている (IASB [2004a] para. 53)。なお、この他に優先的に取り組むべき課題領域として、財務報告の目的、構成要素、および認識が、そして、これらの領域の次に取り組むべき課題領域として、測定、範囲（報告主体、事業形体、および財務報告の境界線）、表示と開示、および概念フレームワークの目的と位置付けが挙げられている (IASB [2004a] paras. 84-85)。

3-3　質的特性にかかわる共通する問題領域

　共通する問題領域とは、様々な会計基準設定プロジェクトや会計不正に共通して出現する、概念フレームワークと関連する問題領域のことである。前述のように共同概念フレームワークの整備プロジェクトでは、このような共通する問題領域を中心に整備計画が進められる。なお、その際、どの程度、多領域にわたる問題なのか、当該領域の解決が他の領域にどの程度の波及効果を及ぼすのか、収斂作業にかかわる問題をどの程度、解決し、作業を促進させるのかなどといった観点から、問題領域に優先度が付される (Bullen and Crook [2005] p. 16)。

　Bullen and Crook [2005] では、目的、質的特性、資産の定義、負債の定義、資本と負債の識別、認識、認識中止、測定、報告主体など概念フレームワークの領域ごとに、合計で30項目以上の共通する問題領域が示されている (Bullen and Crook [2005] pp. 14-15)。

　そこで指摘されている質的特性とかかわる共通する問題領域としては、

(a) 高い目的適合性を持つ情報であるが検証が困難である、といったよう

な質的特性間のトレードオフをどのように取り扱うのか
　(b) 信頼性の意義は明確であるかどうか
　(c) 表現の忠実性を検証可能性から切り放すべきかどうか
　(d) 保守主義（慎重性、不正防止）が中立性と対立しているかどうか
　(e) 比較可能性は目的適合性や信頼性と同程度重要であるかどうか
といった点が列挙されている（Bullen and Crook [2005] p. 14）。

　質的特性に関しては、これらの問題領域を中心に整備が進められると考えられる。

4　会計基準における概念フレームワークの位置付け

4-1　原則主義による会計基準の整備

　原則主義による会計基準とは、詳細な規定の設定によって整備された会計基準ではなく、原理原則のみを明示することによって簡潔明瞭に整備された会計基準をいう。したがって、原則を補足するための詳細な規定は設けられないか、最少限にとどめられる。さらに、原則から外れることを認める例外規定は許容されない。また、解釈指針や適用指針など実務的な解説書も最少限におさえられる。このため、財務諸表作成者や監査人は、会計基準や指針などで言及されていない個別的な会計処理問題について、該当会計基準の背景にある原則をもとに適切な会計的判断を下さなければならず、高度な専門的能力と高い倫理観を求められる。

　2000年代に米国では、詳細な実務指針等を利用して会計基準を整備する細則主義を改める動きがみられ、2002年10月に、提案資料として『原則主義アプローチによる米国会計基準の設定』（以下FASB [2002]）が公表された。FASB [2002] では、財務会計および財務報告の質と透明性を改善するための会計基準設定において、原則主義を利用することについての議論がなされている（FASB [2002] p. 1）。

　FASB [2002] が公表された背景には、当時、米国において発生したエンロン社、ワールドコム社などによる巨額の会計不正事件を原因とする会計不信がある。会計基準のグレーゾーンを利用した裁量的な会計処理だけでな

く、会計不正や企業経営のあり方そのものを歪めるような実体的操作が数多く行われていた。また、会計基準が過度に詳細化、複雑化し、その結果、会計基準適用のコストが増大したことも原因として挙げられる。それらを契機として財務会計および財務諸表の質と透明性に対する信頼性の低下が表面化し、会計基準設定方針のあり方の見直しが図られることとなったのである (FASB [2002] pp. 1-2)。

他方、IFRS の特徴の一つとして、原則主義に基づく基準設定が指摘される（秋葉 [2011] pp. 12-15、橋本・山田 [2012] pp. 37-38)。IASB のウェブサイトや IASB 提供の各種資料（例えば、Wells [2010]、IASB [2008a] para. P 7）では、原則主義による IFRS 設定への言及が数多く見られる。また、かつての IASB 議長 Sir David Tweedie による講演録においても、IASB が原則主義に基づき IFRS を整備していることが述べられている (IASB [2011])。また、FASB [2002] にも、「IAS の設定や英国のような先進国の会計基準で利用されているアプローチと同様の原則主義アプローチを米国会計基準設定において適用することの可能性を考慮することを決定した」(FASB [2002] p. 4) との記述があり、IASB による会計基準設定における原則主義の採用が広く認知されていることが窺える。

しかし、その一方で、原則主義そのものや原則主義の採用について IFRS 本文では明示されていない。そこで、IASB が採用する原則主義とはいかなるものであるのか、ここでは Tweedie [2007] を援用し、その特質を探ることとする。そして、原則主義のもとでの概念フレームワークの役割および問題点について考察する。

4-2 Tweedie [2007] における原則主義
(1) 4種類のテスト

Tweedie [2007] によれば、原則主義で設定された会計基準は次のテストを満たすことが求められる (Tweedie [2007] p. 5)。

(a) 平易な英語により記述されていること。
(b) 簡潔に説明されているか、簡潔でない場合はその理由が明確であること。

(c) 基準に基づき直観的な判断（intuitive sense）が下せること。
(d) 基本的な経済活動の理解および表現に役立つ、と経営者により信用されること。

　これらのうち、(a)および(b)は、原則主義による基準整備における表記上の条件を示している。表記される言語は別として、平易かつ簡潔で理解可能性が高いことが求められている。その一方で、(c)および(d)は、財務報告ないしは財務諸表の作成者が一定レベルの知識や能力を有することを前提とするものである。

(2)　6種類の特徴

　次に、原則主義の特徴がより具体的に示されている（Tweedie [2007] p. 7）。
(a) 例外規定と解釈指針の廃止、適用指針の限定。
(b) 核となる原則（core principles）の明示。
(c) 原則と概念フレームワークの連携。
(d) 細則を不必要とする規準性。
(e) 判断への依拠、およびそれゆえの選択方法の開示と選択の合理性。
(f) 適用指針および原則理解のための事例など基準全体の見直し。

　このような原則主義による会計基準のもとで原則を強調し、細則を利用しないことで、「あるがままに報告する（tell it as it is）」という特徴を持つ会計が行われることとなり、その結果、財務諸表におけるボラティリティが大きくなる可能性がある。そのため、ボラティリティに関する情報の財務諸表への表示や経営者の見解（management commentary）が重要になるとされる。(Tweedie [2007] p. 7)

(3)　概念フレームワークとのかかわり

　このような特徴を持つ原則主義と概念フレームワークが直接的にかかわるのは前出(2)の(c)における「原則と概念フレームワークの連携」においてである。Tweedie [2007] で指摘されている「原則と概念フレームワークの連携」とは以下のようなものである。

　「原則は概念フレームワークと結び付くべきである。基準書では、結論の

根拠において、当該原則が当該フレームワークとどのように連携しているかを特に説明する必要がある。また、当該フレームワークからの逸脱があれば説明しなくてはならない。新たな取引に対してフレームワークが時代遅れとなっている場合、当該フレームワークからの逸脱が必要となるであろう。しかしながら、フレームワークに対する例外は、当該フレームワーク自体を事後的に修正することで削除の対象となるべきである。」(Tweedie [2007] p. 7)

4-3 IFRSと概念フレームワークの関係
(1) IASB概念フレームワークの目的
2012年現在のIASBの概念フレームワークは以下のような目的を持つ (IASB [2012] p. A25、同訳書p. A23)。

(a) IASBが将来のIFRSの開発と現行のIFRSの見直しを行うために役立つこと。
(b) IFRSが認めている代替的な会計処理の数を削減するための基礎を提供することにより、IASBが財務諸表の表示に関する規則、会計基準および手続きの調和を促進するために役立つこと。
(c) 各国の会計基準設定主体が国内基準を開発する際に役立つこと。
(d) 財務諸表の作成者がIFRSを適用する際や、IFRSの主題となっていないテーマに対処する際に役立つこと。
(e) 財務諸表がIFRSに準拠しているかどうかについて、監査人が意見を形成する際に役立てること。
(f) 財務諸表利用者がIFRSに準拠して作成された財務諸表に含まれる情報を解釈するのに役立つこと。
(g) IASBの作業に関心を有する人々に、IFRSの形成へのアプローチに関する情報を提供すること。

(2) IFRSにおける概念フレームワークの位置付け
また、IASBは、概念フレームワークを以下のように位置付けている (IASB [2012] p. A25、同訳書p. A23)。

(a) 概念フレームワークはIFRSに含まれず、特定の測定もしくは開示に

ついての基準を規定するものではない。また、IFRS よりも優先される
ものではない。
(b) したがって、概念フレームワークと IFRS とが相反する場合、概念フ
レームワークよりも IFRS が優先される。
(c) しかしながら、将来的な IFRS の開発や既存の IFRS の見直しの際に
は、概念フレームワークが指針となるので、相反するような状況は時の
経過とともに解消される。
(d) また、概念フレームワークはその利用を通じた経験に基づいて随時改
訂される。

4-4 原則主義と IASB 概念フレームワークの関係

Tweedie［2007］によれば、原則主義による会計基準は概念フレームワークと整合性をもって作成されるべきであるが、概念フレームワーク作成時に想定しえなかった、新たな性格を持った取引が登場した場合、概念フレームワークから離れ、当該取引の持つ特性を優先すべきとされている（Tweedie［2007］p. 7）。その結果、当該取引の経済的実質を反映した会計基準が整備されることとなる。IASB においてもこの Tweedie［2007］における原則主義と同様な位置付けが概念フレームワークに与えられている。IASB 概念フレームワークは、IFRS の設定や財務諸表の作成、監査、およびその利用を支援する概念的基盤であるが、その一方で、IFRS の体系を構成するものではなく、IASB 概念フレームワークと IFRS とが整合しない場合、概念フレームワークよりも IFRS が優先される。

このような概念フレームワークの位置付けは、原則主義とのかかわりにおいて、次の二つの状況を想定しているものと考えられる。

第 1 に、今回の概念フレームワーク改訂プロジェクトのように何らかの理由で概念フレームワークが改訂された場合である。概念フレームワークが改訂されたことによって、既存の会計基準が概念フレームワークと整合しない状況が発生しうる。そのような状況では、概念フレームワークは、会計基準の規定する原則を解釈するための概念的基盤とはならない。そこで会計基準の優先性を認めることで、会計基準と概念フレームワークのずれによる混乱

の一時的な回避が可能となる。このような不整合な状況は、改訂された概念フレームワークと整合した、新たな原則を持つ会計基準が設定されることで解消されることとなるが、解消のための基準設定は迅速に行われる必要があるだろう。

　第2に、経済、法制度といった企業の経営環境の変化等によって概念フレームワークの規範性や普遍性が損なわれ、時代遅れとなった場合である。そのような状況では、概念フレームワークは会計基準設定における概念的基盤としての役割を果たしえない。しかし、あらゆる状況を斟酌し、カレントかつ先進的な規範性や普遍性を有した概念フレームワークを作成することは不可能といってよいであろう。そのような前提のもと、概念フレームワークが想定していない、新たな特性を持った取引ないしは経済現象が登場した際に、それらの持つ経済的実質を表現可能な原則を持つ会計基準の設定が可能なように、概念フレームワークに最上位の権威を認めないことで、概念フレームワークから逸脱し、柔軟な対応をとることが可能となる余地を残しているのである。しかし、概念フレームワークの規範性や普遍性の欠如あるいは概念フレームワークからの逸脱の正当性をいかに判断するのか、といった点については明らかではない。どのような状況で、あるいはどのようなプロセスで逸脱が認められるのか、明確なルールが必要であろう。

5　むすびにかえて

　概念フレームワークの改訂のたたき台となる討議資料の公表前に、まずは、概念フレームワーク整備の意義を関係者に啓蒙する文書（communication document）が作成されることとなった（FASB [2005a] p. 2）。この文書は、概念フレームワークの目的と重要性、両審議会が既存の概念フレームワークを収斂させるに至った理由と改良する必要性などについて説明することで、共同概念フレームワーク改訂プロジェクトへの理解を深めることを目的としていた（IASB [2005a] para. 2、[2005c] pp. 4-5）。このような啓蒙のための文書は、まず、第1弾として審議会の活動と常時関係を持つ財務諸表の作成者、監査人、利用者を対象として作成され、その上で、第2弾として審議会の活動と

直接的なかかわりの少ない、経営者や公的機関関係者などを対象として作成されることになっていた（FASB [2005a] pp. 2-3）。

そして、そのような啓蒙文書の一つが、共同改訂プロジェクトを担当する両審議会のシニア・プロジェクト・マネージャーによる連名で公表されたBullen and Crook [2005] であると考えられる。そこでは、概念フレームワークの必要性、従来の概念フレームワークが不完全であること、両審議会が改訂し、完成させようと計画している領域、および改訂プロジェクトの全体像が記されている。

プロジェクトの全般的な進行方法としては、まず、討議資料を公表し、予め両審議会の基本的な見解を明らかにすることになった。そして、討議資料に対する関係者からの見解を参考にしつつ、公開草案を公表し、その後に最終的な概念フレームワークを公表することとした（IASB [2005b] paras. 20-26, 35）。

なお、プロジェクトの進行に際しては、概念フレームワーク全体の改訂に一時に取り組むのではなく、8段階のフェーズに分け、段階的に進めることとなった（IASB [2005b] paras. 7-14）。

2005年に着手された概念フレームワークの改訂プロジェクトの完成には、収斂、改訂、補足といった作業を伴うため、全フェーズが完了するまでに最低でも5年間を要すると予測されている[11]（IASB [2005b] paras. 7-14）。

表1-1はIASB [2005b] において示された、8段階のフェーズおよび改訂のスケジュールである。

このタイムテーブルでは、まず、「目的および質的特性」と「構成要素、認識および測定Ⅰ」がそれぞれフェーズAおよびフェーズBとして着手されることになっている。特に「目的および質的特性」は、構成要素をはじめとした他のフェーズの基礎となる上位概念であるため、最優先とされる（IASB [2005b] para. 10）。また、「構成要素、認識および測定Ⅰ」がひとまとめにされているのは、相互に「共通する問題領域」を有しているためである（IASB [2005b] para. 11）。次いで、フェーズC「測定Ⅱ」へと続く。「測定Ⅰ」では、まず、測定属性についての整理がなされ、その後に、「測定Ⅱ」で原初測定および事後的測定における測定概念が検討される。そして、フェーズ

5　むすびにかえて　　*33*

表1-1　共同概念フレームワーク改訂のタイムテーブル

フェーズ	項　目	2005年	2006年	2007年	2008年	2009年	2010年
A	目的および質的特性	討議開始	ED	Final			
		DP					
B	構成要素、認識および測定 I	討議開始	DP	ED	Final		
C	測定 II		討議開始	DP	ED	Final	
D	報告主体			討議開始	DP	ED	Final
E	表示および開示（報告領域を含む）			討議開始	DP	ED	Final
F	目的と位置付け			討議開始	DP	ED	Final
G	非営利部門への適用可能性			討議開始	DP	ED	Final
H	フレームワーク全体			討議開始	DP?	ED?	Final

DP：討議資料（Discussion Paper）の公表
ED：公開草案（Exposure Draft）の公表
Final：完成版の公表
（出所）IASB [2005b] para. 35をもとに著者作成

D「報告主体」[12]、フェーズE「表示および開示（報告領域を含む）」、フェーズF「目的と位置付け」、フェーズG「非営利部門への適用可能性」、フェーズH「フレームワーク全体」へと共同概念フレームワークの改訂作業が進められる予定となっている。

（注）

1　最も古いSFAC第1号『営利企業の財務報告の基本目的』は1978年に公表されたものである。
2　例えば、秋葉 [2011] pp. 12-15、FASB [2002] p. 1などを参照のこと。また原則主義については、中山 [2004a] を参照のこと。
3　概念フレームワークの改訂の必要性に言及している資料としてはIASB [2004a]、FASAC [2004a]、Bullen and Crook [2005] などがある。
4　オリジナル・アプローチは、IASB [2004a] では、シーケンシャル・アプローチ（sequential approach）とよばれている（IASB [2004a] para. 2）。
5　ただし、SFAC第3号については1985年にSFAC第6号と入れ替えられている。
6　FASB [1981] *Exposure Draft : Reporting Income, Cash Flows, and Financial Position of Business Enterprises*, FASB.
7　概念フレームワーク（SFAC）の位置付けも含めた米国GAAPヒエラルキーの再構築は、以前から俎上にあげられていた問題であり、SEC [2003] などで指摘されて

いる（詳しくは中山［2004b］を参照のこと）。その結果、2008年5月、SFAS第162号『GAAPヒエラルキー』が公表され、従来、GAAPヒエラルキーに含まれていなかったSFACがGAAPヒエラルキーに包含された（FASB［2008b］para. 5）。しかし、2009年6月に公表されたSFAS第168号『FASB会計基準の体系化およびGAAPヒエラルキー』においては、権威を持たない会計指針および文書として位置付けられている（FASB［2009a］para. 10）。
8 SFAC第1号、第4号、第5号についてはタイトル自体に適用範囲が営利企業ないしは非営利組織であることが明記されている。また、第2号は同para. 4に、第6号は同para. 2において、営利企業と非営利組織を適用範囲とすることが明記されている。
9 なお、この適用範囲となる事業形体については、2004年10月の合同会議において、まず、民間部門の営利企業を対象とすることが決定され、非営利事業等については後日の課題とされた（IASB［2004c］para. 4）。
10 ただし、実際には、報告主体については、財務報告の目的および財務情報の質的特性に次いで改訂作業が進められ、概念フレームワークの第2章を構成することになる。
11 しかし、プロジェクトの進行は予定より大幅に遅延している。
12 フェーズD「報告主体」については2005年2月23日のFASB会議において、より早期に着手することが提案された（FASB［2005b］pp. 2, 4）。

〈引用文献〉

秋葉賢一［2011］『エッセンシャルIFRS』中央経済社。
中山重穂［2004a］「原則主義アプローチによる会計基準設定にともなう諸問題の検討」『税経通信』第59巻第6号、pp. 179-186。
中山重穂［2004b］「目的指向型会計基準の設定に向けた諸問題の検討」『豊橋創造大学短期大学部研究紀要』第21号、pp. 49-64。
中山重穂［2012a］「原則主義」『国際会計の概念フレームワーク』国際会計研究学会研究グループ最終報告書、pp. 117-120。
橋本尚・山田善隆［2012］『IFRS会計学基本テスト第3版』中央経済社。
Bullen, H. G. and Kimberley Crook [2005] *A New Conceptual Framework Project, Revisiting the Concepts*, IASB/FASB.
FASAC [2004a] *Revisiting the FASB's Conceptual Framework*, March, 2004, FASAC Meeting, Attachment D.
FASB [1978] *SFAC No. 1, Objectives of Financial Reporting by Business Enterprises*, FASB（平松一夫・広瀬義州訳［2002］『FASB財務会計の諸概念（増補版）』、中央経済社）。
FASB [1980] *SFAC No. 2, Qualitative Characteristics of Accounting Information,*

FASB（平松一夫・広瀬義州訳 [2002]『FASB 財務会計の諸概念（増補版）』、中央経済社）.
FASB [1980] *SFAC No. 3, Elements of Financial Statements of Business Enterprises*, FASB.
FASB [1980] *SFAC No. 4, Objectives of Financial Reporting by Nonbusiness Organizations*, FASB（平松一夫・広瀬義州訳 [2002]『FASB 財務会計の諸概念（増補版）』、中央経済社）.
FASB [1981] *Exposure Draft: Reporting Income, Cash Flows, and Financial Position of Business Enterprises*, FASB.
FASB [1984] *SFAC No. 5, Recognition and Measurement in Financial Statements of Business Enterprises*, FASB（平松一夫・広瀬義州訳 [2002]『FASB 財務会計の諸概念（増補版）』、中央経済社）.
FASB [1985] *SFAC No. 6, Elements of Financial Statements*, FASB（平松一夫・広瀬義州訳 [2002]『FASB 財務会計の諸概念（増補版）』、中央経済社）.
FASB [2002] *Principles-Based Approach to U. S. Standard Setting, Proposal*, FASB.
FASB [2005a] *Minutes of the January 19, 2005 Board Meeting : Conceptual Framework*, February, 2005, FASB.
FASB [2005b] *Minutes of the February 23, 2005 Board Meeting : Conceptual Framework*, February, 2005, FASB.
FASB [2008b] *SFAS No. 162, The Hierarchy of Generally Accepted Accounting Principles*, FASB.
FASB [2009a] *SFAS No. 168, The FASB Accounting Standards Codification™ and the Hierarchy of Generally Accepted Accounting Principles* (a replacement of FASB Statement No. 162), FASB.
IASB [2004a] *Project : Conceptual Framework (Agenda paper 10), Information for Observers*, Joint IASB/FASB meeting, October, 2004, IASB.
IASB [2004b] *Board Decisions on International Financial Reporting Standards, Update*, October, 2004, IASB.
IASB [2004c] *Project : Conceptual Framework (Agenda paper 2), Information for Observers*, SAC meeting, November, 2004, IASB.
IASB [2005a] *Project : Conceptual Framework (Agenda paper 11), Information for Observers*, IASB meeting, January, 2005, IASB.
IASB [2005b] *Project : Conceptual Framework, Information for Observers*, IASB meeting, February, 2005, IASB.
IASB [2005c] *Board Decisions on International Financial Reporting Standards, Update*, January, 2005, IASB.
IASB [2011] *Sir David Tweedie addresses the US Chamber of Commerce*, Web

announcements. (http://www.ifrs.org/News/Announcements+and+Speeches/convergence+or+not+speech.htm) (最終アクセス：2012年12月10日)

IASB [2012] *2012 International Financial Reporting Standards*, IFRS Foundation (IFRS財団編、ASBJ・FASF監訳『国際財務報告基準（IFRS）2012』中央経済社).

IASC [1989] *Framework for the Preparation and Presentation of Financial Statements*, IASC Foundation (IASC財団編、ASBJ・FASF監訳 [2009]『国際財務報告基準（IFRS）2009』中央経済社).

SEC [2003] *Study Pursuant to Section 108(d) of the Sarbanes-Oxley Act of 2002 on the Adoption by the United States Financial Reporting System of a Principles-Based Accounting System*.

Tweedie, David [2007] Can Global Standards be Principle Based?, *Journal of Applied Research in Accounting and Finance*, Vol. 2, Issue 1, pp. 3-8.

Wells, Michael [2010] *Teaching Principle-based Standards*, IFRS Foundation. (http://www.ifrs.org/Documents/IFRSforacademicsandeducatorsTokyo.pdf) (最終アクセス：2012年12月10日)

第2章 「共通する問題領域」の検討

1 はじめに

　前章において述べたように、IASBとFASBは会計基準設定において横断的に問題となる領域、いわゆる「共通する問題領域（crosscutting issues）」を中心に改訂作業を進行することで概念フレームワークの整備を目指すハイブリッド・アプローチを採用した（IASB [2004a] paras. 1-3、IASB [2004b] p. 4）。

　そして、両審議会を代表するプロジェクト担当者[1]によれば、会計情報の質的特性にかかわる共通する問題領域として、質的特性間のトレードオフ関係、信頼性の意義、保守主義の位置付け、比較可能性の位置付けなどがあると指摘されていた（Bullen and Crook [2005] p. 14）。

　さらに、上記項目と重複するものもあるが、2005年5月と6月に開催されたIASB会議の『会議資料（*Information for Observers*）』によれば会計情報の質的特性における共通する問題領域として以下の検討項目が示された（IASB [2005d] para. 1、IASB [2005e] para. 2）。

(a) 信頼性の意義

　信頼性の意義とは何か。多くの場合、信頼性は表現の忠実性ではなく検証可能性と同義とみなされているが、それでよいのであろうか。また、信頼性は経験的に測定できるのであろうか。

(b) 目的適合性と信頼性の相互関係

　目的適合性と信頼性のどちらかが常に優先されるべきなのであろうか。

(c) 信頼性の相対性

　会計基準によって信頼可能な測定値に要求するハードルが異なる。このことは信頼可能の意味が異なって適用されているということなのであろうか。もしくは目的適合性と信頼性の間に異なるトレードオフ関係があるた

めであろうか。あるいは、保守主義の影響であろうか。(資本項目として直接的に認識される評価項目のように) 貸借対照表での認識は十分に信頼可能とされるのに、損益計算書では信頼不可能とされる情報があるのはなぜであろうか。

(d) 予測価値の意義

予測価値とは何であろうか(例えば、統計学的観点からの持続性あるいは平均への回帰性を意味するのであろうか)。

(e) 保守主義の役割

保守主義の役割は何であろうか。中立性と対立するのであろうか。もしそうでないならば理由は何であろうか。なぜ必要とされるのであろうか。

(f) 比較可能性の位置付け

比較可能性の位置付けを目的適合性や信頼性と同レベルとするべきであろうか。

(g) 透明性の位置付け

透明性は質的特性であろうか。また透明性とは何を意味するのであろうか。すべての質的特性を総合したものなのであろうか。

(h) 真実かつ公正な概観の位置付け

真実かつ公正な概観は質的特性であろうか。忠実な表現を意味するだけであろうか。

(i) 重要性の役割

重要性は質的特性であろうか、それとも識閾であろうか。

(j) 理解可能性の意義

理解可能性は何を意味するのであろうか。

(k) 新たな質的特性の追加

他に質的特性に加えるべき項目があるのであろうか。

両審議会による改訂プロジェクトでは、これら共通する問題領域に加えて、個別的な問題箇所についても検討がなされ、その結果、2006年7月6日に討議資料『財務報告に関する改善された概念フレームワークについての予備的見解:財務報告の目的及び意思決定に有用な財務報告情報の質的特性』(IASB [2006a]、FASB [2006a]) (以下、討議資料) が公表された。討議資料は上

述の共通の問題領域を中心とした論点に対する IASB および FASB の回答を基礎として作成されている。

本章では、上記の共通の問題領域を中心とした、討議資料の作成過程で問題となった財務情報の質的特性にかかわる論点と両審議会のそれら論点に対する見解とを、IASB 内での会議資料をもとに明らかにする。まず、2005年5月に開催された IASB 会議における資料 (IASB [2005d]) をもとに目的適合性と信頼性にかかわる論点を整理する。次に、同年6月に開催された IASB 会議における資料 (IASB [2005e]) をもとに目的適合性と信頼性以外の比較可能性、理解可能性などといった質的特性やその他の項目に関する論点を整理する。

2 質的特性に関する論点の整理と検討

2-1 目的適合性

IASB の従来の概念フレームワーク(以下、IASC [1989])で目的適合性は、「情報は、利用者が、過去、現在若しくは将来の事象を評価し、また利用者の過去の評価を確認するために役立つことによって、利用者の経済的意思決定に影響を及ぼす場合に、目的適合性の特性を有する。」(IASC [1989] para. 26])と説明される。

その一方で、FASB の従来の概念フレームワーク(以下、FASB [1980])において目的適合性は、「会計情報が、投資家、債権者その他の情報利用者の投資、与信およびこれに類似する意思決定にとって適合するためには、当該会計情報が情報利用者に過去、現在および将来の事象の成果の予測または事前の期待値の確認もしくは訂正を行わせることによって情報利用者の意思決定に影響を及ぼしうるものでなければならない。」(FASB [1980] para. 47、同訳書 p. 85) とされる。

このような目的適合性に関しては以下の五つの論点について比較、検討が行われる (IASB [2005d] paras. 4-8)。

(a) 意思決定への影響の可能性
(b) 目的適合性のサブ特性の名称[2]

(c) 目的適合性と重要性との関係
(d) 目的適合性と適時性との関係
(e) 予測価値とは何か

以下においては、上記(a)から(e)の各論点の詳細と討議資料作成プロセスにおける見解とを取り上げる。

(1) 意思決定への影響の可能性

目的適合性についての上記引用からもわかるように IASC［1989］の定義する目的適合性と FASB［1980］のそれとには大きな相違はないものの、情報の持つ意思決定への影響力についての表現に相違がみられる（IASB［2005d］para. 5）。前者では「利用者の経済的意思決定に影響を及ぼす場合」に目的適合的とされ、何らかの影響が生じることが要求されているが、後者では「情報利用者の意思決定に影響を及ぼしうる」場合に目的適合的とされ、影響の可能性があればよいとされる。この点に関して IASB［2005d］では、目的適合的な情報であったとしても情報利用者が見逃す場合や既知である場合もあることから、FASB［1980］のような表現を採用することが望ましいとして、「意思決定に影響を及ぼしうる（capable of making a difference)」といった表現の採用が推奨される（IASB［2005d］para. 5）。

なお、IASB［2005d］では、IASB［1989］と FASB［1980］だけでなく主要各国の概念フレームワークについても言及されており、両審議会が他の概念フレームワークとの整合性も考慮しつつ、フレームワーク整備を試みていることが窺える[3]。なお、各概念フレームワークにおける質的特性を対照表示すると表2-1のようになる。

意思決定への影響の程度に関する表現については、上述のように「情報利用者の意思決定に影響を及ぼしうる」という表現を採用した場合、英国やカナダのフレームワークとの類似性は保たれるが（ASB［1999］para. 3.2, CICA［1988］para. 20)、オーストラリアのものとは相違する（AASB［2004］para. 26)。また、ASBJ討議資料における意思決定との関連性とは、「投資家による意思決定に積極的な影響を与えて貢献する」（ASBJ［2004][4] para. 3）ことを財務情報に要求している点で共通する部分があると指摘される[5]（IASB［2005d］

表2-1 各概念フレームワークにおける質的特性

概念フレームワーク	質的特性			
IASB（IASC [1989]）	目的適合性	信頼性	比較可能性	理解可能性
米国（FASB [1980]）	目的適合性	信頼性	比較可能性（含む首尾一貫性）	理解可能性
カナダ（CICA [1988]）	目的適合性	信頼性	比較可能性	理解可能性
英国（ASB [1999]）	目的適合性	信頼性	比較可能性	理解可能性
ニュージーランド（NZSA [2001]）	目的適合性	信頼性	比較可能性	理解可能性
豪州（AASB [2004]）	目的適合性	信頼性	比較可能性	理解可能性
日本（ASBJ [2004]）	意思決定との関連性	信頼性	内的な整合性	

(出所) 各参考資料から著者作成。

para. 5, footnote)。

(2) 目的適合性のサブ特性の名称

　目的適合的な情報が有する特徴として、IASC [1989] では、将来事象の評価と過去の評価の確認、訂正への役立ちが指摘されており、前者は予測的役割（predictive role）、後者は確認的役割（confirmatory role）と名付けられ、それらは相互に関連するという（IASC [1989] para. 27)。

　一方、FASB [1980] では、「情報は、意思決定者の予測能力を改善することによって、または彼らの事前の期待値を確認もしくは訂正することによって、意思決定に影響を及ぼしうる」（FASB [1980] para. 51、同訳書 p. 87）ものであり、「開示要求は、そのほとんどが常に予測に役立つとともに、事前の予測を確認または訂正するという二つの目的をもっている。」（FASB [1980] para. 52、同訳書 p. 87) とされる。そして、そのような二つの目的に資する特性を予測価値（predictive value）とフィードバック価値（feedback value）と名付けている。

　両概念フレームワークとも目的適合的な情報の構成要素として、名称は異なるものの同様な二つの特性を要求している。IASC [1989] では予測的役割と確認的役割が、FASB [1980] では予測価値とフィードバック価値がその二つの特性である。ただし、事後的な確認、訂正についてはIASC

[1989] では「confirmatory」、FASB [1980] では「feedback」と異なる単語が用いられる。そのような中、IASB [2005d] では、「feedback」はこなれていない (inelegant) 用語であるため、「confirmatory」の利用が推奨される[6] (IASB [2005d] para. 6)。

なお、各国の概念フレームワークと対比した場合、共同プロジェクトのように「confirmatory」を採用する用語法は英国およびオーストラリアと共通しており (ASB [1999] para. 3.3、AASB [2004] para. 27)、一方、カナダやニュージーランドでは「feedback」が利用される (CICA [1988] para. 20、NZSA [2001] para. 4.2)。なお、ASBJ 討議資料では、意思決定との関連性に予測価値や確認価値などといった特性は含められておらず、代わりに情報価値の存在と情報ニーズの充足とが示される (ASBJ [2004] para. 4)。

(3) 目的適合性と重要性との関係

IASC [1989] では、「情報の目的適合性は、その性質と重要性によって影響を受ける。」(IASC [1989] para. 29) とされ、さらに「情報は、その脱漏又は虚偽表示が、財務諸表を基礎として行う利用者の経済的意思決定に影響を及ぼす場合に重要性を有する。重要性は、脱漏又は虚偽表示があった特定の状況下で判断される当該項目又は誤謬の大きさに依存する。したがって、重要性は、情報が有用であるために有していなければならない主要な質的特性の1つであるというよりは、閾値又は境界線を示すものである。」(IASC [1989] para. 30) とされる。すなわち、重要性は、目的適合性とのかかわりは高いが、目的適合性の構成要素でも、財務情報が具備する質的特性でもなく、状況によって変化する識閾としての役割を果たす項目とみなされる。

FASB [1980] でも同様に、「重要性は、目的適合性および信頼性と同一レベルの基本的特徴ではない。実際、重要性は一般的な性質をもっているので、重要性が他の質的特徴、とりわけ目的適合性および信頼性と関連がある場合を除き、その概念を検討することは困難である。」(FASB [1980] para. 124、同訳書p. 120) とされて、独立した質的特性とみなされない。また、重要性の役割についても、「ある項目、ある誤謬、またはある省略は、その性質および付随する環境要因を考慮して、重要な項目と重要でない項目とに区別

する識閾を通過するほど十分な大きさであるのか」(FASB [1980] para. 126、同訳書 p. 120) 判断することにあるとされ、この点でも IASC [1989] と同様に位置付けられる。

(4) 目的適合性と適時性との関係

適時性は、IASC [1989] では、「情報の報告に過度の遅延がある場合には、情報はその目的適合性を失う可能性がある。」(IASC [1989] para. 43) とされ、目的適合性を有する情報に対する制約条件として位置付けられる。

一方、FASB [1980] では、「情報が、必要とされるときに利用不可能であったり、または将来の行動にとって何の価値ももたなくなるほど報告されるべき事象から長時間経過して初めて利用できるようになっても、当該情報は、目的適合性を欠き、その結果、ほとんど利用価値がないか、または全く利用価値がない。」(FASB [1980] para. 56、同訳書 pp. 89-90) と指摘され、その上で、「適時性とは、情報が意思決定に影響を及ぼす効力を有する間に、意思決定者に当該情報を利用可能にさせること」(FASB [1980] para. 56、同訳書 p. 90) であって、目的適合性を補完する構成要素として位置付けられる (FASB [1980] fig. 1、同訳書 p. 77)。

制約条件とみなすか、補完的な要素とみなすかという相違はあるが、情報が目的適合的であるためには適時性が要求されるという点で両概念フレームワークとも一致している。したがって、情報が適時的に提供されないと目的適合性が失われることを前提とした場合、適時性は目的適合性の要件とみなしうる。そこで、IASB [2005d] では、FASB [1980] と同様な見解にたち、適時性を目的適合性のサブ特性として位置付けることを推奨している (IASB [2005d] para. 8)。

IASB [2005d] では各国概念フレームワークでの適時性の取扱いも参考としている (IASB [2005d] para. 8, footnote)。カナダとニュージーランドでは適時性は目的適合性の構成要素とみなされる (CICA [1988] para. 20、NZSA [2001] para. 4. 4)。また、英国では適時性は質的特性とされていないが、目的適合性の要件とみなす記述がある (ASB [1999] para. 3.2)。一方、オーストラリアで適時性は IASC [1989] と同様に制約条件とされる (AASB [2004] para. 43)。なお、ASBJ討議資料では適時性への言及はみられない。

(5) 予測価値とは何か

目的適合性のサブ特性である予測価値の説明にあたって、統計的見地を取り入れ、予測可能性や平均への回帰あるいは持続性と関連付けて説明するべきか否かが検討された（IASB [2005d] paras. 9-12）。

IASC [1989] では予測価値について、「情報は、それが予測価値をもつために明示的な予測の形態をとる必要はないが、財務諸表から予測する能力は、過去の取引及び事象に関する情報の表示方法によって高められる。例えば、損益計算書の予測価値は、例外的で、異常かつ臨時的な収益又は費用項目が別々に開示される場合に高められる。」(IASC [1989] para. 28) と説明している。

一方、FASB [1980] では、「会計情報が予測価値をもっているということと、会計情報はそれ自体が予測であるということは別である。(中略) 予測価値とは、ここでは予測過程にインプットされる価値を意味するのであって、予測そのものとしての価値を意味するのではない。」(FASB [1980] para. 53、同訳書 p. 88) とされる。

FASB [1980] では、何らかの予測モデルへのインプットとしての情報の利用を考慮しているものの、いずれの概念フレームワークにおいても予測価値とは、情報利用者による将来事象の予測にあたって、当該情報が予測のための原初情報として能うかどうかにあって、情報自体が予測情報であることを求めるものではない。すなわち財務情報をもとに予測するのは、財務情報利用者であって財務情報が予測情報である必要はない。IASB [2005d] によれば、両概念フレームワークにおけるこのような予測価値の定義は、適切なものであり、共同概念フレームワーク整備に際しても、変更すべき点はないと指摘される (IASB [2005d] para. 12)。

2-2 信頼性についての検討

IASC [1989] において信頼性は、「情報はまた、それが有用であるためには、信頼し得るものでなければならない。情報は、重大な誤謬や偏向がな

く、またそれが表示しようとするか、あるいは表示されることが合理的に期待される事実を忠実に表現したものとして利用者が信頼する場合に、信頼性の特性を有する。」(IASC [1989] para. 31) と説明される。そして、さらに、信頼性の構成要素として、忠実な表現、中立性、および完全性が挙げられる。

一方、FASB [1980] では、「ある測定値の信頼性は、それが表現しようとするものを忠実に表現することにかかっており、それは情報利用者に対する保証と結びつき、またその保証は測定値が表現上の特性をもっていることを検証することによって保証される。」(FASB [1980] para. 59、同訳書 p. 91) とされる。さらに、「会計情報の信頼性は、区別することが望ましい二つの特徴すなわち表現の忠実性と検証可能性から生じる。情報の中立性も、これら二つの特徴と相互に作用して情報の有用性に影響を及ぼす。」(FASB [1980] para. 47、同訳書 p. 76) と説明される。ここでは信頼性の構成要素として、表現の忠実性、検証可能性、および中立性が指摘される。

このような信頼性に関しては以下の六つの論点について比較検討が行われている (IASB [2005d] paras. 13-46)。

(a) 信頼性のサブ特性
(b) 忠実な表現の意義
(c) 検証可能性の意義
(d) 中立性の意義
(e) 中立性と慎重性または保守主義との関係
(f) 信頼性の意義

以下においては、信頼性に関する上記(a)から(f)の各論点の詳細と共同概念フレームワーク整備プロジェクトにおける対応とを検討する。

(1) 信頼性のサブ特性

信頼性の構成要素として IASC [1989] は、忠実な表現 (faithful representation)[7]、中立性、完全性に加えて、実質優先性と慎重性を採用している。一方、FASB [1980] では、表現の忠実性 (representational faithfulness)、検証可能性、および中立性が採用される。

さらに、IASC [1989] と FASB [1980] 以外の各国の概念フレームワー

表2-2　各概念フレームワークにおける信頼性の構成要素

概念フレームワーク	信頼性の構成要素				
IASB（IASC [1989]）	忠実な表現	実質優先性	中立性	慎重性	完全性
米国（FASB [1980]）	表現の忠実性		中立性		検証可能性
カナダ（CICA [1988]）	表現の忠実性		中立性	保守主義	検証可能性
英国（ASB [1999]）	忠実な表現		中立性	慎重性	完全性および重大な誤謬がない
ニュージーランド（NZSA [2001]）	表現の忠実性		中立性		検証可能性
豪州（AASB [2004]）	表現の忠実性	実質優先性	中立性	慎重性	完全性
日本（ASBJ [2004]）	表現の忠実性		中立性		検証可能性

(出所) 各参考資料から著者作成

クをみると、信頼性の構成要素として様々な特性を設定している。例えば、英国では信頼性の構成要素として、忠実な表現、中立性、完全性、慎重性、および重大な誤謬がないこと（free from material error）を挙げている（ASB [1999] paras. 3.7-3.20）。また、カナダでは、表現の忠実性、検証可能性、中立性に加えて、中立性との関わりで保守主義も採用される（CICA [1988] para. 21）。このような中、オーストラリアは、IASC [1989] と同様な構成要素を採用している（AASB [2004] paras. 33-38）。また、日本とニュージーランドではFASB [1980] と同様に表現の忠実性、検証可能性、および中立性が採用される（ASBJ [2004] para. 9、NZSA [2001] para. 4. 9）。

表2-2は、これら主要各国の信頼性の構成要素を対照表示したものである。

このように、異なる名称の多様な構成要素が組み合わされて信頼性概念が構成されている状況を鑑み、混乱を避け、議論を明瞭に進めるために、信頼性のサブ特性は以下の三つの領域に分けて整理されることとなった（IASB [2005d] para. 13）。

(a) 忠実な表現（完全性および実質優先性を含む）
(b) 検証可能性（正確性（precision）および不確実性（uncertainty）を含む）
(c) 中立性（不偏性（freedom from bias）、慎重性、および保守主義を含む）

1) 忠実な表現の意義
①完全性と実質優先性の内包

　IASB［2005d］では上記(a)のように、表現の忠実性（representational faithfulness）ではなく、忠実な表現（faithful representation）を用語として採用し、信頼性のサブ特性を検討している。IASC［1989］では忠実な表現が、FASB［1980］では表現の忠実性が、いずれも信頼性の構成要素として採用される。共同概念フレームワークでは、忠実な表現と表現の忠実性のうち、忠実な表現が採用され、最終的には、信頼性に代わって質的特性へと置き換えられている。そのようなシナリオが予め描かれていたかどうかは定かではないが、少なくとも討議資料作成という当初の段階から忠実な表現を質的特性あるいはその構成要素として採用することが検討されていたことになる。

　IASC［1989］では、忠実な表現は、「情報が信頼性を有するためには、それが表示しようとするかあるいは表示することが合理的に期待される取引その他の事象を忠実に表現しなければならない。」（IASC［1989］para. 33）と説明される。一方、FASB［1980］では、「表現の忠実性とは、ある測定値または記述と、それらが表現しようとする現象とが対応または一致すること」（FASB［1980］para. 63、同訳書 p. 92）と定義される。

　新たな質的特性における忠実な表現に関しては、まず完全性および実質優先性との関係をどのように整理するのかが論点とされている。

　IASC［1989］において完全性は、「財務諸表における情報は、それが信頼性を有するためには、重要性とコストの制約範囲内において、完全なものでなければならない。」（IASC［1989］para. 38）とされ、信頼性の構成要素として位置付けられる。一方、FASB［1980］で完全性（十分性）は、「信頼性とは、コストを考慮に入れることを前提に、少なくとも重要かつ実行可能な範囲での情報の十分性を意味している。」（FASB［1980］para. 79、同訳書 p. 100）とされ、やはり信頼性の構成要素とみなされる。

　さらに、IASC［1989］では、「脱漏があると、情報は虚偽又は判断を誤らせるものとなり、したがって、信頼性を有さず、かつ目的適合性に関して不完全なものとなる可能性がある。」（IASC［1989］para. 38）とされ、完全性は信頼性と目的適合性に関連する特性とみなされる。この点、FASB［1980］

も同様な見解をとっており、「情報の十分性は、情報の目的適合性にも影響を及ぼす。目的に適合する情報の一部が省かれている場合には、たとえそのことによって表示される情報が虚偽扱いされないとしても、情報の目的適合性は不利な影響を受ける。」(FASB [1980] para. 80、同訳書 p. 100) として、完全性は、目的適合性と信頼性という「情報を有用なものにするための二つの基本的特性のいずれにとっても必要」(FASB [1980] para. 80、同訳書 p. 100) な特性であるとみなされる。

体系的な概念フレームワークを構築するという観点からすると、質的特性の領域において、完全性が目的適合性と信頼性のいずれとより密接な関係にある特性なのか、位置付けが明確となっているほうが好ましいであろう。

前述のように、会計情報が不完全である場合、目的適合性が損なわれることがあるが、その一方で、目的適合性のもとでは会計情報の不完全性が許容されることがありえる。目的適合性のみに基づき表示されるべき会計情報が選択された場合、例えば、報告主体ごとに表示される会計情報に相違が生じたり、簿外資産・簿外負債が認められたりするかもしれない。すなわち、会計情報が目的適合的であるためには必ずしも完全性を必要としない。他方、財務諸表の表示において表示されるべき会計情報が不完全であるならば、表現が忠実とはいえず、会計情報の信頼性は満たされない。換言すれば、財務諸表において表現が忠実になされているならば、必要とされる情報は完全に提供されるものと考えられる。したがって、完全性は忠実な表現であるための必要条件であり、その結果、信頼性を高めることから、目的適合性ではなく信頼性を構成する特性であると考えられる。

このような中、IASB [2005d] では、「完全性は表現の忠実性と密接に関連しており、その一方で、重要性やコストに対する考慮は他のすべての質的特性とかかわる制約」(IASB [2005d] para. 20) であり、「完全性は忠実な表現に包摂される特性」(IASB [2005d] para. 22) であるという見解を示している。

次に、実質優先性については、IASC [1989] では、「情報が表示しようとする取引その他の事象を忠実に表現するためには、取引その他の事象は、単に法的形式に従うのではなく、その実質と経済的実態に即して会計処理され表示されることが必要である。」(IASC [1989] para. 35) と説明され、忠実な

表現と実質優先性とを相即不離の関係にある特性とみなしている。一方、FASB [1980] では、「信頼性の特性、とくに表現の忠実性の特性には、実質よりも形式を優先する会計上の表現が入り込む余地がほとんどない。」(FASB [1980] para. 160、同訳書 p. 137) とされ、実質優先性は暗黙のうちに表現の忠実性に、ひいては信頼性に包摂される概念とみなされる。

IASB [2005d] では、実質優先性を FASB [1980] と同様に解釈し、完全性とともに忠実な表現に包摂される概念とみなされる (IASB [2005d] paras. 21-22)。

以上のように、共同概念フレームワークでは、忠実な表現を会計情報の鍵となる特性（ないしはサブ特性）とみなし、完全性と実質優先性はともに忠実な表現に包含されるという見解を示している (IASB [2005d] para. 22)。

②忠実な表現の採用

上述のように、従来、FASB [1980] では、信頼性の構成要素として、表現の忠実性が採用されていたが、共同概念フレームワークの整備プロジェクトでは、忠実な表現が使用され始めた (IASB [2005d])。忠実な表現は、IASC [1989] や英国の概念フレームワークにおいて信頼性の構成要素として採用されていた特性である (IASC [1989] paras. 33-34、ASB [1999] paras. 3.9-3.14)。共同概念フレームワークにおいて、忠実な表現を採用した意図はいかなるところにあるのであろうか。

一つの解釈として、忠実な表現の採用は、表現の忠実性と忠実な表現が混在する状況を忠実な表現へと統一、整理した、という表面的な変更にとどまらず、従来の表現の忠実性とは異なる新たな概念を持った質的特性の導入としてとらえられよう。

Rosenfield はその著書において、質的特性を論ずる際に、表現することの代表性 (representativeness) と忠実性 (faithfulness) とを区別して論じている (Rosenfield [2006] pp. 84-101)。この場合、表現することの代表性とはデータが報告書において報告主体と関係ある現象を表現しようとしていること、忠実性とは表現されたデータが現象を忠実に表現していることを意味するという (Rosenfield [2006] p. 88)。

このような区別を前提とした場合、表現の忠実性という用語のもとでは、

表現としての会計情報が経済現象に対して忠実であることが重視され、忠実な表現という用語のもとでは、まずは経済現象を表現することが重視される、と解釈できるのではないであろうか。すなわち、表現の忠実性では経済現象が表現されていることは所与であり、その表現が忠実であることが直接的に求められ、一方、忠実な表現では、まずは現実世界における経済現象を表現するということが重要であり、その上で当該表現を情報として忠実に描写することが求められている、と理解するのである。そして、そのような忠実性から表現性への力点のシフトが、忠実な表現がIASB［2005d］において採用された理由であると解釈するのである[8]。

なお、英国の概念フレームワークにおいて忠実な表現は、「取引その他の事象を財務諸表において認識、測定、表示する方法が当該取引ないしは事象の影響と緊密に対応しているならば、当該取引その他事象は当該財務諸表において忠実に表現されている。」（ASB［1999］para. 3.10）と説明される。さらに、「忠実な表現は、取引その他事象から生じたあらゆる権利と義務を識別し、実際に営業上の影響を有するであろう当該権利と義務をより重要視し、そして、営業上の影響を反映する方法で、換言すれば、実質を反映する方法で、取引のその他の事象を認識、測定し、表示することを含んでいる。」（ASB［1999］para. 3.12）ともされ、経済現象を表現することに重きが置かれていることが窺われる。

2）　検証可能性の意義

IASC［1989］では検証可能性は質的特性に明示的には含められていない。しかし、IASC［1989］には、「情報は、重大な誤謬や偏向がなく、またそれが表示しようとするか、あるいは表示されることが合理的に期待される事実を忠実に表現したものとして利用者が信頼する場合に、信頼性の特性を有する。」（IASC［1989］para. 31）との記述がある。この記述のうち、「重大な誤謬がなく」、「利用者が信頼する」という部分をもって内部統制や監査に基づく検証可能性が求められていると解釈される（IASB［2005d］para. 23）。

一方、FASB［1980］で検証可能性は、「測定者間の合意を通じて、情報が表現しようとするものを表現していること、または誤謬もしくは偏向もなく測定方法が選択適用されていることを保証する能力」（FASB［1980］Glossary of Terms、同訳書 p. 61) と定義される。また、検証可能性における、測定者間での合意、経済事項ないしは経済事象との一致の保証、および直接的検証可能性と間接的検証可能性という三つの重要な論点が示される (FASB [1980] paras. 81-88、同訳書 pp. 101-103)。そして、最終的に、「検証可能性は、複数の測定者が同一の測定値を得る可能性が高いことを意味しているにすぎない。」ものであり、「会計情報を検証したからといって、当該情報が高度の表現の忠実性を有していることの保証にはならないし、また測定値が高度の検証可能性を有しているからといって、それが有用であるとされる意思決定にとって必ずしも目的適合性を有していることにはならない。」とされる (FASB [1980] para. 89、同訳書 pp. 103-104)。すなわち、検証可能性は表現の忠実性および目的適合性の必要条件ではないことが示されている。

なお、前出の表2-2で示されるように、英国の概念フレームワークでは信頼性の構成要素に検証可能性は含まれていないが、重大な誤謬がないことが含まれている。カナダでは、「知識を有し、独立した測定者が、合理的な精度をもって、現実の基本的な取引ないしは事象と一致している、と同意するならば、取引ないしは事象の財務諸表における表示が検証可能といえる。検証可能性は、ある測定基準の適否よりもむしろ、当該測定基準の正しい利用を重視する。」(CICA [1988] para. 21 (b)) とされ、信頼性の構成要素として採用されている。同様に、ASBJ討議資料でも信頼性の構成要素として検証可能性は採用されており、「利益の測定では将来事象の見積もりが不可欠であるが、見積もりによる測定値は、誰が見積もるのかによっても、大きなバラツキが生じることがある。このような利益情報には、ある種のノイズが含まれており、見積もりのみに基づく情報を投資家が完全に信頼するのは難しい。そのような事態を避けるには、測定者の主観には左右されない事実に基づく財務報告が求められる。」(ASBJ [2004] para. 10) と説明され、他の概念フレームワークと同様に、会計情報への恣意性の介入や測定値のばらつきを最小とすることを求めている。

このような中、IASB [2005d] では、IASC [1989] で採用される、利用者に信頼されうるために重大な誤謬が存在しない情報を要求する (IASC [1989] para. 31)、という表現内容への賛意が示される。同時に、FASB

[1980] における、検証可能であることをもって情報が信頼可能であることを利用者に保証する、という他の概念フレームワークでも採用される表現にも賛意が示される (IASB [2005d] para. 28)。そこで、IASB [2005d] では、検証可能性を質的特性ないしはサブ特性に含め、その上で、検証可能性の説明において、検証可能であるためには情報に重大な誤謬が存在しないことの利用者への保証が必要である旨を強調するべきである、との見解が表明されている (IASB [2005d] para. 28)。

3) 中立性の意義

IASC [1989] において中立性は、「財務諸表に記載される情報は、それが信頼性を有するためには、中立である、すなわち偏向がないものでなければならない。財務諸表は、あらかじめ決められた結果又は成果を達成するために、情報を選択し又は表示することによって意思決定又は判断の行使に影響を及ぼす場合には中立であるとはいえない。」(IASC [1989] para. 36) とされる。

一方、FASB [1980] で中立性は、「あらかじめ定められた結果を達成し、または特定の行動様式を導き出すことを意図した偏向が報告情報に存在しないこと」(FASB [1980] Glossary of Terms、同訳書 p. 60) と定義される。

中立性に関しては各国の概念フレームワークともほぼ同様な見解を示している。例えば、英国では「財務諸表における情報は、中立であること、換言すれば、計画的もしくは意図的な偏向がないことが必要である。」(ASB [1999] para. 3.15) とされ、オーストラリアでは「信頼可能であるためには、財務報告における情報は、中立でなくては、すなわち偏向があってはならない。」(AASB [2004] para. 36) とされる。また、ニュージーランドでは、中立性は不偏性と同義とみなされている (NZSA [2001] para. 4.9 (c))。

このようにいずれの概念フレームワークにおいても、特定の偏向がないことをもって中立性とみなす。なお、ASBJ 討議資料では、「会計情報の作成者である経営者の利害は、投資家の利害と必ずしも一致していない。そのため、経営者の自己申告による情報を投資家が全面的に信頼するのは難しい。利害の不一致に起因する弊害を小さく抑えるためには、一部の関係者の利害だけを偏重することのない財務報告が求められる。」(ASBJ [2004] para. 10)

として、より具体的に特定の関係者の利害への偏向があってはならないことを強調している。

さらに、中立性は、以下に示されるように、慎重性あるいは保守主義とのかかわりが問題となる。

(2) 中立性と慎重性および保守主義との関係

IASC [1989] において慎重性は信頼性の構成要素に含められており、「慎重性は、不確実性の状況下で要求される見積りにあたって必要とされる判断の行使に際して、資産又は収益の過大表示及び負債又は費用の過小表示とならないように、ある程度の用心深さを要求するものである。」(IASC [1989] para. 37) と説明される。加えて、「慎重性の行使によって、例えば、秘密積立金若しくは過大な引当金の計上、資産若しくは収益の故意の過小表示又は負債若しくは費用の故意の過大表示となることは、財務諸表が中立性を失い、したがって信頼性の特性を有しなくなるため、許容されるものではない。」(IASC [1989] para. 37) と、過度に慎重な会計処理を禁じている。

FASB [1980] では保守主義への言及がみられ、「保守主義とは、企業環境につきものの不確実性およびリスクが十分に考慮されていることを保証するために、不確実なものに対して慎重に対処すること」(FASB [1980] para. 95、同訳書 p. 107) と定義される。さらに、「経営および経済活動には不確実性がつきものであるので、財務会計および財務報告においては慎重性を意味する保守主義のような慣行を受け入れる余地があるが、その場合、この慣行は注意深く適用される必要がある。『測定において起こりうる誤謬は、純利益および純資産を過大表示する方向ではなく、それらを過小表示する方向に作用する』ということを選好するために財務報告に偏向をもたらし、その結果、保守主義は、表現の忠実性、中立性および比較可能性（首尾一貫性を含む）のような重大な質的特徴と矛盾する傾向にある。」(FASB [1980] para. 92、同訳書 p. 105) として、場合によっては保守主義が他の質的特性と相容れないことが指摘される。

英国とオーストラリアの概念フレームワークでは慎重性が採用され、IASC [1989] と同様な説明がなされている (ASB [1999] paras. 3.18-3.20、

AASB [2004] para. 37)。加えて英国では、慎重性が適用される不確実な状況では、「負債と損失に要求される以上に、資産および利益の存在に関するより確実な証拠とそれらの測定値に対するより高い信頼性が必要とされる。」(ASB [1999] para. 3.19) が、「不確実性がない場合に慎重性が適用される余地はない。」(ASB [1999] para. 3.20) ともされる。カナダでは保守主義が採用されており、「不確実な状況下での判断における保守主義の適用は、財務諸表の中立性に許容可能なかたちの影響を及ぼす。」(CICA [1988] para. 21 (d)) ものとみなし、保守主義の適用を概念フレームワーク内で許容している。他方、ニュージーランドと日本では、慎重性または保守主義を信頼性に含めていない。

このような状況において、IASB [2005d] では、中立性と並べて慎重性あるいは保守主義を会計情報の質的特性に含めることは全体的な整合性を欠くこと、慎重性あるいは保守主義を適用して資産を過小表示した場合、その後の利益の過大表示につながることなどから、慎重性あるいは保守主義を会計情報の質的特性に含めることに消極的な姿勢を示している (IASB [2005d] para. 31)。

(3) 信頼性の意義

信頼性の意義も共通する問題領域に含められている。まずここでは、会計基準ごとに信頼可能な測定値とみなされる線引きが設定されており、かつ、それらが会計基準ごとに異なっている、との現状認識がある。そのような線引きの例としては、売買目的か投資目的か、投資適格債券かジャンクボンドか、証券取引所を通じた取引か相対取引か、あるいは有形資産か無形資産か、といったものがあるという (IASB [2005d] para. 39)。形式的な基準をもって線引きがなされているが、果たしてそのような線引きがそれぞれ信頼性について同じレベルを充足しているかどうかは定かではない。そして、そのような現状認識のもと、以下のような問題提起がなされる (IASB [2005d] QC. 4)。

(a) 信頼可能の意味が異なって適用されているのであろうか。
(b) 目的適合性と信頼性の間に複数のトレードオフ関係があるのであろうか。

(c) 保守主義の影響があるのであろうか。
(d) 貸借対照表での認識については十分に信頼可能とされるのに、損益計算書では信頼不可能とされる情報があるのはなぜであろうか。

このような信頼性にかかわる問題が生じる最大の原因として、例えば、ある場合には信頼性を検証可能性と理解したり、またある場合には正確性と理解したりするなど、信頼性に対する統一的な見解が基準設定者間で共有されていないことが指摘される (IASB [2005d] para. 41)。

そこで、信頼性が多様に解釈されている現状への対応方法として次の三つの方法が提案される (IASB [2005d] para. 42)。

(a) 包括的な用語として信頼性を維持した上で様々なサブ特性すべてを含む、よりよい説明を加える方法。
(b) 信頼性に代わるよりよい包括的な用語を採用する方法。
(c) 表現の忠実性、検証可能性、および中立性を独立した、等しく重要な質的特性として位置付ける方法。

これらのうち(a)は、これまでIASB、FASBともに信頼性が何を意味し、何を意味しないのかを説明しようとしたにもかかわらず、いずれの試みも不成功に終わっていることから、実現可能性の低い方法とみなされる (IASB [2005d] para. 43)。

また、(c)は、信頼性の定義が個別のサブ特性をもとに構成されていることから、忠実な表現、検証可能性、および中立性といったサブ特性を独立した、等しく重要な会計情報の質的特性として位置付けることで、信頼性を構成している特性を明確化しようとするものである。しかしその場合、列挙される特性数が過多となり、また、下位の特性が過度に強調される可能性がある (IASB [2005d] para. 44)。

そのような状況において、代替的な用語を採用する(b)の方法が検討され、信頼性に代えて忠実な表現の採用が提案される (IASB [2005d] para. 45)。

IASB [2005d] では、表現を忠実に行うためには、すなわち会計上の測定値もしくは財務報告書における記述と表現しようとする経済現象とが対応もしくは一致するためには、測定値もしくは記述が、完全で実質優先性を備えるのみならず、検証可能で、中立的でなくてはならないとされ、それゆえ

信頼性に代えて忠実な表現を採用することが提案されている（IASB [2005d] para. 45）。

2-3　比較可能性についての検討

IASC [1989] では比較可能性について、「利用者は、企業の財政状態及び業績の趨勢を明らかにするために、各期を通じて企業の財務諸表を比較できなければならない。また、利用者は異なる企業の財政状態、業績及び財政状態の変動を評価するために、これらの財務諸表を比較できなければならない。」（IASC [1989] para. 39）と述べ、同一報告主体における期間的な比較可能性と報告主体間における比較可能性の必要性を主張している。そして、さらに同パラグラフにおいて、「類似する取引その他の事象についての財務的影響の測定と表示は、同一企業内において、また企業の各期を通じて一貫した方法で行われ、さらに異なる企業間においても一貫した方法で行わなければならない。」（IASC [1989] para. 39）と会計処理の首尾一貫性についても言及している。

一方、FASB [1980] では比較可能性は、「情報利用者に二組の経済現象の類似点と相違点を識別させる情報の特性」（FASB [1980] Glossary of Terms、同訳書 p. 59）と、また、首尾一貫性は、「一定の方針および手続を期間を通して遵守すること」（FASB [1980] Glossary of Terms、同訳書 p. 59）と定義され、比較可能性と首尾一貫性が区別されている。IASC [1989] ではこのような比較可能性と首尾一貫性の明瞭な使い分けはなされていない（IASC [1989] para. 39）。

比較可能性は、例えば、英国概念フレームワークにおいて、「財務的業績や財政状態の趨勢を明らかにするために、他の会計期間もしくはある時点における報告主体の同様な情報と比較可能ならば、当該報告主体の財務諸表において情報は大きな有用性を有する。報告主体間の相対的な財務的業績および財政状態を評価するために他の報告主体の同様な情報と比較可能ならば、報告主体の情報は、またさらに有用となる。」（ASB [1999] 3.12）とされるように、他の国々の概念フレームワークにおいても質的特性の一つとして採用されている。ただし、日本の ASBJ 討議資料では、比較可能性を表現の忠

実性に包摂しうる場合もあることから、記述しないという立場を表明している（ASBJ［2004］para. 21）。

このような比較可能性に関しては以下の二つ論点について比較検討が行われた（IASB［2005e］paras. 4-17）。

(a) 比較可能性と首尾一貫性の区別
(b) 質的特性における比較可能性の位置付け

以下においては、比較可能性に関する上記論点の詳細と共同概念フレームワーク改訂プロジェクトにおける対応について整理する。

(1) **比較可能性と首尾一貫性の区別**

上述のように、IASC［1989］では比較可能性と首尾一貫性とを明示的に区別していない（IASC［1989］para. 39）。その一方、FASB［1980］では両者を個別の概念として扱っている（FASB［1980］Glossary of Terms、同訳書 p. 59）。

このような状況において、IASB［2005e］では、比較可能性を質的特性として位置付け、同時に比較可能性と首尾一貫性を FASB［1980］のように区別して定義することが提案されている（IASB［2005e］para. 7）。またその際、首尾一貫性は会計処理の一貫性を要求するものであり、結果として比較可能性を向上させる場合もあるが、あくまでも比較可能性の下位概念であることが強調される（IASB［2005e］para. 7）。

(2) **質的特性における比較可能性の位置付け**

IASC［1989］において比較可能性は、目的適合性、信頼性、および理解可能性と同等に位置付けられている。またその一方で、「企業は、採用した会計方針が目的適合性及び信頼性の質的特性と一致しない場合には、取引その他の事象について同一の会計処理方法を継続することは適切ではない。また、より目的適合性と信頼性を有する代替的方法が存在する場合に、企業の会計方針を変更しないでおくことは適切ではない。」（IASC［1989］para. 41）という記述は、比較可能性と目的適合性または信頼性とがトレードオフ関係になった場合に、目的適合性または信頼性が優先されることを示唆する。

FASB［1980］においても、「二つの測定値の間の比較可能性を確保する

ために、その二つの測定値のうちのいずれか一方を、情報の目的適合性か信頼性のいずれかが損なわれる方法で獲得せざるを得ない場合に、比較可能性を向上させることは目的適合性または信頼性を損なうか弱めることになろう。」(FASB [1980] para. 116、同訳書 pp. 115-116) と、比較可能性と目的適合性または信頼性とがトレードオフ関係になりえることに言及している。それと同時に、「比較可能性は、目的適合性または信頼性と同じ意味の情報の特性ではなく、むしろ二つまたはそれ以上の情報に見られる諸関係の特性である。」(FASB [1980] para. 116、同訳書 p. 115) とされ、質的特性の階層構造でも示されるように (FASB [1980] fig. 1、同訳書 p. 77)、比較可能性を副次的かつ相互作用的特性として位置付けることによって、目的適合性と信頼性とが優先される階層構造を構築している。

英国、カナダ、オーストラリア、およびニュージーランドのフレームワークにおいて、比較可能性は、目的適合性、信頼性、および理解可能性と同等な基本的な質的特性に位置付けられる (ASB [1999] p. 34、CICA [1988] para. 18、AASB [2004] para. 24、NZSA [2001] para. 4. 1)。

このような状況において IASB [2005e] では、比較可能性は、意思決定に有用な情報の重要な特性であり、共同概念フレームワークにおいても質的特性に含められるべきであること、比較可能性と首尾一貫性を分けて定義すること、比較可能性および首尾一貫性よりも目的適合性および信頼性（忠実な表現）が優先されるべきであること、また、そのことによって比較可能性ないしは首尾一貫性が損なわれた場合には、会計方針の開示を通じて補足情報を開示することを提案している (IASB [2005e] paras. 4-17)。

2-4 理解可能性についての検討

IASC [1989] において理解可能性は、目的適合性、信頼性、および比較可能性と同様に主要な質的特性に位置付けられるとともに、他の特性に先駆けて、「財務諸表が提供する情報の重要な特性は、その情報が利用者にとって理解しやすいことである。」(IASC [1989] para. 25) と記述される。

一方、FASB [1980] で理解可能性は、「情報のベネフィットは、情報をより理解しやすいものにすることによって高められ、したがって、もしもそ

うなれば、当該情報はより広範な情報利用者にとって有用なものとなりえよう。情報の理解可能性は、情報利用者の特徴と情報自体の特徴との組み合わせによって左右されるのであり、そのために理解可能性およびその他の情報利用者に固有の特徴が、会計的特性の階層構造において、情報利用者（意思決定者）の特徴と意思決定に固有の情報の特性とを結び付ける役割を果たしている。」(FASB [1980] para. 40、同訳書 pp. 81-82) とされ、情報を有用にする特性であるとともに、情報利用者に固有の特性として位置付けられる。

このように、IASC [1989] と FASB [1980] とでは、理解可能性の位置付けが異なる。理解可能性ついては、以下の二つの論点が比較検討された (IASB [2005e] paras. 18-24)。

(a) 対象とする情報利用者
(b) 理解可能性の意義

以下においては、理解可能性に関する上記論点と共同概念フレームワークにおける対応とを整理する。

(1) 対象とする情報利用者

IASC [1989] では、「利用者は、事業、経済活動及び会計に関して合理的な知識を有し、また合理的に勤勉な態度をもって情報を研究する意思を有すると仮定され」(IASC [1989] para. 25)、FASB [1980] では、「財務報告によって提供される情報は、経営および経済活動を正しく理解し、また適度の注意を払って当該情報を研究しようとしている者にとって理解できるものでなければならない。」(FASB [1980] para. 40、同訳書 p. 81) とされる。英国、カナダ、オーストラリア、およびニュージーランドの概念フレームワークでも、対象とする情報利用者について同様な記述がみられる (ASB [1999] para. 3.27 (c)、CICA [1988] para. 19、AASB [2004] para. 25、NZSA [2001] para. 4. 7)。なお、ASBJ 討議資料で理解可能性は記述されていない (ASBJ [2004] para. 22)。

このような各概念フレームワークにおける状況を鑑み、IASB [2005e] では、共同概念フレームワークにおいても引き続き、「専門家のみならず非専門家も含めた、経営および経済活動と会計を正しく理解し、また適度の注

意を払って当該情報を研究しようとしている」（IASB [2005e] para. 24 (a)）情報利用者を対象とすることが確認された（IASB [2005e] para. 19）。

(2) 理解可能性の意義

IASC [1989] では、上述のように、「財務諸表が提供する情報の重要な特性は、その情報が利用者にとって理解しやすいことである。」（IASC [1989] para. 25) との説明はあるものの、理解可能性そのものの定義は示されていない。

一方、FASB [1980] において理解可能性は、「情報利用者に情報の有意性を認めさせる情報の特性」（FASB [1980] Glossary of Terms、同訳書 p. 61) と定義されている。さらに加えて、理解可能性が、「会計的特性の階層構造において、情報利用者（意思決定者）の特徴と意思決定に固有の情報の特性とを結び付ける役割を果たしている」（FASB [1980] para. 40、同訳書 p. 82) ことが説明される。

このため、IASB [2005e] では、情報利用者が有用な情報の有意性を理解できるように、共同概念フレームワークにおいても FASB [1980] と同様に定義することが推奨されている（IASB [2005e] para. 20）。

次に、IASC [1989] においては、「経済的意思決定に関する利用者のニーズへの目的適合性により財務諸表に含めるべき複雑な事項についての情報は、それがある利用者にとって難解すぎるかもしれないという理由だけで除外すべきではない。」（IASC [1989] para. 25) とされ、理解可能性よりも目的適合性が優先されることが示唆される。このような趣旨の記述は、FASB、英国、オーストラリア、およびニュージーランドの概念フレームワークにおいても採用される（FASB [1978] para. 36、同訳書 pp. 27-28、ASB [1999] para. 3.37、AASB [2004] para. 25、NZSA [2001] para. 4. 8)。

また、英国概念フレームワークでは、理解可能な財務情報であるためには、取引その他の事象の成果をいかに表現し、まとめ、そして分類するか、情報をいかに表示するか、および利用者の能力が重要であることが示されている（ASB [1999] para. 3.27）。そこで、IASB [2005e] では、ある利用者が理解するにあたって複雑あるいは難解過ぎるという理由で目的適合的な情報が

削除されるべきではないこと、および理解可能性が財務情報の表現、統合、分類、表示によって高まることが強調される (IASB [2005e] paras. 21-22)。

そして、最終的に理解可能性について、「利用者が情報の意味を理解可能となるような情報の特性をいう。財務諸表利用者は、経営活動、経済活動、および会計に関する相応の知識を有し、相応の努力をもって情報を学ぶ意思を持っていることが期待される。理解可能性は、情報が、明瞭で簡潔に、統合、分類、描写、表示されることで強化される。目的適合的な情報が、特定の利用者が理解するにあたって複雑であるとか難し過ぎるといった理由により除外されるべきではない。」と説明することが提案されている (IASB [2005f] para. 4)。

2-5 重要性についての検討

重要性に関して問題となるのは、重要性が会計情報の質的特性なのか質的特性ではないのか、また質的特性ではない場合、質的特性とどのような関係にあるのか、といった点である (IASB [2005e] para. 25)。

IASC [1989] で重要性は、「情報は、その脱漏又は虚偽表示が、財務諸表を基礎として行う利用者の経済的意思決定に影響を及ぼす場合に重要性を有する。重要性は、脱漏又は虚偽表示があった特定の状況下で判断される当該項目又は誤謬の大きさに依存する。したがって、重要性は、情報が有用であるために有していなければならない主要な質的特性の1つであるというよりは、閾値又は境界線を示すものである。」(IASC [1989] para. 30) とされる。

FASB [1980] で重要性は、「周囲の状況からみて、会計情報が省略されていたりまたは誤って表示されているならば、その会計情報に依存する合理的な人間の判断が変更されたりまたは影響を受けるおそれがある場合の当該情報の省略または誤表示の大きさ」(FASB [1980] Glossary of Terms、同訳書 pp. 59-60) と定義される。さらに、「重要性は、目的適合性および信頼性と同一レベルの基本的特徴ではない。実際、重要性は一般的な性質をもっているので、重要性が他の質的特徴、とりわけ目的適合性および信頼性と関連がある場合を除き、その概念を検討することは困難である。」(FASB [1980] para. 124、同訳書 p. 120) と説明される。

重要性は、英国とオーストラリアの概念フレームワークでは主要な質的特性ではなく識閾あるいは閾値と位置付けられ（ASB [1999] para. 3.29、AASB [2004] para. 30)、カナダとニュージーランドでは質的特性に含められず、特定状況での専門的判断の問題とされる（CICA [1988] para. 17、NZSA [2001] para. 6.6)。なお、ASBJ討議資料において重要性は記述されていない（ASBJ [2004] para. 22)。

いずれの概念フレームワークにおいても重要性は質的特性に含められていない。その点を鑑みてIASB [2005e] では、重要性を質的特性あるいは目的適合性のサブ特性とせず、情報利用者による報告主体への意思決定に影響するような十分に重要な情報かどうかを決定するスクリーンないしはフィルターとして位置付けることを提案している（IASB [2005e] paras. 29-30)。

そして最終的にIASB [2005f] では、重要性について、「情報は、その脱漏あるいは誤表示が、財務諸表を基礎としてなされる利用者による経済的意思決定に影響を及ぼす場合に重要性を有する。重要性は、脱漏や誤表示があった特定の状況において判断される当該項目の性質や金額に依存する。重要性の広範性を考慮した場合、目的適合性および忠実な表現といった質的特性と関連させずに当該概念を考慮することは難しい。したがって、重要性は、意思決定に有用な財務情報の質的特性というよりはむしろ、報告主体のおかれた状況のもとで、利用者の意思決定に影響を及ぼすほど、十分に重要な情報であるかどうかを決定するために利用されるスクリーンないしはフィルターである。」と説明することを提案している（IASB [2005f] para. 5)。

2-6　コストとベネフィットについての検討

コストとベネフィットについて、IASC [1989] では、「ベネフィットとコストの均衡は、質的特性というよりは一般的制約条件である。情報によってもたらされるベネフィットは、当該情報を提供するためのコストを上回るものでなければならない。」（IASC [1989] para. 44）と述べ、会計情報の作成にあたって考慮すべき制約条件として、コストとベネフィットのバランスを指摘する。

FASB [1980] では、「会計基準設定主体は、設定する会計基準について

認められるコストとベネフィット——すなわち、財務情報の利用者および作成者、監査人のように財務情報に関与するその他の者ならびに社会において影響を受けると思われるすべての者に対するコストとベネフィット——を考慮しなければならない。」（FASB［1980］para. 135、同訳書 p. 125）と、IASC［1989］と同様にコストとベネフィットを一般的制約条件として位置付けている（FASB［1980］fig. 1、同訳書 p. 77）。また、情報利用者のみならず、すべての関係者に対するコストとベネフィットを考慮すべきとする。

このようにコストとベネフィットを質的特性とみなさない見解は他の概念フレームワークとも一致する（ASB［1999］para. 15 (b)、AASB［2004］para. 44、CICA［1988］para. 16、NZSA［2001］para. 6. 4）。

このため、共同概念フレームワークでも同様にコストとベネフィットを制約条件として位置付けることが望ましいとされる（IASB［2005e］para. 81）。さらに、その上で、IASB［2005e］では、考えうるコストの種類を特定するべきかどうかが検討されている（IASB［2005e］paras. 81-83）。

FASB［1980］では、情報を提供するために要するコストとして、情報収集および処理に要するコスト、当該情報が監査対象である場合の監査に要するコスト、情報の受手側に対して情報を普及させるのに要するコスト、訴訟の危険に関連するコストなど、各種のコストが例示される（FASB［1980］para. 137、同訳書 p. 126）。そこで、共同概念フレームワークでもFASB［1980］に倣って、このようなコストの範囲を示すべきであるとの見解が示される（IASB［2005e］para. 83）。

また、その他にも、コストの範囲の決定規準の設定、意思決定に有用な財務情報を作成するために期待する財務諸表作成者や監査人の能力とそれに伴うコストについての検討なども共同概念フレームワークに含めるべきであるとされる（IASB［2005e］paras. 84-85）。

2-7　新たな質的特性の採用可能性の検討

ここまでに検討された質的特性や制約条件は、IASC［1989］あるいはFASB［1980］で採用されていた項目であった。しかし、これら以外にも有用な財務情報が保有すべき質的特性があり、概念フレームワークにおいて採

用すべきかもしれない。そこで、IASB [2005e] では、そのような可能性について検討がなされた。

以下においては、まずは、共通する問題領域項目としても挙げられている透明性 (transparency) と真実かつ公正 (true and fair) について、次いで、その他の特性について検討する。

(1) 透明性

IASB の目的において、「公共の利益のために、高品質で理解可能かつ強制しうる一組の全世界的な会計基準を開発すること。その基準は、財務諸表及びその他の財務報告において、高品質で透明かつ比較可能な情報を要求し、世界のさまざまな資本市場の参加者及びその他の情報利用者が経済的意思決定を行う助けとなるものであること」(IASB [2004d] preface. 6 (a)) との記述があるように、情報の透明性が重要視される。しかしながら従来のフレームワークにおいて、透明性は質的特性として採用されていない。このような状況は、IASB のみならず、米国、カナダ、英国、オーストラリア、ニュージーランド、および日本においても同様である。

情報の透明性は、財務情報のみならず様々な領域において必要とされる性質であるが、その一方で、検証可能性、中立性、完全性といった他の複数の質的特性とその意義が重複する可能性が高い (IASB [2005e] para. 41)。そこで IASB [2005e] では、理解可能性のサブ特性もしくは構成要素として簡明性 (succinctness) を加えることが提案される (IASB [2005e] para. 42)。ここで、簡明性とは、重要な部分が明示的となるように簡潔性と十分性のバランスをとりつつ、財務情報が効率的かつ効果的に表示されることを意味する (IASB [2005e] para. 43 (b))。

(2) 真実かつ公正な概観

真実かつ公正な概観への言及は IASC [1989] ではみられるが (IASC [1989] para. 46)、FASB [1980] ではみられない。他の概念フレームワークでは、英国で、「財務報告の基底には真実かつ公正な概観が存在する。」(ASB [1999] para. 10) といった記述があり、またオーストラリアでも IASC

[1989] と同様な記述が採用されるなどしているが (AASB [2004] para. 46)、質的特性としては、カナダ、ニュージーランド、日本も含めた、いずれの概念フレームワークにおいても採用されていない。

IASC [1989] では、「財務諸表は、企業の財政状態、業績及び財政状態異の変動に関して真実かつ公正な概観を示すものとして、あるいはそれらを適正に表示するものとして記述されることが多い。本フレームワークは、こうした概念を直接取り扱うものではないが、主要な質的特性と適切な会計基準を適用すれば、通常、真実かつ公正な概観又は適切な表示として一般に理解されている情報を伝える財務諸表となる。」(IASC [1989] para. 46) とされ、質的特性とIFRSを正しく適用すれば、真実かつ公正な概観も達成できるという。

しかし、その一方で、IAS 第 1 号では「経営者が、ある基準書や解釈指針書の規定に従うと誤解を招くことになり、フレームワークに定められる財務諸表の目的に反すると結論付ける極めて稀なケースにおいて、該当する規制上のフレームワークが離脱を要求する、或いは離脱を禁じていない場合には、企業は第18項に定められる方法により当該規定から離脱しなければならない。」(IASB [2004d] IAS No. 1, para. 17) と、IFRSからの離脱が認められている。

そして、離脱が認められる財務諸表の目的に反する場合として、「ある情報の項目で表示されることが意図されている、或いは表示されることが期待されている取引、その他事象及び状態について当該項目が忠実に表示しておらず、その結果、財務諸表の利用者が行う経済的意思決定に影響を与える可能性が高くなる場合に、情報の当該項目は財務諸表の目的に反することになる。」(IASB [2004d] IAS No. 1, para. 22) と、忠実な表示ではない、すなわち忠実な表現ではないことが指摘される。したがって、これらの規定に基づけば、忠実な表現であれば原則としてIFRSからの離脱はなく、同時に真実かつ公正な概観も保たれることになる。

そのような状況から、IASB [2005e] では、財務諸表によって表現されるあらゆる見解は、表現しようとする現象を忠実に表現した情報一つ一つをもとに表現しようとする現象を映し出すべきであるとの旨を、共同概念フレ

ームワークにおいて説明すること、およびそのような説明は、真実かつ公正な概観を個別の質的特性として採用することで行うのでなく、忠実な表現に含めて行うことが提案されている（IASB [2005e] para. 53）。

(3) その他の特性

IASB [2005e] では、新たな質的特性として採用候補となりうる項目が検討されている（IASB [2005e] paras. 59-73）。検討された項目は、客観性 (objectivity)、実行可能性 (feasibility)、信用可能性 (credibility)、高品質 (high quality)、内的整合性 (internal consistency) などである。しかしながら、いずれの項目もすでに採用されている質的特性を言い換えたに過ぎない、あるいはそれら質的特性に包含されている、質的特性として不適当であるなどといった理由により、質的特性としての採用が見送られている。

また、さらに、IASBの審議会メンバーが会計基準設定の際の判断規準として利用していた項目についても検討されている（IASB [2005e] paras. 74-76）。それらの項目とは、受入可能性 (acceptability)、正確性 (accuracy, precision, preciseness)、反悪用性 (anti-abusive)、実務性 (practicality)、実行可能性 (practicability)、入手可能性 (accessibility, availability)、操作性 (operationality)、単純性 (simplicity) である。これらもすでに採用されている質的特性と重複していたり、あるいは制約条件としてのコスト・ベネフィットと強く関連する項目であると位置付けられている（IASB [2005e] para. 76）。

3 むすびにかえて

本章では、従来の質的特性を改訂するにあたって問題とすべき論点を、IASB会議資料を中心に明らかにした。

IASB [2005e] には、図2-1のような質的特性の階層構造図が添付されている。

この階層構造図は、IASB [2005d]、IASB [2005e] およびIASB [2005f] で検討された質的特性を視覚的に捉えることによって、質的特性およびその相互関係の理解促進を図ることを目的としている。しかし、実際にこのよう

な階層構造図を概念フレームワークに含めて開示することが検討されているわけではない。あくまでも改訂プロジェクトのみの限定的な資料とされている（IASB [2005e] p. 32）。

図2-1では、基本的にFASB [1980] で示された階層構造図と類似した階層構造が示されている（図2-2参照）。すなわち、二つの重要な質的特性を中心とした階層が形成され、それらの特性を構成するサブ特性や副次的な特性が展開する構造になっている。IASC [1989] ではこのような質的特性の階層関係は明記されていなかった。改訂された質的特性では、このように図解された階層関係がフレームワークの本文に文章として反映されることによって質的特性相互の関係が従来よりも明瞭に示される可能性が高い。

また、従来の質的特性との大きな違いは、信頼性に代えて忠実な表現の採用が提案されたことである。他にもFASB [1980] との比較で、重要性およびコストの位置付けが異なること、情報利用者が図に含められていないこと、意思決定有用性が位置付けられていないことなどの違いがみられる。し

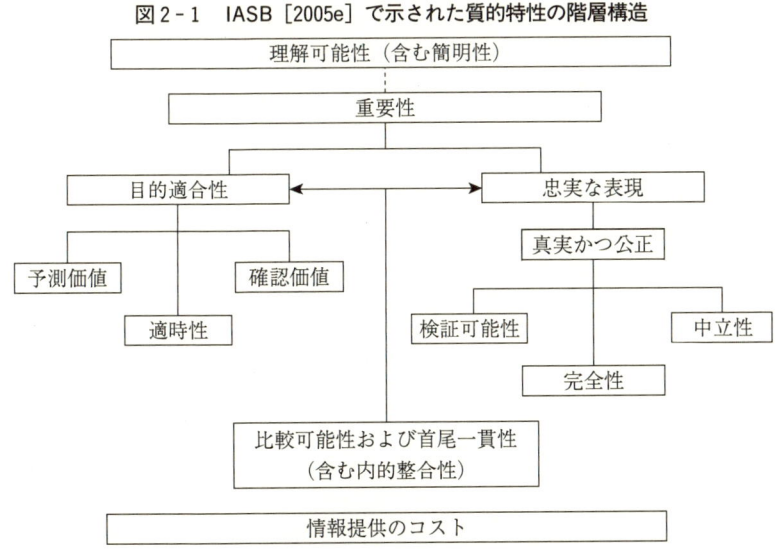

図2-1　IASB [2005e] で示された質的特性の階層構造

```
            理解可能性（含む簡明性）
                    ┆
                  重要性
                    │
       目的適合性 ←──┼──→ 忠実な表現
        │              │      │
   予測価値 確認価値     │   真実かつ公正
            │          │      │
          適時性        │   検証可能性  中立性
                        │      │
                        │    完全性
                        │
            比較可能性および首尾一貫性
                （含む内的整合性）
                        │
                情報提供のコスト
```

（出所）IASB [2005e] p. 33をもとに著者作成

図2-2　FASB［1980］で示された質的特性の階層構造

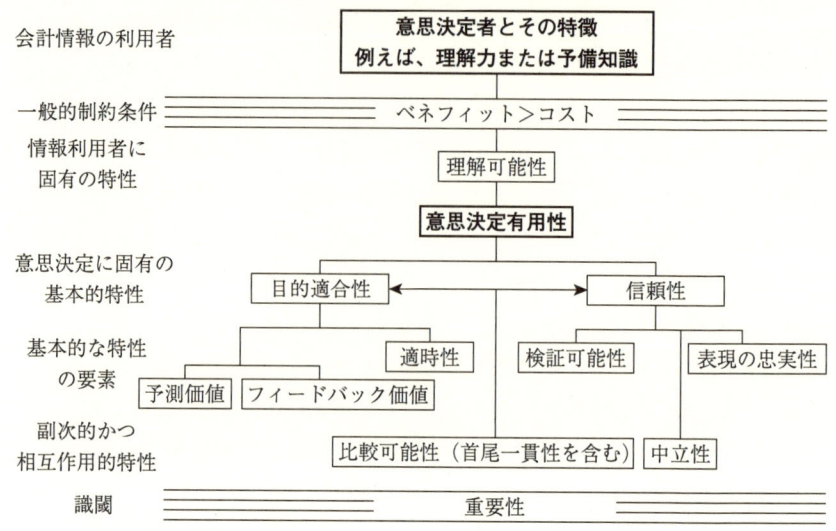

会計情報の利用者	意思決定者とその特徴 例えば、理解力または予備知識
一般的制約条件	ベネフィット＞コスト
情報利用者に固有の特性	理解可能性
	意思決定有用性
意思決定に固有の基本的特性	目的適合性 ←→ 信頼性
基本的な特性の要素	適時性／検証可能性／表現の忠実性 予測価値／フィードバック価値
副次的かつ相互作用的特性	比較可能性（首尾一貫性を含む）／中立性
識閾	重要性

（出所）FASB［1980］fig. 1、同訳書 p. 77

かし、最大の相違は、上述のように忠実な表現の採用であろう。討議資料から始まる今後の改訂プロセスでは、忠実な表現の採用に対する関係者の反応、他の質的特性との相互関係の構築などが論点となる。

（注）
1　Bullen, H. G.（FASBシニア・プロジェクト・マネージャー）およびCrook, K.（IASBシニア・プロジェクト・マネージャー）。
2　この段階では構成要素（element）ではなく、サブ特性（subquality ないし sub-characteristic）という表現が利用されている。
3　IASB［2005d］では、2005年当時、公表されていた各国概念フレームワークが比較検討されている。例えば、日本の概念フレームワークは、2012年現在、2006年12月にASBJが公表した『討議資料「財務会計の概念フレームワーク」』が最新のものであるが、IASB［2005d］では、2004年7月に基本概念ワーキング・グループから公表された討議資料をもとに比較検討が行われる。同様に、オーストラリアについても2007年に改訂された概念フレームワークではなく、比較検討は2004年版によって行われる。本章においては、IASB［2005d］と同様に、2006年7月に公表された討議資料以前の各国概念フレームワークをもとに各質的特性の異同について比較検討するものとする。

3　むすびにかえて　　69

4　2004年に公表された討議資料は、ASBJではなく、基本概念ワーキング・グループによる見解であるため、出典表記等は、厳密には基本概念ワーキング・グループ[2004]などとすべきところであるが、IASB [2005d]に倣ってASBJ [2004]あるいはASBJ討議資料と記すこととする。
5　もっとも、「特定の情報が投資家の行動を改善するか否かについて、事前に確たることをいうのは難しい。」(ASBJ [2004] para. 4 脚注) と注が付けられているため、その点で相違するとも指摘される。
6　FASB [1980]において「feedback」が利用される理由として「確認または確証およびそれらの正反対のことの両方を包摂する他の単語を見いだせないので、このようなこなれていない用語が用いられている。」(FASB [1980] para. 52, footnote 6、同訳書 p. 87) と説明されている。
7　IASC [1989]において採用されている「faithful representation」は、一般に「表現の忠実性」と訳されることが多い（例えば、ASBJ・FASF監訳 [2009] など)。しかし、本書では、「faithful representation」を「忠実な表現」と訳し、「representational faithfulness」を「表現の忠実性」と訳し、区別するものとする。
8　ただし、従来の質的特性を整理検討し、その上で策定される共同概念フレームワークであることから、単に従来、利用されていた表現の忠実性との混同を回避するために新たな用語を使用するという意味合いも多分にあるであろう。

〈引用文献〉

ASBJ（基本概念ワーキング・グループ）[2004]『討議資料「財務会計の概念フレームワーク」』ASBJ。
ASBJ [2006a]『討議資料「財務会計の概念フレームワーク」』ASBJ。
AASB [2004] *Framework for the Preparation and Presentation of Financial Statement*, AASB.
ASB [1999] *Statement of Principles for Financial Reporting*, ASB.
Bullen, H. G. and Kimberley Crook [2005] *Revisiting the Concepts*, IASB/FASB.
CICA [1988] Financial Statement Concepts, Section 1000, *CICA Handbook*, CICA.
FASB [1978] *SFAC No.1, Objectives of Financial Reporting by Business Enterprises*, FASB（平松一夫・広瀬義州訳 [2002]『FASB財務会計の諸概念（増補版）』、中央経済社)。
FASB [1980] SFAC *No. 2, Qualitative Characteristics of Accounting Information*, FASB（平松一夫・広瀬義州訳 [2002]『FASB財務会計の諸概念（増補版）』、中央経済社)。
FASB [2006a] *Preliminary Views, Conceptual Framework for Financial Reporting: Objective of Financial Reporting and Qualitative Characteristics of Decision-Useful Financial Reporting Information*, Financial Accounting Serieis, No.1260-

001, FASB.
IASB [2004a] *Project : Conceptual Framework (Agenda paper 10), Information for Observers*, Joint IASB/FASB meeting, October, 2004, IASB.
IASB [2004b] *Board Decisions on International Financial Reporting Standards, Update*, October, 2004, IASB.
IASB [2004d] *2004 International Financial Reporting Standards*, IASC Foundation (ASBJ・FASF 監訳『国際財務報告基準書 (IFRSs™) 2004』レクシスネクシス・ジャパン).
IASB [2005d] *Project : Conceptual Framework, Information for Observers*, IASB meeting, May, 2005, IASB.
IASB [2005e] *Project : Conceptual Framework (Agenda paper 6), Information for Observers*, IASB meeting, June, 2005, IASB.
IASB [2005f] *Project : Conceptual Framework — Qualitative Characteristics 4 : Definitions of understandability and materiality (Agenda paper 7B), Information for Observers*, IASB meeting, July, 2005, IASB.
IASB [2006a] *Discussion Paper, Preliminary Views on an improved Conceptual Framework for Financial Reporting : The Objective of Financial Reporting and Qualitative Characteristics of Decision-useful Financial Reporting Information*, IASB.
IASC [1989] *Framework for the Preparation and Presentation of Financial Statements*, IASC Foundation (IASC 財団編、ASBJ・FASF 監訳 [2009]『国際財務報告基準 (IFRS) 2009』中央経済社).
NZSA [2001] *Statement of Concepts for General Purpose Financial Reporting (revised)*, NZSA.
Rosenfield, Paul [2006] *Contemporary Issues in Financial Reporting*, Routledge.

第3章 財務報告作成における質的特性の適用プロセス

1 はじめに

　前章においては、従来の質的特性を改訂するにあたって喫緊の課題とされる「共通の問題領域」をIASBの会議資料を中心に整理するとともに、当該問題領域に対してIASB（およびFASB）が示す見解を明らかにした。

　そこでは、目的適合性、忠実な表現を中心的な質的特性とし、さらに理解可能性および比較可能性が加わり、それらをもって財務情報に必要な質的特性とされていた。それら質的特性のうち、目的適合性については、予測価値、確認価値および適時性がサブ特性とされていた。また、忠実な表現については、真実かつ公正な概観を包含しつつ、検証可能性、完全性、および中立性をサブ特性とすることが示された。そして、その他にも重要性、コスト・ベネフィットが質的特性にかかわる項目として掲げられていた。

　加えて、IASB［2005e］では、それら質的特性の関係が、改訂プロジェクトにおいてのみという限定付きながらも、階層構造形式で図示されていた（図2-1参照）。そして、当該階層構造図は、FASB［1980］にその原型が求められるような構造となっていた（図2-2参照）。なお、IASB［2005g］では、図3-1のように図2-1をさらに改訂した階層構造図が作成されている。

　図3-1にみられる図2-1からの主要な変更点として、重要性および理解可能性の位置付けの変更、真実かつ公正の削除などが指摘できる。また、階層構造に矢印が加えられフローチャート形式になっている。図3-1では、まず、目的適合性と忠実な表現から始まり、次いで、比較可能性が適用される。加えて、目的適合性と忠実な表現が矢印で結ばれており、両特性が相互に影響を及ぼす場合があることが示される。さらに、比較可能性から、重要

72　第3章　財務報告作成における質的特性の適用プロセス

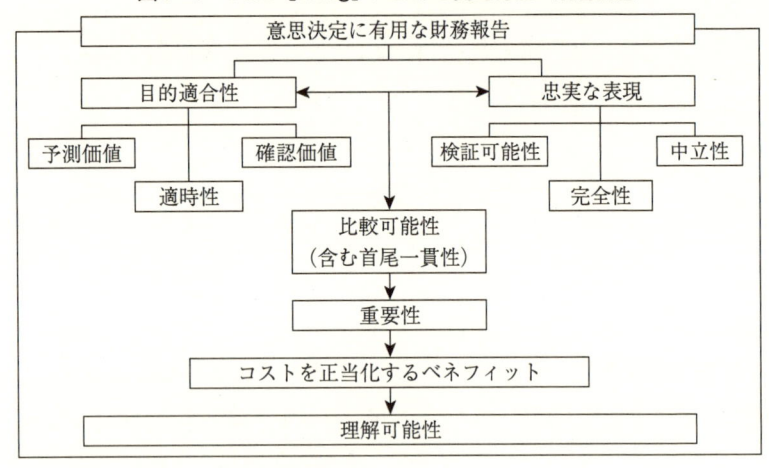

図3-1　IASB［2005g］における質的特性の階層構造

```
           意思決定に有用な財務報告
        ┌──────┴──────┐
      目的適合性 ←──────→ 忠実な表現
    ┌───┴───┐        ┌───┴───┐
  予測価値  確認価値    検証可能性   中立性
       適時性              完全性
                ↓
            比較可能性
          (含む首尾一貫性)
                ↓
              重要性
                ↓
        コストを正当化するベネフィット
                ↓
             理解可能性
```

(出所) IASB［2005g］p. 17をもとに著者作成

性、コスト・ベネフィットへと続き、最終的に理解可能性へと至るフローチャートとなっている。

　図2-1では、例えば、重要性は目的適合性と忠実な表現の両方に関与する質的特性であることが示されるなど、質的特性の相互関係の提示を意図していることが窺えた。さらに図2-1から図3-1への修正では、質的特性の相互関係を明示することに加え、一歩進んで、上記フローチャートのように質的特性がどのような手順で適用されるのか、その適用プロセスを明確にしようとする両審議会の意図も窺える。実際、両審議会は2005年に数回の会議を開き、質的特性の相互関係を明確にするための討議を進めている。

　なお、図3-1も図2-1と同様に、概念フレームワークにおける質的特性の改訂作業を円滑に進めるための補助資料とされ、概念フレームワーク本体への掲載は予定されていない[1]。

　本章では、まず、質的特性の相互関係および適用プロセスの明確化に向けた両審議会による討議プロセスを時系列的に整理する。次いで、最終的に公表されなかったフローチャートとその解説など、両審議会の会議資料等をもとに、両審議会がどのような質的特性の相互関係を構築することで、あるいはどのように質的特性を適用することで意思決定に有用な財務情報を作成す

ることを企図していたのかを明らかにする。

2 質的特性の新たな相互関係の構築

2-1 質的特性の適用プロセスの明示

　IASBは2005年7月に会議を開き、質的特性の相互関係について検討を開始した (IASB [2005g])。その際、IASBの審議会メンバーおよびプロジェクト担当者は、会議の予備的な作業として、質的特性間の「バーゲン (bargaining)」と「階層構造 (hierarchy)」について検討している (IASB [2005g] para. 4)。ここで「バーゲン」とは、質的特性間でトレードオフ関係が生じた場合に、一方の特性に譲歩できる程度を意味する。そして、検討の結果、プロジェクト担当者は、バーゲンや階層構造は必ずしも質的特性同士が対立した状況を解決するための最適な方法ではないと結論付けた (IASB [2005g] para. 4)。そこで、バーゲンや階層構造以外の質的特性間の対立が回避可能な適切な対応方法を検討することとなった。

　このような予備的作業を受け、上記2005年7月の会議で、IASBのプロジェクト担当者は、審議会メンバーからのコメントなどをもとに、財務報告書作成における質的特性の適用プロセスを提示した (IASB [2005g] paras. 6-59)。そして、当該プロセスを図式化したものが、図3-2の「会計基準設定および意思決定に有用な財務報告書作成のための質的特性の利用 (Using the Qualitative Characteristics for Standard-setting and to Build Decision-Useful Financial Reports)」と題されたフローチャートである。

　上記適用プロセスは、そのタイトルからもわかる通り、財務報告書を作成するための会計基準設定と意思決定に有用な財務報告書の作成という二つの局面における質的特性の適用プロセスを示すことを意図している。そして、同会議で、プロジェクト担当者は、この適用プロセスを詳細に解説するとともに、新たな対応方法として採用可能かどうか、従来の方法であるバーゲンや階層構造と比較、検討することを提案している (IASB [2005g] para. 5)。

　IASB [2005g] で示される質的特性の適用プロセスを図3-2とともに整理すると以下のような特徴が指摘できる。

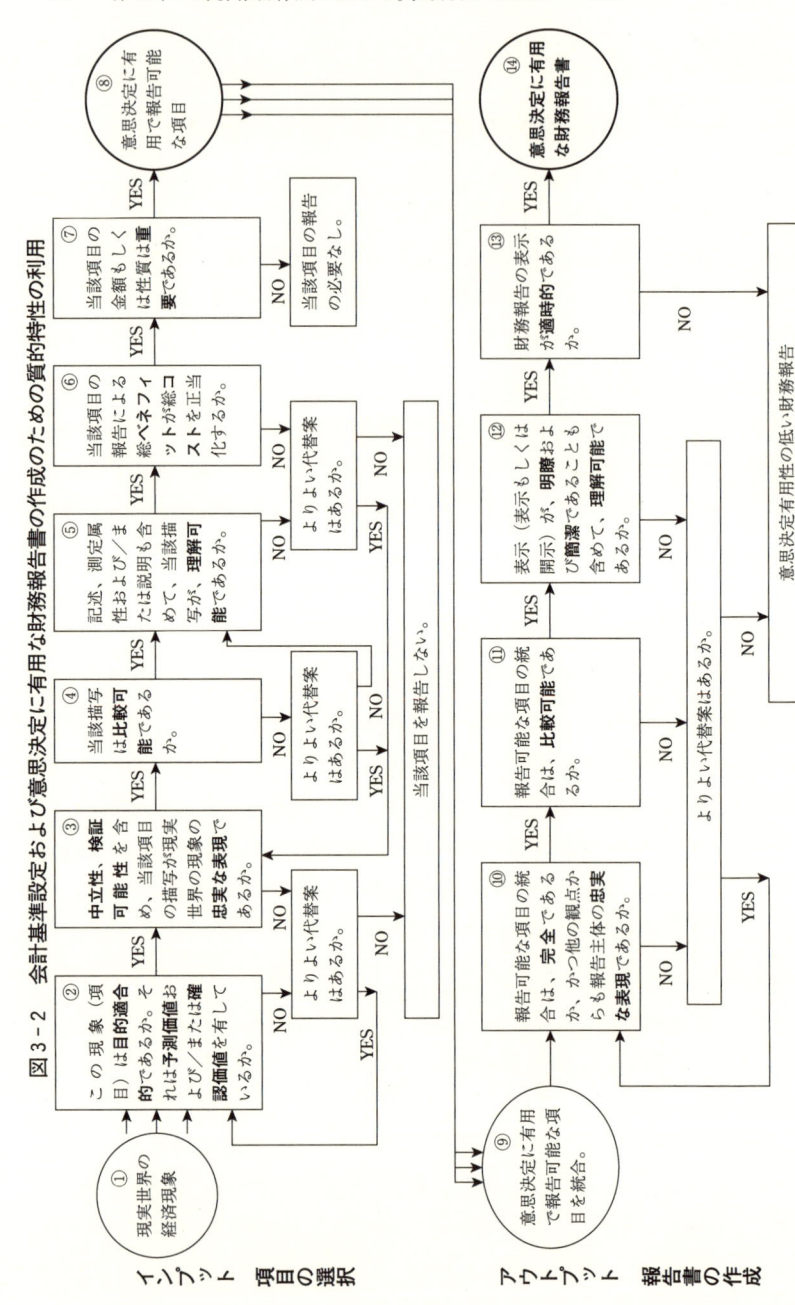

74　第3章　財務報告作成における質的特性の適用プロセス

図3-2　会計基準設定および意思決定に有用な財務報告書の作成のための質的特性の利用

① 現実世界の経済現象

② この現象(項目)は目的適合的であるか。予測価値および/または確認価値を有しているか。

③ 中立性、検証可能性を含め、当該項目の描写が現実世界の現象の忠実な表現であるか。

④ 当該描写は比較可能であるか。

⑤ 記述、測定属性および/または説明もしくは描写が、理解可能であるか。

⑥ 当該項目による報告のベネフィットが総コストを正当化するか。

⑦ 当該項目の金額もしくは性質は重要であるか。

⑧ 意思決定に有用で報告可能な項目

よりよい代替案はあるか。（各所 NO→YES）

当該項目の報告の必要なし。

当該項目を報告しない。

⑨ 意思決定に有用で報告可能な項目を統合。

⑩ 報告可能な項目の統合は、完全であるか、かつ他の観点からも報告主体の忠実な表現であるか。

⑪ 報告可能な項目の統合は、比較可能であるか。

⑫ 表示（表示もしくは開示）が、明瞭および簡潔であることも含めて、理解可能であるか。

⑬ 財務報告の表示が適時であるか。

⑭ 意思決定に有用な財務報告書

意思決定有用性の低い財務報告

インプット　項目の選択

アウトプット　報告書の作成

(出所) IASB [2005g] p.21 をもとに著者作成

2 質的特性の新たな相互関係の構築　75

　まず、フローチャートは、大きく前半部の「インプット―項目の選択―」（図3-2上段）と後半部の「アウトプット―報告書の作成―」（図3-2下段）から構成される。前半部では、「現実世界の経済現象」から始まり、質的特性を中心とした6段階のイエス・ノー式テストを経て、「意思決定に有用で報告可能な項目」が識別される。次いで後半部では、複数の意思決定に有用で報告可能な項目を統合させた後、そこを出発点として、意思決定に有用な財務報告書を作成可能とするために必要な質的特性に関する4段階のイエス・ノー式テストが設定されている。

　この適用プロセスの解説とフローチャートでは、図3-1に代表される質的特性の階層構造図よりもより具体的に財務報告作成プロセスにおける質的特性の適用形態が示される。とりわけ、前半部において個々の経済現象の識別に質的特性が適用されるのに加えて、後半部では識別された項目の表示形式に質的特性が適用されており、情報の識別と表示に分けて質的特性の適用プロセスが示される点に特徴がある。具体的には、前半部の情報の識別に関しては、目的適合性、忠実な表現（中立性、検証可能性）、比較可能性、理解可能性、コスト・ベネフィット、重要性の順番で、後半部の表示面に関しては、忠実な表現（完全性）、比較可能性、理解可能性、適時性の順番で質的特性が適用される手順となっている。

　最終的に、IASB［2005g］では、図3-2のフローチャートのような質的特性の適用プロセスが、バーゲンや階層構造よりも質的特性相互の関係を表す方法として適切であること、および当該適用プロセスの説明とフローチャートのさらなる改善を図ることが方針として示されている（IASB［2005g］para. 59）。

　FASBにおいても2005年7月の審議会会議で、IASBで提案されたものと同一の質的特性に関する適用プロセスの説明およびフローチャートの適否が検討されている（FASB［2005e］paras. 18-34）。その際、当該適用プロセスの説明は有意義であると審議会メンバーに概ね受け入れられたが、その一方で、多数の改良すべき点も指摘された（FASB［2005e］para. 34）。そこで同会議では、それらの指摘に基づいて当該適用プロセスを改良すること、当該適用プロセスの有効性を確認するためにケースを利用してテストすることを指示し

ている（FASB［2005e］para. 34）。

2-2　適用プロセスの改良

2005年9月、IASBとFASBそれぞれの審議会会議において、前回（2005年7月）会議での指摘事項に基づき改良された質的特性の適用プロセスが検討された（IASB［2005h］、FASB［2005f］）。図3-3は当該適用プロセスをフローチャートで図示したものである。このフローチャートは、同時期に開催された世界会計基準設定主体会議（World Standard Setters Meeting）においても、質的特性の相互関係および適用方法の説明に使用されている[2]（IASB［2005j］、IASB［2005k］）。

オリジナルの適用プロセスおよびフローチャート（図3-2）と改良版の適用プロセスおよびフローチャート（図3-3）との異同を簡潔に整理すると以下のような①共通点と②相違点を指摘できる。

①共通点
(a) 段階的なイエス・ノー式テストによるフローチャート形式であること。
(b) 適用プロセスが前半部と後半部から構成され、前半部に「インプット―項目の選択―」が、後半部に「アウトプット―報告書の作成―」が位置付けられていること。
(c) 前半部では、「経済現象」が質的特性を中心としたテストを経て、「意思決定に有用で報告可能な項目」として識別される適用プロセスを示し、後半部では、「統合された意思決定に有用で報告可能な項目」が、前半部と同じく質的特性に関するテストを経て、「意思決定に有用な財務報告書」として作成される適用プロセスが示されていること。

②相違点
(a) オリジナルの適用プロセスでは、質的特性などによるテスト項目が前半6段階、後半4段階の合計10項目だったのが、改良された適用プロセスでは、前半7段階、後半4段階の合計11項目に増加していること。
(b) 目的適合性に関するテストが詳細になっていること。
(c) オリジナルの適用プロセスでは、前半6番目のテスト項目であった重要性が、改良された適用プロセスでは、後半1番目のテスト項目に含め

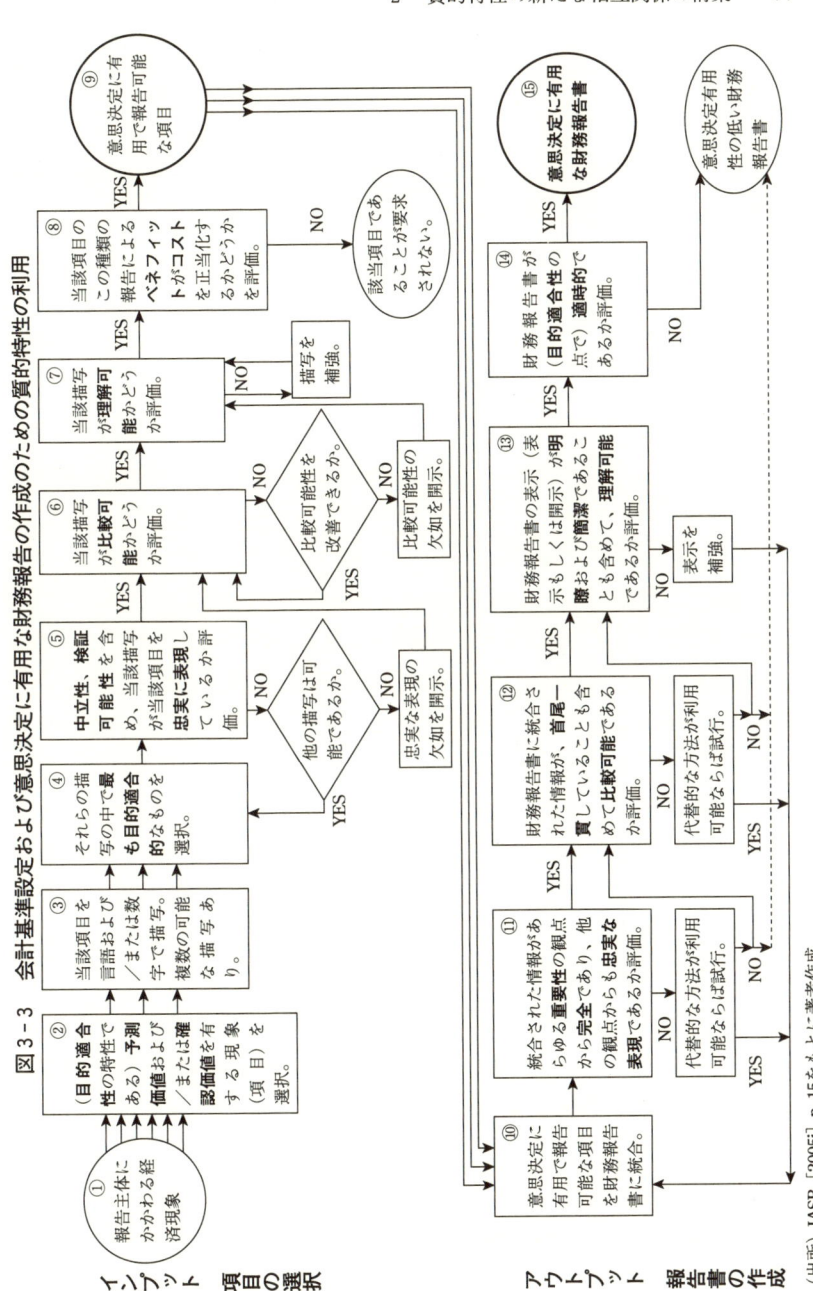

2 質的特性の新たな相互関係の構築 77

図3-3 会計基準設定および意思決定に有用な財務報告の作成のための質的特性の利用

インプット
① 報告主体にかかわる経済現象
② (目的適合性のある) 予測価値および/または確認価値を有する現象 (項目) を選択。

項目の選択
③ 当該項目を言語および/または数字で描写。複数の可能な描写あり。
④ それらの描写の中で最も目的適合的なものを選択。
⑤ 中立性、検証可能性を含め、当該項目が描写が忠実に表現しているか評価。
  → NO: 他の描写は可能であるか。 YES → ③へ / NO: 忠実な表現の欠如を開示。
⑥ 当該描写が比較可能かどうか評価。
  → NO: 比較可能性を改善できるか。 YES → ③へ / NO: 比較可能性の欠如を開示。
⑦ 当該描写が理解可能かどうか評価。
  → NO: 描写を補強。
⑧ 当該項目のこの種類の報告によるベネフィットがコストを正当化するかどうかを評価。
  → NO: 該当項目であることが要求されない。
  → YES: ⑨ 意思決定に有用で報告可能な項目

アウトプット
報告書の作成
⑩ 意思決定に有用で報告可能な項目を財務報告書に統合。
⑪ 統合された情報があらゆる重要性の観点から完全であり、他の観点からも忠実に表現であるか評価。
  → NO: 代替的な方法が利用可能ならば試行。 YES → ⑩へ / NO → ⑫
⑫ 財務報告書に統合された情報が首尾一貫していることも含めて比較可能であるか評価。
  → NO: 代替的な方法が利用可能ならば試行。 YES → ⑩へ / NO → ⑬
⑬ 財務報告書の表示 (表示もしくは開示) が明瞭および簡潔であることも含めて、理解可能であるか評価。
  → NO: 表示を補強。
⑭ 財務報告書が (目的適合性の観点で) 適切であるか評価。
  → NO: 意思決定に有用性の低い財務報告書
  → YES: ⑮ 意思決定に有用な財務報告書

(出所) IASB [2005] p.15をもとに著作作成

られていること。
(d) 各テスト項目で不合格（ノー）だった場合の適用プロセスがより具体的に指示されていること。

　他にも、完全に忠実な表現が達成できていない場合には、その旨を財務報告書利用者に開示することが加わるなど、多くの細かな変更が見られるが、総じて、質的特性の適用プロセスをより詳細かつ具立的にパターン化するような改良が加えられている。

　以上のような特徴を持つ改良された適用プロセスについて、IASB会議では、適時性の位置付け、および目的適合的な現象を忠実に表現できなかった場合の取り扱いについて懸念が示され、それらの点を中心とした再度の改良作業への取り組みが指示された（IASB [2005l] p. 5）。一方、FASB会議においても、適時性の位置付け、忠実な表現に関するテスト、適用プロセスにおける説明語句の定義など様々な検討がなされ、質的特性の適用プロセスのさらなる精緻化を図ることが指示された（FASB [2005f] pp. 3-9）。

　なお、オリジナルの適用プロセス、改良された適用プロセスともに、基準設定主体と財務報告書作成者の両者による質的特性の利用を想定して作成されていたが、両審議会とも、適用プロセスは、財務報告書作成者による利用ではなく、基準設定主体による利用を念頭に作成することで合意に至っている（IASB [2005l] p. 5、FASB [2005f] p. 9）。財務報告書作成者が質的特性を考慮しつつ財務報告書を独自の判断により作成する局面は、会計処理方法の選択や重要性の適用などが考えられ、皆無とはいえないが、かなり限定的である。むしろ、基準設定段階において、質的特性の適用が考慮されることで、結果的に必要とされる質的特性を有した財務報告書が作成可能となることから、まずは、実務的な見地から、基準設定の局面に限定した質的特性の適用が検討されることになったものと推察される。実際、両審議会では財務報告書作成者向けの適用プロセス作成の是非についても検討されている（FASB [2005g] para. 8）。

2-3 適用プロセスの再改良

　2005年10月にIASBとFASBの合同会議が開催され、質的特性の適用プ

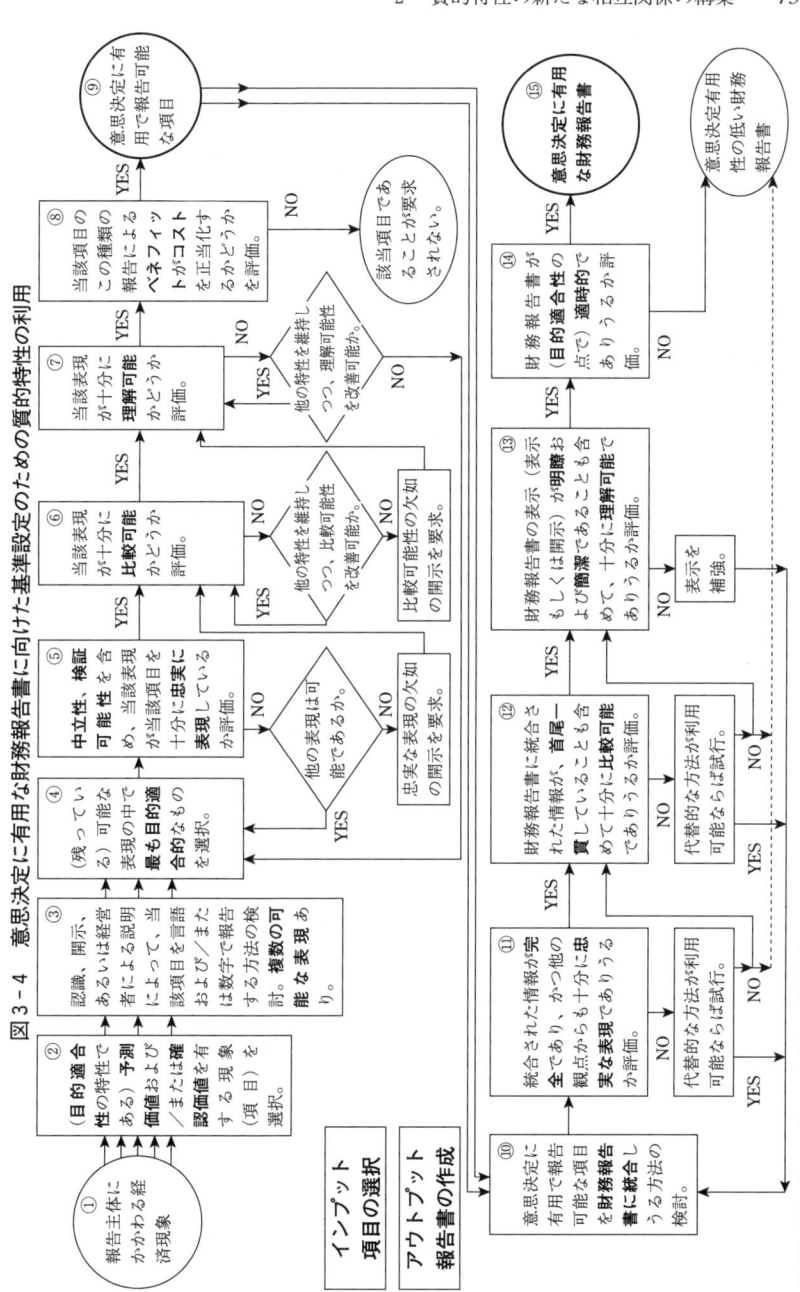

2 質的特性の新たな相互関係の構築　79

図3−4　意思決定に有用な財務報告書に向けた基準設定のための質的特性の利用

（出所）IASB［2005m］p.25をもとに著者作成

ロセスについても検討された。その際、前月のそれぞれの審議会会議で検討されたフローチャート（図3-3）を再改良したフローチャート（図3-4）が配布された（IASB [2005m] p. 25、FASB [2005g] appendix 1）。

　図3-4のフローチャートで図示される合同会議で提案された質的特性の適用プロセスについての説明は、同年9月に両審議会の会議で検討されたそれとの比較において、大幅な変更点はないといってよい。ただし、各テスト項目の質問事項の文章表現が修正されるなど細部における改良が施されている。また、フローチャートのタイトルも「意思決定に有用な財務報告書に向けた基準設定のための質的特性の利用（Using the Qualitative Characteristics for Setting Standards for Decision-Useful Financial Reports）」と題され、前回の各審議会会議で決定されたように、利用範囲として基準設定主体による基準設定時のみに限定したものへと変更されている。すなわち、合同会議で検討された質的特性の適用プロセスは、基準設定主体が基準設定時に当該基準を通じて財務情報に要求される質的特性を満たす財務報告書を作成可能かどうか、質的特性の適用プロセスの観点から確認することを目的としている。

　2006年の討議資料の公表以前に関連資料上で示された質的特性の適用プロセスおよびフローチャート図はIASB [2005m] およびFASB [2005g] に掲載されたものが最後であることから、以下においては、それら資料をもとに図3-4で図示される「意思決定に有用な財務報告書に向けた基準設定のための質的特性の利用」の詳細を明らかにし、質的特性の基準設定への適用方法とその特徴について検討する。

3　意思決定に有用な財務報告書に向けた基準設定のための質的特性の利用

　2005年10月の合同会議において提案された適用プロセスは、従来の適用プロセスと同様に大きく前半部と後半部に分かれている。前半部分では、報告の対象となるインプット項目の選択がなされる。ここでは質的特性を中心とした6種類のテストに基づき、意思決定に有用で報告可能な項目が識別される。そして後半部分は、アウトプットである財務報告書の作成に関するプロセスとなり、意思決定に有用で報告可能な項目が財務報告書に統合された後

3　意思決定に有用な財務報告書に向けた基準設定のための質的特性の利用　　*81*

に意思決定に有用な財務報告書となるか、質的特性について4種類のテストが課される。

以下においてはまず、前半部分の「インプット―項目の選択―」を、その後に、後半部分の「アウトプット―報告書の作成―」を取り上げ、それぞれにおける質的特性の適用プロセスに考察を加えるものとする。

3-1　インプット―項目の選択―
(1)　報告主体にかかわる経済現象

まず、第1段階では、例えば、資源、義務、資源および義務の変動、購入価格、販売価格、公正価値、利子率、税率、下振れリスク、回復余地、物的規模、顧客からの新規注文、仕入先への新規注文、報告主体の研究所での発見、新たな製造工程、新入社員もしくは退職社員、インフレーションもしくは国民所得の変化など、財務報告書を作成する報告主体とかかわるすべての現実世界の経済現象がインプットの対象とされる（IASB［2005m］para.10）。それに対して、現実世界の経済現象ではない項目、例えば、無形資産の償却、収益の繰延べ、およびその他の伝統的な会計処理は、この段階において対象とはされない（IASB［2005m］para.11）。また、現実世界の経済現象であっても、報告主体とは関係ない他の主体の資源や義務、報告主体の所在地に影響のない国々における経済統計値などといった報告主体と無関係な項目もまた対象とされない（IASB［2005m］para.12）。

(2)　目的適合的な項目の選択

次に、第2段階では、報告主体にかかわる経済現象のうち、予測価値と確認価値のどちらも持たず、目的適合的でない項目が除外される（IASB［2005m］para.14）。すなわち、予測価値と確認価値の両方を有するか、あるいはどちらか一方を有する経済現象が選択される。その際、例えば、報告主体の資産と負債、および資産と負債に影響を及ぼす取引その他の事象と状況から検証作業を開始し、まずは、それらのうち最も予測価値および確認価値を有していそうな項目に注目するなどといった方法で、選択に際しては優先度を設定し、その手順に沿って作業を進めることが要求される（IASB［2005m］

para. 14)。

この段階では、例えば、リース契約、証券化、企業結合といった取引における価格、支払期日、期間、偶発事象、オプション、優先度、信用度などといった目的適合的な現象が選択される（IASB [2005m] para. 15）。

(3) 選択された項目の表現

続いて第3段階では、言語と数字の両方、あるいはそれらのどちらかを利用した選択項目の表現方法が検討される（IASB [2005m] para. 19）。なお、その際の表現には、(a)測定属性の選択、当該測定属性の測定方法、および財務諸表本体における認識に関する簡潔な説明、あるいは、(b)財務諸表の注記、経営者による説明、もしくはその他の財務報告方法による開示項目の説明と数量化なども含まれるという（IASB [2005m] para. 19）。この段階における検討の結果、同一の経済現象の描写であっても、異なる記述や異なる測定方法が利用される場合もありうるとされる（IASB [2005m] para. 19）。

(4) 目的適合的な描写の選択

第4段階では、予測価値と確認価値の両方、もしくはそれらのうちどちらか一方を最大化する描写の選択、したがって最も目的適合的となる描写の選択がなされる（IASB [2005m] para. 22）。例えば、IASBの見解によれば、貸付金の表現としては、類似する項目の市場価格を参照した公正価値、現在の市場利子率で将来キャッシュフローを割引計算した割引現在価値、および歴史的原価に償却原価法を適用し、さらに貸倒見込額を控除した回収可能額が考えられるが、目的適合性が最も高いのは公正価値であり、以下、割引現在価値、歴史的原価に基づく回収可能額という順番になるとされる（IASB [2005m] para. 22）。

(5) 忠実な表現かどうかの評価

質的特性の適用プロセスの第5段階では、最も目的適合的な表現が、サブ特性である中立性および検証可能性を満たしつつ、目的適合的な現象ないしは項目を忠実に表現しているかどうかが検討される[3]（IASB [2005m] para. 24）。

なお、第4段階を通過した目的適合的な項目の表現が、中立性と検証可能性の両方もしくはどちらか一方を完全に充足していないという状況も生じうる。その場合、この第5段階では、基準設定主体が、当該項目の中立性と検証可能性の充足状況のバランスを斟酌し、意思決定に有用な財務報告として「十分に」忠実な表現であると判断することをもって、この段階における識別規準が満たされたものとされる (IASB [2005m] para. 25)。

また、上記作業で、ある表現が十分に忠実ではないことが判明した場合には、同じ現象の異なる表現もしくは異なる現象の表現といった他の代替可能な目的適合的な表現を検討し、そしてその結果、他の表現が可能な場合、第4段階に立ち返り、次善の目的適合的な他の表現を選択することになる (IASB [2005m] para. 24)。

なお、この段階において、目的適合的な現象であるが、中立性や検証可能性に問題があり、十分に忠実な表現であるかどうか相当に不確実である場合、当該現象の報告は不可能であるが、財務報告書において、当該情報が忠実な表現としての性質を欠く旨の開示がなされれば、次の段階へと進むことも可能であるとの見解が示されている (IASB [2005m] para. 26)。

(6) 比較可能性の評価

次に第6段階では、第5段階を通過した表現が、十分に比較可能であるかどうかが評価される。その際、十分に比較可能でないと判断されたならば、表現方法や開示方法を統一化するなど、情報の有用性あるいは表現の忠実さを損なうことのない、比較可能性を改善するための方法が検討される (IASB [2005m] para. 31)。

さらに、最終的に比較可能性が不十分で、比較可能性を補強する代替的な方法がないと判断された場合、目的適合性や忠実な表現に関するテストとは異なり、前段階に差戻しとなったり、当該項目が報告対象から除外されることはなく、次の第7段階へと進むことになる (IASB [2005m] para. 33)。これは、目的適合性や忠実な表現と比べた場合、相対的に比較可能性の序列が低く位置付けられていることを意味する。また、この場合、比較可能性が不十分であることを開示することで比較可能性の不備を補完することが求められ

ている (IASB [2005m] para. 33)。

(7) 理解可能性の評価

さらに第7段階では、予測価値と確認価値の双方またはどちらかを有し、かつ忠実な表現であって比較可能な描写が、十分に理解可能であるかどうかが検討される (IASB [2005m] para. 36)。利用者にとって理解不可能な描写は、意思決定に有用な財務情報の提供に資さない。したがって、検討の結果、十分に理解可能ではないと判断された場合、目的適合性、忠実な表現、比較可能性といった特性を損なうことなく、十分に理解可能なレベルに達するように理解可能性を補強することが検討される (IASB [2005m] para. 37)。しかしながら、当該描写を十分に理解可能なレベルまで補強できない場合には、第4段階に戻り、改めて他の目的適合的な表現を検討することになる (IASB [2005m] para. 37)。

(8) コストとベネフィットの評価

この第8段階では、前段階までのプロセスを通過した項目を財務報告書に記載することによって得られるベネフィットが、当該項目を財務報告書に記載するために生じるコストを上回るかどうかが検討される (IASB [2005m] para. 42)。ここで、コストとベネフィットは、財務情報が有することを望まれる質的特性というよりは、むしろ、財務情報の提供における制約条件として位置付けられる。ある項目を財務情報として報告することによるベネフィットがコストを正当化しない、すなわち、ベネフィットがコストを上回らない場合には、当該項目を報告する必要はないものとみなされる (IASB [2005m] para. 42)。

(9) 小活―意思決定に有用で報告可能な項目の選択―

第1段階から第8段階までの適用プロセスにおいて、目的適合性、忠実な表現、比較可能性、理解可能性といった質的特性を有し、かつコスト・ベネフィットのテストに合格した、意思決定に有用で報告可能な項目がインプット項目として選択される。

3 意思決定に有用な財務報告書に向けた基準設定のための質的特性の利用　85

　このプロセスの特徴は、目的適合性のより高い項目がインプット項目として選抜されるように設計されている点にある。

　まず、第2段階から第4段階において、最も目的適合的な項目が識別される。そして続く第5段階から第7段階のそれぞれでは、インプット項目が忠実な表現であるか、比較可能であるか、あるいは理解可能であるかどうかがテストされる。その際、例えば、第5段階における忠実な表現の評価では、最もあるいは完全に忠実な表現であることではなく、「十分に（sufficiently）」忠実な表現であることが要求されている（IASB [2005m] para. 25）。比較可能性および理解可能性の評価においても同様に十分に比較可能あるいは理解可能であるかどうかが問われている（IASB [2005m] paras. 32, 36, p. 25）。

　例えば、「十分に」忠実な表現である場合、中立性と検証可能性の双方、あるいはどちらか一方が完全でなくとも当該段階における識別規準を満たすことになる。すなわち、最上の忠実な表現（図3-5①の部分）から譲歩した許容範囲（図3-5②の部分）に該当する項目もこの段階の識別規準を充足したものとみなされる。中立性および検証可能性の完全な充足というハードルを設定した場合、第4段階を通過した、最も目的適合的な表現のうち、図3-5の①に該当する項目のみが識別され、目的適合性は高いものの、中立性、

図3-5　中立性と検証可能性の達成度

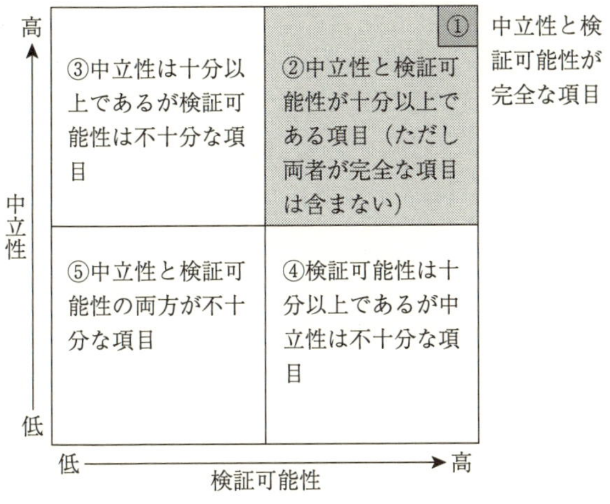

	検証可能性　低	検証可能性　高
中立性　高	③中立性は十分以上であるが検証可能性は不十分な項目	②中立性と検証可能性が十分以上である項目（ただし両者が完全な項目は含まない）／①中立性と検証可能性が完全な項目
中立性　低	⑤中立性と検証可能性の両方が不十分な項目	④検証可能性は十分以上であるが中立性は不十分な項目

（出所）著者作成

検証可能性ともに完全ではない、あるいは中立性は完全だが、検証可能性は完全ではないなど、図3-5の②に該当する項目がインプット項目から除外されることになる。そこで、より広い許容範囲の存在を示す「十分に」という表現を採用することで、忠実な表現として受入れが可能な項目の間口を広げ、その結果、「完全に」を採用した場合よりも目的適合性の高い項目が報告可能な項目として識別される可能性を高めている。すなわち、より目的適合性の高い項目が財務報告書のインプット項目として選択可能となる。したがって、「十分に」という表現の採用は、実質的には忠実な表現の目的適合性へのバーゲンに他ならない。このような目的適合性へのバーゲンは、比較可能性および理解可能性においても同様である。さらに付け加えるならば、形式上、比較可能性には目的適合性に加えて忠実な表現への、理解可能性には目的適合性に加えて忠実な表現と比較可能性へのバーゲンが生じている。

また、図3-4において図示されているように第5段階で十分に忠実な表現ではないと判断されても、その旨を開示することで、目的適合性の高い項目は次の第6段階へと進むことが可能な構造になっている。同様に第6段階で十分に比較可能ではないと判断されても、その旨を開示することで、第7段階へと進むことも可能とされている。つまり目的適合的であるが、忠実な表現、あるいは比較可能性を備えていない項目がインプット項目として選択されうるのである。

以上のように、IASB［2005m］およびFASB［2005g］で示された質的特性の適用プロセスでは、目的適合性の充足が必須であるのに対して、目的適合的な項目については、忠実な表現、比較可能性、あるいは理解可能性が完全ではなくとも、「十分に」充足されればインプット項目として選択可能とされている。さらには、条件付きで忠実な表現の欠如や比較可能性の欠如が許容される場合もある。これらより、インプット項目の選択プロセスでは、忠実な表現、比較可能性、あるいは理解可能性といった質的特性よりも目的適合性が重視されており、適用プロセスの構造上、目的適合性のより高い項目が優先的にインプット項目として選出される仕組みであることが特徴として指摘できる。

ただし、第5段階において、中立性および検証可能性の評価規準を満たさ

3 意思決定に有用な財務報告書に向けた基準設定のための質的特性の利用　87

なかったケースで他の描写が可能な場合には、第4段階に戻り、目的適合性について次善の描写を選択することになる。また、理解可能性についても第5段階と同様な手続きがとられる。すなわち、第7段階において、十分に理解可能な表現ではなく、かつ他の特性を維持しつつ理解可能性の改善ができない場合には、第4段階へと戻り、同様に、目的適合性について次善の描写を選択することになる。このように、目的適合的な項目すべてが、意思決定に有用で報告可能な項目として選択される訳ではなく、忠実な表現のサブ特性である中立性および検証可能性、あるいは理解可能性のチェックを受け、不十分であると判断された場合には差し戻される場合もある。

　図3-4で図示された質的特性の適用プロセスでは、目的適合的な項目の選択から始まり、構造上、忠実に表現された項目に対する目的適合性のテストは行われない。このため目的適合性のバーゲンは生じない[4]。つまり、忠実な表現である項目が完全に目的適合的でなくとも、例えば十分に目的適合的であれば、意思決定に有用な報告が可能な項目として識別されるケースは生じえない。

　一方、第5段階における目的適合的な項目への忠実な表現の評価規準は「十分に」忠実な表現であることであり、評価規準に忠実な表現の目的適合性へのバーゲンが内在している。さらに目的適合的な項目であっても、十分に忠実な表現ではない場合、当該項目が意思決定に有用で報告可能な項目として識別されない場合がある。その意味において、図3-4のような質的特性の適用プロセスを利用し、「十分に」という表現の採用により形式的かつ部分的に回避可能であるものの、質的特性間のトレードオフ関係が完全に解消されるわけではない。

3-2　アウトプット―報告書の作成―
(1)　意思決定に有用で報告可能な項目の統合

　この第10段階では、意思決定に有用で報告可能な項目を財務報告書に統合する方法が検討される。第1から第9段階では、財務諸表の本体や注記、あるいは経営者の説明において報告されるべき項目を選択するためにいかに質的特性を適用するかが示されていた。続く第10段階以降では、目的適合性、

忠実な表現、比較可能性、理解可能性、コストとベネフィットといったテストを通過した項目を最終的に意思決定に有用な財務報告書として統合することが課題となる。この段階において、意思決定に有用で報告可能な項目を統合する方法は種々考えられるが、統合の目的は、忠実な表現であると同時に比較可能であり、かつ理解可能である統合された表現を作成することにある (IASB [2005m] para. 44)。

(2) 統合化後の忠実な表現の評価

意思決定に有用で報告可能な項目が前段階（第10段階）で財務報告書へと統合されるが、個々の項目として忠実な表現であっても、統合された後においても十分に忠実な表現である保証はない (IASB [2005m] para. 47)。また、第5段階では、忠実な表現のサブ特性のうち、中立性と検証可能性がテストされたが、同じく忠実な表現のサブ特性である完全性はテストされていない。これは、完全性が要求する忠実な表現であるために必要なすべての情報が含まれているかどうかは、個々の項目ではなく財務情報全体を対象として判断する必要があるためである。

そこで、この第11段階においては、個々の目的適合的で、忠実に表現され、比較可能かつ理解可能で、コスト・ベネフィットが考慮された項目を統合した情報が、全体として検証可能性、完全性および中立性を充足し、経済的実質を優先した、報告主体の忠実な表現であるかどうかが判断される (IASB [2005m] para. 48)。なお、重要性の高い情報の取りこぼしが生じるなど完全性に問題が生じ、このテストに合格しなかった場合には、統合方法の代替案を考案し、統合作業を再試行しなくてはならない (IASB [2005m] para. 48)。その際に、統合方法の適切な代替案が考案されない場合には、有用性の低い財務報告書が作成されることになる (IASB [2005m] para. 48)。

また、財務報告書の作成において、完全性を適用する際には、同時に重要性も考慮される。すなわち、ある項目が除外されても意思決定に影響を及ぼさない場合には、重要性の観点から、当該項目を除外することが認められる。その際、重要性は、財務情報自体が有する質的特性というよりは、情報識別のスクリーンないしはフィルターとして位置付けられる。ここで重要性

の尺度は個々の報告主体に固有な状況によって相違するため、基準設定主体が基準設定時にいかに重要性を適用するかを考慮することは難しく、むしろ、財務報告書作成者の立場から考慮すべき問題といえる（IASB [2005m] para. 49)。そのため、IASB [2005m] および FASB [2005g] で示される基準設定を念頭においた質的特性の適用プロセスには重要性テストは含められていない。

(3) 首尾一貫性も含めた比較可能性の適用

第6段階では、項目レベルでの比較可能性が検討されたが、統合された段階においても比較可能性の有無が検討される。この第12段階では、財務報告書として統合された情報の表示形式が、首尾一貫していることも含め、比較可能であるかどうかが問われる（IASB [2005m] para. 51)。

この段階でのテストに不合格、すなわち、十分に比較可能な表示形式と認められなかった場合、統合方法の代替案の検討が必要になる（IASB [2005m] para. 52)。図3-4に示されるように、代替的な統合方法が発見された場合には第10段階にさかのぼって作業が繰り返されるが、代替案がなければ、最終的に比較可能性を欠いた意思決定有用性の低い財務報告書が作成されることになる。

(4) 明瞭性および簡潔性も含めた理解可能性の判断

図3-4で示されるように、この第13段階では、財務報告書の表示が、明瞭性および簡潔性も含めて、十分に理解可能であるかどうかが問われる。ここで簡潔とは、大切な事項が重要性の低い情報によって不明確になることがないように、報告内容を限定あるいは縮約することである（IASB [2005m] para. 55)。

この段階で、表示が十分に理解可能ではないとされた場合には、情報のよりよい代替的な表示方法があるかどうかが検討される（IASB [2005m] para. 56)。そして、代替的な表示方法が考案されたならば、第10段階までさかのぼり、新たな統合方法と表示方法が、あるいはどちらかが適用された情報が、忠実な表現であるか、さらには比較可能であるかが確認される（IASB

[2005m] para. 56)。

なお、検討された表示が理解不可能なまま次の段階へと進むことは許容されない。そのため、当該表示が十分に理解可能となるまで、表現の補強を試みなければならない（IASB [2005m] para. 56）。

(5) 適時性の適用

適時性とは情報の有する意思決定への影響力が失われる前に当該情報を情報利用者にとって入手可能な状態にする性質であり、目的適合性のサブ特性とされている。

この第14段階では、財務報告書が適時性を有するかどうか、そしてそれゆえに目的適合性を高めるかどうかが評価される。財務報告書の作成に時間を要することとなれば、その分だけ目的適合性が低下する可能性がある。ただし、報告書をより迅速に作成しようとした結果、提供された情報に欠陥があるよりは、より多くの時間を必要としたとしても欠陥のない情報のほうが、意思決定における有用性が高いとみなされる（IASB [2005m] para. 61）。図3-4で示されるように、この段階で財務報告書が適時的でないと判断された場合には、有用性の低い財務報告書が作成されたことを意味する。

(6) 小括―意思決定に有用な財務報告書の作成―

後半部では、前半部で選択された意思決定に有用で報告可能な項目が、まずは第10段階において統合される。続いて、統合された情報が、第11段階から第14段階までのプロセスにおいて、忠実な表現（完全性）、比較可能性、理解可能性、および適時性といった質的特性を有しているかどうかが評価される。そして、最後に、第15段階において、それらのテストに合格した情報をもとに意思決定に有用な財務報告書が完成する。

この後半部では、目的適合性は、第14段階における適時性の評価以外に適用されない。その一方で、忠実な表現、比較可能性、および理解可能性については、前半部と同様に、十分であるかどうかを規準とした評価がなされる。これらから、予測価値や確認価値といった目的適合性のサブ特性は、個々の経済現象に帰属するものであって、アウトプットの領域では適用対象

ではないこと、十分という規準を利用することで、より多くの意思決定に有用で報告可能な項目が、意思決定に有用な財務報告書に統合されるよう意図されていること、意思決定に有用な財務報告書であるためには、統合された情報が、忠実な表現、比較可能性、理解可能性、および適時性を充足する必要があることが確認できる。

また、後半部では、忠実な表現、比較可能性、理解可能性、適時性といった質的特性が適用対象となるが、第11段階から第14段階までにおける各特性よる評価規準いずれか一つでも満たさなければ、統合された情報が意思決定に有用な財務情報として報告書で表示されることはない。ただし、忠実な表現、比較可能性、および理解可能性の評価おいて「十分に」という表現が採用されているため、前半部分でも指摘したように、実質的に各特性のバーゲンが生じている。

4 むすびにかえて

本章では、IASB［2005m］およびFASB［2005g］において示された基準設定時における質的特性の適用について検討した。当該適用プロセスにおいては、基準の作成、あるいは質的特性を充足する基準であるかどうかの判断に際して、質的特性に関する詳細なテストが用意されている。まず、報告の対象となるインプット項目の選択のために、8段階の識別過程が用意され、経済現象の中から意思決定に有用で報告可能な項目が識別される。そして次に、前半部で識別された意思決定に有用で報告可能な項目が財務報告書に統合された後に、意思決定に有用な財務報告書を構成するか、質的特性に関する4段階のテストをもとに判断される。

このような適用プロセスの作成目的は、質的特性の階層構造や質的特性間のバーゲン関係を利用しない、新たな質的特性の相互関係を構築することにあった。当該プロセスの特徴としては、目的適合性のより高い項目がより優先的に選択される設計になっていること、それゆえに目的適合性と他の質的特性との間の非対称的な関係、すなわち実質的に目的適合性に対する他の質的特性のバーゲンを許容していることが指摘された。このため、上述の作成

92　第3章　財務報告作成における質的特性の適用プロセス

図3-6　財務報告基準の開発における意思決定に有用な財務情報の質的特性の検討のためのプロセスの簡略図

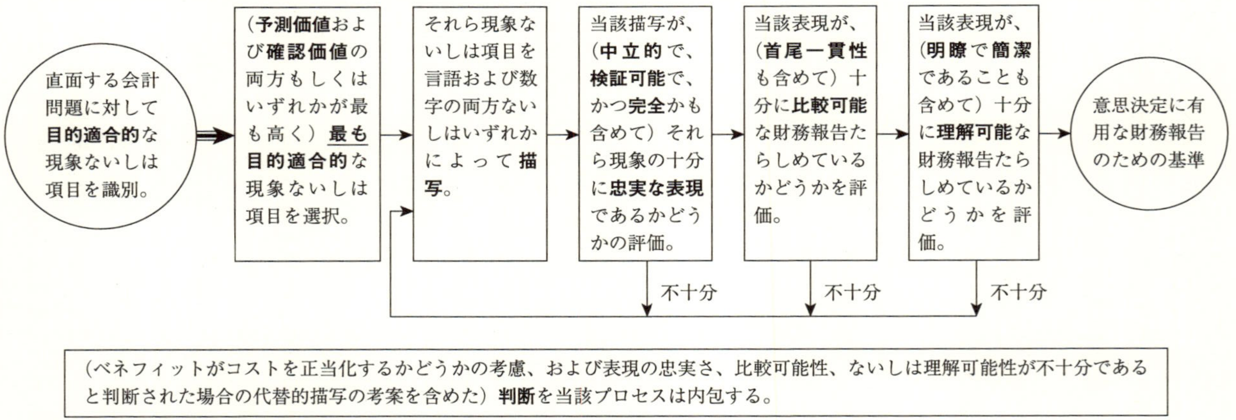

```
┌─────────────┐
│ 直面する会計  │
│ 問題に対して  │
│ 目的的なな    │
│ 現象ないしは  │
│ 項目を識別。  │
└──────┬──────┘
       ↓
┌─────────────┐
│(予測価値およ  │
│び確認価値の   │
│両方もしくは   │
│いずれかが最も │
│高く)最も     │
│目的適合的な   │
│現象ないしは   │
│項目を選択。   │
└──────┬──────┘
       ↓
┌─────────────┐
│それら現象な   │
│いしは項目を   │
│言語および数   │
│字の両方かも   │
│しはいずれか   │
│によって描     │
│写。           │
└──────┬──────┘
       ↓
┌─────────────┐  不十分
│当該描写が、   │ ────→
│(中立的で、    │
│検証可能で、   │
│かつ完全で)    │
│含めて)それ    │
│ら現象の十分   │
│に忠実な表現   │
│であるかどう   │
│かの評価。     │
└──────┬──────┘
       ↓
┌─────────────┐  不十分
│当該表現が、   │ ────→
│(首尾一貫性    │
│も含めて)十    │
│分に比較可能   │
│な財務報告た   │
│らしめている   │
│かどうかを評   │
│価。           │
└──────┬──────┘
       ↓
┌─────────────┐  不十分
│当該表現が、   │ ────→
│(明瞭で簡潔    │
│であることも   │
│含めて)十分    │
│に理解可能な   │
│財務報告たら   │
│しめているか   │
│どうかを評     │
│価。           │
└──────┬──────┘
       ↓
   ╱─────╲
  │意思決定に有│
  │用な財務報告│
  │のための基準│
   ╲─────╱
```

(ベネフィットがコストを正当化するかどうかの考慮、および表現の忠実さ、比較可能性、ないしは理解可能性が不十分であると判断された場合の代替的描写の考案を当該プロセスは内包する。判断の代替的描写の考案を含めた)

(出所) FASB [2005g] p. 24をもとに著作作成

目的が完全に達成されたとはいい難い。しかし、質的特性がどのように財務報告書の作成と関連するかを説明し、質的特性の相互関係を明示した点については所期の目的を達成しているといえよう。

この質的特性の適用プロセスの説明を補強するために作成されたのが図3-4のフローチャートである。しかし、図3-4で示されるフローチャートは詳細すぎるため、適用プロセスの全体像の理解を補助するための、より簡略化した図3-6のようなフローチャートも作成されている（FASB [2005g] p. 24, appendix 2）。

2005年10月に開催されたIASBとFASBの合同会議では、図3-6のような簡略化されたフローチャートと図3-4のような詳細なフローチャートのどちらを利用して質的特性の適用プロセスの説明を補強することが適切か、会議参加者の間で見解が分かれた。図を簡略化した場合、質的特性の適用プロセスについての直観的な理解が可能になるという長所がある一方で、簡略化されるがゆえに質的特性の適用プロセスを十分に図示できず、細部まで伝達できないという短所が指摘される（FASB [2005g] para. 5）。そのため、簡略化したフローチャートと詳細なフローチャートを併用すべきという見解も示されている（FASB [2005g] paras. 10, 14）。

また、そもそもこのようなフローチャートを図示する必要性があるかどうかについても見解が分かれている。

図示する意義としては以下のような点が指摘される（FASB [2005g] paras. 9-10）。

(a) 質的特性の正確な理解が可能になる。
(b) 省略される部分はあるが伝達手段として有効である。
(c) 質的特性の適用プロセスに数多く存在する変数の説明に適している。
(d) 質的特性の相互関係を理解するために有効である。

一方、図示する必要性を否定する立場からは、以下のような点が指摘されている（FASB [2005g] paras. 9-10）。

(a) フローチャートについて外部関係者に別途、説明する手間が増える。
(b) 概念フレームワーク本文で理解しやすい記述がなされれば図示は必要ない。

(c) 図示することでフレームワーク本文における重要な記述が見逃される可能性がある。

このような見解の相違が生じたため、概念フレームワークにおいて質的特性の適用プロセスを図示するかどうかについては、結論が先送りされ、公開草案の起草時に決定することとなった（FASB [2005g] para. 15）。

なお、通常、会計基準等公表前のデュー・プロセスとしては、まず討議資料を作成、公表し、当該資料に対するコメント募集を行う。次いでそれらコメントなどをもとに討議資料に修正を加えた公開草案を作成、公表し、再びコメントを募集するという2段構えの手続きがとられる。しかし、フェーズAの財務報告の目的および質的特性については、2005年10月における両審議会の合同会議において、2段構えの手続きのうち第1段階を省略し、直接、公開草案を作成、公表することが提案され、可決された（FASB [2005g] paras. 61-65）。このような簡素化が進められた理由として、プロジェクト担当者は、2回にわたってコメントを募集してもそれに見合った成果は期待できず、徒に時間を浪費するに過ぎないこと、フェーズAでは、信頼性から忠実な表現への置換えなど重要な用語の変更や概念フレームワークの書式や構成内容の変更などはあるが、概して旧概念フレームワークからの大幅な変更はないことを指摘している（IASB [2005n] paras. 14-15）。

しかし、その後、2006年4月の両審議会の合同会議で、フェーズAの目的および質的特性に関する最初の文書は、公開草案ではなく、予備的見解（討議資料）として公表することが決定された（FASB [2006b] para. 5）。このことは、大きな変更はないとする、当初の両審議会およびプロジェクト担当者の認識とは異なり、起草されたフェーズAの討議資料の内容が従来の報告目的や質的特性から大きく変容していることを示唆している。

(注)
1 実際、改訂版として公表された討議資料や公開草案などには、質的特性の相互関係を示す概念図や質的特性の適用プロセスを示すフローチャートの類いは一切掲載されていない。これは、そういった図解を示すことでかえって誤った理解を助長する可能性があるなどコストに見合ったベネフィットが期待できないためである（FASB [2005g] para. 15）。

4 むすびにかえて 95

2 また、同会議では、概念フレームワーク改訂プロジェクトの概要が説明されるとともに (IASB [2005i])、当該フローチャートの適用に関するケーススタディも用意されている (IASB [2005k])。
3 なお、忠実な表現のサブ特性には、中立性と検証可能性以外に完全性も存在するが、個別の項目を対象とした完全性の適用は、その性質上、不適当であるため、インプット項目の選択段階では適用されない (IASB [2005m] para. 24, footnote)。
4 ここでバーゲンとは、前述のように、質的特性 A と質的特性 B との間にトレードオフ関係が生じた場合に、質的特性 A が質的特性 B に譲歩し、質的特性 A が低くなることを許容することを意味する。例えば、目的適合的であるが忠実な表現とはいえない項目を認識可能とする場合、忠実な表現の目的適合性に対するバーゲンが生じていることになる。

〈引用文献〉
FASB [2005e] *Minutes of the July 27, 2005 Board Meeting : Conceptual Framework — Stewardship, Relationships between Qualitative Characteristics, and Definitions of Understandability and Materiality*, July, 2005, FASB.
FASB [2005f] *Minutes of the September 21, 2005 Board Meeting : Conceptual Framework*, September, 2005, FASB.
FASB [2005g] *Minutes of the October 25, 2005 Joint FASB/IASB Board Meeting : Conceptual Framework*, November, 2005, FASB.
FASB [2006b] *Minutes of the April 28, 2006 Conceptual Framework Joint Board Meeting*, May, 2006, FASB.
IASB [2005e] *Project: Conceptual Framework (Agenda paper 6), Information for Observers*, IASB meeting, June, 2005, IASB.
IASB [2005g] *Project : Conceptual Framework-Qualitative Characteristics 3 : Relationships between Qualitative Characteristics (Agenda paper 7A), Information for Observers*, IASB meeting, July, 2005, IASB.
IASB [2005h] *Project : Conceptual Framework : Qualitative Characteristics 4 : The Process for Assessing Qualitative Characteristics (Agenda Paper 15B), Information for Observers*, IASB meeting, September, 2005, IASB.
IASB [2005i] *Agenda paper 3, Information for Observers*, World Standard Setters meeting, September, 2005, IASB.
IASB [2005j] *Agenda paper 3A, Information for Observers*, World Standard Setters meeting, September, 2005, IASB.
IASB [2005k] *Agenda paper 3B, Information for Observers*, World Standard Setters meeting, September, 2005, IASB.
IASB [2005l] *Board Decisions on International Financial Reporting Standards,*

Update, September, 2005, IASB.

IASB [2005m] *Project : Conceptual Framework, IASB Meeting Agenda Paper 8 and IASB/FASB Meeting Agenda Paper 6, Information for Observers*, IASB meeting and IASB/FASB meeting, October, 2005, IASB.

IASB [2005n] *Project : Conceptual Framework : Project Status and Plans Including Due Process, IASB Meeting Agenda Paper 8C and IASB/FASB Meeting Agenda Paper 6C, Information for Observers*, IASB meeting and IASB/FASB meeting, October, 2005, IASB.

第4章 IASB/FASB共同概念フレームワーク『討議資料』の公表とその特徴

1 はじめに

　2006年7月6日、IASBとFASBの両審議会は共同で、『討議資料・財務報告に関する改善された概念フレームワークについての予備的見解：財務報告の目的及び意思決定に有用な財務報告情報の質的特性（*Discussion Paper, Preliminary Views on an improved Conceptual Framework for Financial Reporting : The Objective of Financial Reporting and Qualitative Characteristics of Decision-useful Financial Reporting Information*)』(IASB [2006a]、FASB [2006a])（以下、討議資料もしくはIASB/FASB [2006a]）を公表した[1]。両審議会は、この討議資料に対するコメントを広く募り、投稿されたコメントを参考に修正を加え、より改善されたドラフトを改めて公開草案として公表することを企図していた。コメントレターの締切りは討議資料の公表から約4か月後の2006年11月3日に設定されており、最終的に、多様なバックグラウンドを持つ投稿者から179通のコメントレターが寄せられている。

　討議資料では、第1章として「財務報告の目的」について、第2章として「意思決定に有用な財務報告情報の質的特性」について、それぞれ予備的見解が示されている。第2章「意思決定に有用な財務報告情報の質的特性」では、最初に「イントロダクション」、「財務情報の利用者および作成者」、および「財務報告情報の質的特性」からなる本文部分が、続いて、「結論の根拠」と題された解説部分が記載される2部構成となっている。

　第1章「財務報告の目的」では、「一般目的の外部向け財務報告の目的は、現在のおよび潜在的な投資者と貸付者およびその他の者が投資、貸付け、および類似した資源配分についての意思決定をする際に、有用な情報を提供すること」(IASB/FASB [2006a] para. OB2) にあり、またさらに、「この目的達

成のために、財務報告は、現在のおよび潜在的な投資者と貸付者およびその他の者が、報告主体の将来キャッシュ・インフローおよびアウトフロー（報告主体の将来キャッシュフロー）の金額、時期および不確実性を評価するために役立つ情報を提供するべきである。」(IASB/FASB [2006a] para. OB3) とされている。したがって、財務情報は、財務報告の目的を果たしうる、意思決定に有用な、すなわち将来キャッシュフローの予測に有用な情報であることが要求される。

次に、第2章では、財務報告情報の第一義的な利用者として現在のまたは潜在的な投資者および貸付者を想定しており (IASB/FASB [2006a] para. QC3)、情報利用者が経営および経済環境の合理的な知識を有し、財務報告を読解可能であることを前提としていることも示されている (IASB/FASB [2006a] para. QC4)。

そして第2章では、そのタイトルにもあるように「意思決定に有用な財務報告情報の質的特性」が提示され、財務報告の目的達成のために財務情報に要求される質的特性とその特徴が論じられる (IASB/FASB [2006a] para. QC1)。討議資料では、意思決定に有用な財務報告情報の質的特性として、目的適合性、忠実な表現、比較可能性、および理解可能性の4種類があり、さらに、それら質的特性全般に対する制約条件として重要性およびコスト・ベネフィットの2種類があることが示されている。

本章では、討議資料において示された各質的特性および制約条件の意義と特徴について明らかにする。

2 討議資料における質的特性の意義と特徴

2-1 目的適合性
(1) 目的適合性の意義

討議資料では、従来の概念フレームワークと同様に、他の質的特性に先駆けて、まず目的適合性が取り上げられる。

討議資料で目的適合性は、「投資、貸付け、および類似した資源配分に関する意思決定に際して有用であるために、情報はそれら意思決定に対して目

的適合的でなければならない。目的適合的な情報は、過去、現在もしくは将来の取引その他の事象の将来キャッシュフローに対する潜在的な影響の評価への役立ち（予測価値）、あるいは過去の評価の確認もしくは訂正への役立ち（確認価値）をもって利用者の意思決定に相違をもたらす可能性を有する。情報の持つ意思決定への影響可能性が損なわれる前に意思決定者による情報利用を可能にする適時性も目的適合性の一側面である。」（IASB/FASB [2006a] para. QC8）と説明される。

上記の説明から、財務情報の目的適合性とは、情報の持つ、情報利用者の意思決定に影響をもたらしうる性質とされていることがわかる。そして、表現しようとする経済現象についての情報が目的適合的であるためには、当該情報が、予測価値、確認価値および適時性といったサブ特性を充足することが要求される。したがって、情報の有する予測価値、確認価値、および適時性の総和が大きければ大きい程、目的適合性の高い情報とみなしうるものと考えられる。

また、本書の第2章でも検討したように、目的適合性の説明において、意思決定に「相違をもたらしうる」という表現が採用されている。

(2) **目的適合性の構成要素——予測価値、確認価値および適時性——**

財務情報の予測価値とは、「当該情報が、予測プロセスへのインプットとして有する価値」（IASB/FASB [2006a] para. QC10）とされる。したがって、予測価値が高いということは将来キャッシュフローの予測のためのインプット情報としての価値が高いことを、予測価値が低いということは将来キャッシュフローの予測のためのインプット情報としての価値が低いことを意味する。一方、確認価値とは、「当該情報が、事前評価に基づく過去もしくは現在の期待を確認可能、または変更可能ないしは訂正可能とする価値」（IASB/FASB [2006a] para. QC13）を意味するという。すなわち、確認価値は、形成された期待に対する確信度に変化をもたらす性質を有し、確認価値が高ければ、意思決定に相違をもたらす可能性が高くなる。

このような「予測価値と確認価値とは相互に関係しており、予測価値を有する情報は通常、確認価値も有する。」（IASB/FASB [2006a] para. QC14）とさ

れる。

次に、適時性とは、「情報の持つ意思決定への影響可能性が損なわれる前に意思決定者による情報利用が可能となる情報の性質」(IASB/FASB [2006a] para. QC8) である。意思決定者が情報を入手した際に、当該情報が意思決定への影響可能性を有している場合、当該情報は適時性を有するとみなされる。一方、意思決定すべき時点までに情報が入手可能とならない場合、適時性を欠き、その結果、目的適合性も低下することになる。したがって、作成に時間を要する正確な情報よりも迅速に作成された概算値のほうが有用なケースもあるため、適時性向上のために正確さを犠牲にすることが望ましい場合もあるとされる (IASB/FASB [2006a] para. QC15)。また、情報の種類によっては、報告期間終了後においても、適時性が継続することもありうる (IASB/FASB [2006a] para. QC15)。

2-2 忠実な表現
(1) 忠実な表現の意義

目的適合性の次に取り上げられている質的特性は、概念フレームワークの改訂に伴い、信頼性から置き換えられるかたちで新たに採用された忠実な表現である。

この忠実な表現については、「投資、貸付け、および類似した資源配分に関する意思決定に際して有用であるために、情報は、情報が表現しようとする現実世界の経済現象の忠実な表現でなければならない。財務報告書において表現される当該現象は、経済的資源と義務およびそれらの変動をもたらす取引その他の事象と状況をいう。それら経済現象の忠実な表現であるためには、情報は、検証可能で、中立的かつ完全でなければならない。」(IASB/FASB [2006a] para. QC16) と説明される。

討議資料では、忠実な表現における表現の対象が、実在する、あるいはすでに生起した現実世界の経済現象のみに限定されており、したがって、繰延資産や繰延負債などといった、財務報告から離れた現実世界には存在しない、特定の会計的思考から生じた計算擬制項目は、経済的資源あるいは経済的義務とはいえず、概念フレームワークにおいて規定される現実世界の経済

現象の忠実な表現ではない（IASB/FASB [2006a] para. QC18）。

そして、忠実な表現の役割は、経済的資源や経済的義務など現実世界における経済現象を現在あるがままに財務的に表現する最適な方法を決定することにあるという（IASB/FASB [2006a] para. QC18）。この役割は、基準設定主体などが、目的適合的な現実世界の経済現象をいかに忠実に表現するか、例えば、資産の測定方法として、歴史的原価、取替原価、公正価値など複数の測定方法が考えられる場合に、どの測定方法が当該資産の最も目的適合的で忠実な表現であるかを決定し、基準化することなどを通じて果たされる。

また、上記のように、財務情報が有用であるためには、情報が表現しようとする現実世界の経済現象の忠実な表現でなければならないが、ここでいう「情報が表現しようとするもの（what it purports to represent）」とは、現実世界の経済現象であることへの注意が喚起されている（IASB/FASB [2006a] para. QC19）。例えば、単価10の物品を100単位分だけ購入した場合、その合計額は1,000であるが、1,000という数値自体は現実世界の経済現象ではなく、1,000という数値の背後にある、単価10の物品を100単位だけ取得するために要した金額としての1,000が、表現しようとする現実世界の経済現象であり、忠実な表現の対象であることが強調されている（IASB/FASB [2006a] para. QC19）。

そして、表現しようとする経済現象についての情報が忠実な表現であるためには、当該情報が、検証可能性、中立性、および完全性といったサブ特性を構成要素として有することが求められる。

(2) 忠実な表現の構成要素
1） 検証可能性

検証可能性とは、情報が、（直接的な検証によって）重要な誤謬（error）もしくは偏向（bias）がなく、表現しようとする経済現象を表現していること、もしくは選択された認識ないし測定方法が、（間接的な検証によって）重要な誤謬もしくは偏向がなく適用されていることについて、複数の、十分な知識を有し、独立した観察者が、必ずしも完全な合意ではなくとも、全般的な意見の一致に至るであろう情報の性質をいう（IASB/FASB [2006a] para. QC23）。

そして、情報が表現しようとする経済現象を忠実に表現していることを情報利用者に保証するために、当該情報は検証可能でなくてはならないとされる (IASB/FASB [2006a] para. QC23)。

討議資料では、方法 (method) の検証と適用 (application) の検証とについて、「財務報告情報は、方法あるいは適用、もしくはその両方に誤謬がある場合、経済現象を忠実に表現できない。方法の誤謬とは、表現しようとする経済現象を忠実に表現しない認識もしくは測定方法の利用に起因するものであり、適用の誤謬とは、認識もしくは測定方法の偶発的ないしは意図的な誤用に起因するものである。」(IASB/FASB [2006a] para. QC24) と述べている。そして、不適切な方法の意図的な適用、あるいは意図した、ある方法の不適切な適用といった意図的な誤謬は、結果として、中立性を欠いた情報を生み出す偏向を意味する (IASB/FASB [2006a] para. QC24)。

本書の第2章でも述べたように、会計情報の検証方法には、直接的検証と間接的検証の2種類の方法がある。直接的検証とは、金額ないしその他の表現自体を直接的に検証する方法であり、間接的検証とは、金額ないしその他の表現のインプット項目の検査および同じ方法を利用したアウトプットの再計算によって間接的に検証する方法である (IASB/FASB [2006a] para. QC26)。これら2種類の検証方法のうち、直接的検証は、方法とその適用における誤謬および偏向のいずれも最小化する特徴があるため、情報が、表現しようとする経済現象を忠実に表現していることの確認に役立つ (IASB/FASB [2006a] para. QC26)。一方、間接的検証のもとでは、方法の適用における偏向を最小化することは可能であるが、方法に内在する重大な誤謬は検証できないため、経済現象の忠実な表現であることは保証されない (IASB/FASB [2006a] para. QC26)。方法とその適用に対するこのような直接的検証と間接的検証の検証可能な範囲をまとめたものが表4-1である[2]。

表4-1で示されるように、間接的な検証では、方法自体に内在する、あるいは方法の選択における誤謬および偏向を最小化することはできない。したがって、後においても指摘されるが、ある情報について検証可能な場合に、それが直接的検証に基づくものであるならば、忠実な表現を補強するが、間接的検証に基づくものならば、必ずしも忠実な表現であることを補強

表4-1　直接的検証と間接的検証の検証可能範囲

	方法		適用	
	誤謬	偏向	誤謬	偏向
直接的検証	○	○	○	○
間接的検証	×	×	○	○

○：検証によって当該項目を最小化可能
×：検証によって当該項目を最小化不可能
(出所) IASB [2006a] paras. 23-26をもとに著者作成

することにはならないため、検証可能性を忠実な表現の構成要素とすることには問題がある。

2）中立性

情報の中立性とは、事前に取り決められた結果の達成、あるいは特定の行動の誘引を意図する偏向が当該情報に織り込まれていないことを意味するものであり、偏向を受けた財務報告情報は経済現象を忠実に表現しえないため、中立性は忠実な表現の基本的な構成要素とされる（IASB/FASB [2006a] para. QC27）。なお、「保守主義は財務報告情報に偏向をもたらし、中立性とは相容れないため、許容されない。」（IASB/FASB [2006a] para. QC28）とされる。また、慎重性についても同様な理由により許容されない。

このように偏向の排除を旨とする中立性は、検証可能性と密接に関連する。財務報告情報が中立的であるかどうか、すなわち財務報告情報に偏向がないかどうかは、財務報告の作成手続きに内在する偏向に限れば、方法およびその適用の検証によって確認可能である。ここにおいて、表4-1でも示されているように、直接的検証ならば偏向の有無を確認可能であるが、間接的検証のもとでは、方法に内在する、あるいは方法の選択における偏向の有無を確認できない。したがって、中立性の確保という観点からは、偏向が入り込みづらい会計手続きの採用が基準設定主体に求められるであろう。

討議資料では、財務報告情報の中立性のみならず、基準設定主体の中立性にも言及している。すなわち、「基準設定主体は財務報告制度の規範性に対して責任を負うものであり、政治的な状況に変化が生じる都度、その動向に迎合するかのごとく基準設定主体が方針を転換しては、その責務は果たされ

るものではない。」(IASB/FASB [2006a] para. QC31) とされる。そして、政治的な思惑に動機付けられた基準は、その信用性をすぐさま喪失し、その結果、意思決定に有用な財務報告情報を提供する基準も含めた他のすべての基準の信用性にも嫌疑の目が向けられかねないと、基準設定への政治的な思惑の混入を戒めている (IASB/FASB [2006a] para. QC31)。

3) 完全性

完全性とは、情報が表現しようとする経済現象の忠実な表現に必要なあらゆる情報が、財務報告に含まれていることを意味し、忠実な表現の基本的な構成要素であるとされる (IASB/FASB [2006a] para. QC32)。

完全性の考え方に基づけば、経済現象の忠実な表現に必要なあらゆる情報が財務報告書に記載されるべきであることになる。しかし、理解可能性、コスト・ベネフィット、あるいは重要性の観点からは財務報告書に記載される情報が絞り込まれる可能性があり、その場合には、完全性の考え方とは相反する場合も生じうる (IASB/FASB [2006a] para. QC34)。

2-3 比較可能性（首尾一貫性も含む）

比較可能性とは、情報利用者に二つの経済現象の類似点および相違点を識別可能とする情報の性質であり、首尾一貫性とは、特定の報告主体が各会計期間を通じて、あるいは複数の報告主体が特定の会計期間において、同一の会計方針および手続きを使用することである (IASB/FASB [2006a] para. QC35)。首尾一貫性は、比較可能性という目標を達成させるための手段の一つであり、比較可能性は首尾一貫性と合わせて、財務報告情報の意思決定有用性を補強する質的特性であるとされる (IASB/FASB [2006a] para. QC35)。

討議資料によれば、情報が比較可能であるためには、類似するものは類似するものとして、相違するものは相違するものとして表示される必要があるが、過度に統一性 (uniformity) を強調しようとすると、結果として、相違するものが類似しているかのように表示されることとなり、かえって比較可能性が低下する場合もあることが指摘されている (IASB/FASB [2006a] para. QC37)。それゆえに、比較可能性の向上のためには、比較可能性と統一性との混同に留意する必要がある。

その一方で、同じく討議資料では、会計手続きを適用する際、一つの取引ないしはその他の事象、すなわち一つの現実世界の経済現象に対して、複数の会計手続きからの選択適用が許容されている場合、同一取引に対して異なる会計手続きが選択されることによって比較可能性を棄損する可能性があり、また場合によっては、忠実な表現や理解可能性といった他の特性をも棄損する可能性があることが指摘される（IASB/FASB [2006a] para. QC38）。そのため、比較可能性その他の質的特性の観点からは、代替的会計手続きの存在は望ましくないとされる（IASB/FASB [2006a] para. QC38）。

また、比較可能性の高い財務情報であっても、それだけでは意思決定に有用な財務報告情報とはいえず、目的適合性や忠実な表現といった質的特性を備えなければならない。討議資料では、新たな財務報告基準の設定に伴って会計手続きが変更される場合のように、長期的な目的適合性または忠実な表現の向上のために短期的に比較可能性が低下しても、目的適合性または忠実な表現が優先されることが指摘される（IASB/FASB [2006a] para. QC38）。このことから、討議資料では比較可能性よりも目的適合性や忠実な表現のほうがより優先度の高い質的特性とみなされていることが示唆される。

2-4　理解可能性

理解可能性は、経営環境、経済環境、および財務報告に関する相応な知識を有し、かつ相応の努力をもって情報について学んだ情報利用者にとって、当該情報の意味の理解が可能となる情報の特性であり、情報を明瞭かつ簡潔に分類し、特徴付け、かつ表示することで向上するものとされる（IASB/FASB [2006a] para. QC39）。

目的適合的な情報であるにもかかわらず、一部の情報利用者にとって、複雑あるいは難解過ぎるとの理由のみで、当該情報が財務報告書から除外されるべきではないが、しかし、その一方で、いかに情報が目的適合的で、さらには忠実な表現であっても、理解可能でなければ、意思決定に有用な情報とはみなされない（IASB/FASB [2006a] para. QC39-40）。そのような場合には、図表や補足説明の開示を基準設定主体が要求するなど、情報の持つ目的適合性や忠実な表現といった特性を損なうことなく、情報利用者にとっての理解

可能性を向上させることが求められる (IASB/FASB [2006a] para. QC41)。

2-5 討議資料における質的特性の相互関係

討議資料では、「質的特性と財務報告の目的との関係および質的特性の相互関係」とのタイトルのもと、財務報告の目的である、現在のおよび潜在的な投資者と貸付者などへの意思決定に有用な情報の提供を達成するために求められる質的特性の適用プロセスが文章で説明されている (IASB/FASB [2006a] paras. QC42-47)。当該記述は、前章において検討した適用プロセスを基礎として起草されたものと考えられるが、その理解を補足するためのフローチャートの類いは付されていない。また、討議資料のQC42からQC47までの6パラグラフにまとめられており、分量としてもかなり圧縮されている。加えて、前章で検討した最終的な適用プロセスは基準設定主体による利用を前提としたものであったが、討議資料において記述された質的特性の相互関係および適用プロセスでは利用者は特定されていない。各パラグラフの記述を要約すると以下のような内容となっている。

(1) **目的適合性の適用―パラグラフQC43―**

まず、目的適合性が適用され、情報利用者の意思決定に有用な情報を提供するために必要な、財務報告において表現されるべき経済現象が識別される。ここでは論理的な手続き上、目的適合性が、財務報告において表現されるべき経済現象を決定するため、他の質的特性に先駆けて適用されることが示される。

(2) **忠実な表現の適用―パラグラフQC44―**

論理的順序に基づけば、目的適合性の次は忠実な表現が適用され、目的適合的な現象とその表現とが最も一致する、それら現象についての言語もしくは数字を利用した描写方法が決定される。なお、目的適合性に次ぐ忠実な表現の適用は、忠実な表現が目的適合性よりも質的特性として劣後的な位置付けにあることを意味するものではなく、目的適合的ではない現象を忠実に表現する方法を考慮することの非合理性を排除するためであると説明されてい

る。

(3) 目的適合性と忠実な表現との関係──パラグラフQC45──

　目的適合性と忠実な表現は、貢献のかたちは異なるものの、いずれも意思決定有用性に貢献する。投資や貸付けに関する意思決定に対して目的適合的な経済現象を忠実に表現する場合にのみ、描写が意思決定に有用となるため、目的適合性と忠実な表現は必要不可欠な質的特性といえる。目的適合的でない現象の忠実な表現、および目的適合的な現象の忠実でない表現といった描写は意思決定において有用とはされない。

(4) 比較可能性と理解可能性の適用──パラグラフQC46──

　論理的順序に基づけば、目的適合性、忠実な表現に次いで、比較可能性および理解可能性が適用され、目的適合的で忠実な表現である財務報告情報の意思決定有用性が補強される。しかしながら、情報が、目的適合的ではない、あるいは忠実な表現ではないといった場合には、比較可能性と理解可能性が確保されていても、意思決定に有用とはいえない。

(5) 質的特性の適用における限界──パラグラフQC47──

　質的特性は、意思決定に有用な財務報告情報の作成を補助するための概念であり、その適用によって財務報告書の意思決定有用性が最大化される。しかし、基準設定主体は、コスト・ベネフィットを考慮して、あるいは技術的な実行可能性の問題から、質的特性の厳密な適用を緩和する必要性に迫られる場合がある。

2-6　財務報告の制約条件

　上述したように意思決定に有用な財務報告書の作成にあたっては、財務情報に対して目的適合性、忠実な表現、比較可能性、および理解可能性といった質的特性が求められる。ただし、それら4種類の質的特性の適用にあたって、討議資料では、重要性とコスト・ベネフィット (benefits that justify costs) が制約条件として課されることが示される (IASB/FASB [2006a] para. QC48)。

(1) 重要性

「情報の脱漏もしくは誤表示が、報告主体の財務報告に基づく情報利用者の投資や貸付けといった資源配分に対する意思決定に影響を及ぼす場合、当該情報は重要性を有する。」(IASB/FASB [2006a] para. QC49) とみなされる。

そのような重要性の程度は、同一項目、同一金額であっても、報告主体ごとにあるいは直面する状況によって異なるため、どのような情報が重要であるかという、一定の量的閾値を設定することは実際的ではなく、報告主体ごとあるいは報告主体が直面する状況ごとに、当該項目の性質や金額に基づき重要性の判断を下すことが妥当となる (IASB/FASB [2006a] para. QC51)。したがって、重要性は、情報それ自体が有する固有の質的特性とはいえず、情報全般にかかわる制約条件として位置付けられ、その適用にあたっては、個々の報告主体のおかれている状況により判断が相違するため、基準設定主体が考慮可能な問題ではないとみなされる (IASB/FASB [2006a] para. QC50)。

(2) ベネフィットとコスト

投資、貸付け、および類似した資源配分に際して、より適切な意思決定が可能となり、その結果、資本市場がより効率的に機能するとともに資本コストがより低下するなどといった財務報告情報から生起するベネフィットは、当該情報を提供し、利用するために生じる、財務報告書の作成者と利用者、あるいは監査人や規制主体による直接および間接的なコスト負担を正当化するべきである (IASB/FASB [2006a] para. QC53)。すなわち、財務報告より得られるベネフィットが財務報告の提供にかかわるコストを上回ることが要求される。

提案された基準から生じるベネフィットがそれに伴うコストを正当化しえるかどうかを判断するにあたって、基準設定主体は、基準適用の実行可能性、あるいは精密性をどの程度まで簡便化と低コスト化の犠牲としうるかなどといった諸要素を定性的かつ多面的に考慮することになる (IASB/FASB [2006a] para. QC58)。

3 結論の根拠

　討議資料では、概念フレームワークの改訂にあたって両審議会で討議され、結論に至った重要性の高い検討内容を「結論の根拠」としてまとめ、公表している（IASB/FASB [2006a] paras. BC2.1-2.72）。その内容は、本書の第2章において取り上げた各質的特性の討議プロセスを取りまとめたものと同内容となっている。そのため、本章では、結論の根拠に関する検討は割愛し、結論の根拠において取り上げられている各質的特性に関する論点を確認、整理するものとする。

　主な論点は以下の通りである。
- (a) 目的適合性の定義：意思決定への影響可能性の採用
- (b) 目的適合性の構成要素：予測価値、確認価値、および適時性の採用
- (c) 信頼性の構成要素：忠実な表現、中立性、および検証可能性の採用と実質優先性の包含
- (d) 中立性の意義：慎重性および保守主義の排除
- (e) 忠実な表現の採用：信頼性から忠実な表現への置き換え
- (f) 比較可能性の意義：目的適合性および忠実な表現に対する比較可能性の位置付け
- (g) 理解可能性の意義：明瞭かつ簡潔な表示、前提とする利用者
- (h) 質的特性の追加：透明性、真実かつ公正、信用可能性、内的整合性、高品質の質的特性としての不採用
- (i) 質的特性と財務報告の目的との関連および質的特性の相互関係の整理：質的特性の適用順序（目的適合性、忠実な表現、比較可能性、理解可能性）
- (j) 重要性は質的特性か制約条件か：制約条件としての重要性
- (k) コスト・ベネフィットの評価：制約条件としてのコストとベネフィットの分析

これらのいずれも共通する問題領域として解決すべき重要論点とされていたものである。

4 むすびにかえて

　表4-2は、IASBおよびFASBの従来の概念フレームワークにおける質的特性および制約条件等と討議資料で採用された質的特性および制約条件の対照表である。網掛け部分は、従来のIASBとFASBのいずれかの概念フレームワークと相違する、新たな質的特性の採用や名称変更があった部分である。

　例えば、目的適合性、比較可能性、理解可能性などといった従来、双方の概念フレームワークで採用されていた項目は、原則としてそのまま討議資料においても採用されている。一方、両概念フレームワークで採用されていた信頼性については新たに忠実な表現へと置き換えられている。また、確認価

表4-2　従来の概念フレームワークと討議資料における質的特性

		IASB（IASC［1989］）		FASB（FASB［1980］)		討議資料
		質的特性	構成要素	質的特性	構成要素	質的特性	構成要素
質的特性とその構成要素		目的適合性	予測価値 確認価値 重要性	目的適合性	予測価値 フィードバック価値 適時性	目的適合性	予測価値 確認価値 適時性
		信頼性	忠実な表現 （実質優先性） 中立性 （慎重性） 完全性	信頼性	表現の忠実性 検証可能性 中立性	忠実な表現	検証可能性 中立性 完全性
		比較可能性		比較可能性		比較可能性	
		理解可能性		理解可能性		理解可能性	
制約条件		適時性		重要性		重要性	
		ベネフィットとコストの均衡		コストとベネフィット		コストとベネフィット	
		質的特性の間の均衡					
その他		真実かつ公正な概観／公正な表示					

（出所）各資料より著者作成

値、フィードバック価値、適時性、重要性のようにIASBとFASBの概念フレームワークにおいて名称や位置付けが相違する項目に関しては、どちらか一方の概念フレームワークで採用されていた項目ないしは位置付けが討議資料において採用される傾向にある。その結果、改訂された質的特性は、形式上、従来の両概念フレームワークにおける質的特性を折衷した内容になっているといえよう。また、従来のIASB概念フレームワークに含められていた「質的特性の間の均衡」および「真実かつ公正な概観／公正な表示」に関しては、討議資料において個別の項目は設けられていない。

　質的特性あるいはその制約条件としてIASBとFASBのいずれかの概念フレームワークで採用されており、討議資料でも継続的に採用された項目についても、定義などに新たに詳細な説明が加えられたり、さらに、質的特性相互の関係の整理がなされるなど、概念フレームワークとしての規範性を考慮した改訂が加えられている。

　加えて、予備的見解としての性格上、改訂される質的特性に関する記述は、従来のIASBフレームワークにおける質的特性に関する該当箇所と比較すると、より具体的で詳細になっているが、一方、FASBのそれと比較すると、説明や事例がかなり簡潔化されている。

　また、討議資料における質的特性の相互関係および適用プロセスの記述は、前章で検討した適用プロセスの説明と比べると、抽象的で簡略化された内容に変更されている。例えば、経済現象や測定方法などに関する具体例は示されてない。適用プロセスをインプット項目の選択と報告書の作成とに二分する説明手法は採用されておらず、適用プロセスも簡略化されている。加えて、フローチャートにおいて図示されていた様々なケースを想定した確認プロセスや循環的なプロセスについても触れられていない。

　さらに、前章の適用プロセスは、より目的適合的な経済現象がインプット項目として選択されるように設計されており、目的適合性に優先度がおかれていることが明確に示されていた。しかし、討議資料においては、論理的順序では目的適合性が先行する形態となっているが、目的適合性と忠実な表現とには優劣がなく、ともに重要な質的特性であると言及されている。

　このように、討議資料における質的特性の相互関係および適用プロセスに

ついての説明部分は、両審議会で議論され、記録されたものや図示されたものと比較すると大幅に簡略化されている。これは、2005年10月のIASBとFASBの合同会議でも提案された前章の図3-6で図示されたような簡略化された説明方法が採用されたことを示唆している。

両審議会は討議資料の段階では、基準設定などへの適用を前提とした、より詳細な質的特性の適用方法の説明ではなく、まずは質的特性の基本的な適用方法の理解を目的としたものと考えられる。

(注)
1 FASBからは、『予備的見解 財務報告に関する概念フレームワーク：財務報告の目的及び意思決定に有用な財務報告情報の質的特性 (*Preliminary Views, Conceptual Framework for Financial Reporting: Objective of Financial Reporting and Qualitative Characteristics of Decision-Useful Financial Reporting Information*)』(FASB [2006a]) と異なる文書名で公表されている。
2 なお、討議資料においては、間接的な検証によって適用における誤謬が最小化できるかどうかは明示されていないが、偏向には意図的な誤謬が含まれることから、ここでは、間接的な検証によって適用における誤謬も最小化可能なものとみなした。

〈引用文献〉

FASB [1980] SFAC *No. 2, Qualitative Characteristics of Accounting Information*, FASB（平松一夫・広瀬義州訳 [2002]『FASB財務会計の諸概念（増補版）』、中央経済社).

FASB [2006a] *Preliminary Views, Conceptual Framework for Financial Reporting : Objective of Financial Reporting and Qualitative Characteristics of Decision-Useful Financial Reporting Information*, Financial Accounting Serieis, No. 1260-001, FASB.

IASB [2006a] *Discussion Paper, Preliminary Views on an improved Conceptual Framework for Financial Reporting : The Objective of Financial Reporting and Qualitative Characteristics of Decision-useful Financial Reporting Information*, IASB.

IASC [1989] *Framework for the Preparation and Presentation of Financial Statements*, IASC Foundation（IASC財団編、ASBJ・FASF監訳 [2009]『国際財務報告基準（IFRS）2009』中央経済社).

第5章　IASB/FASB共同概念フレームワーク『討議資料』の分析と考察

1　はじめに

　IASBとFASBの両審議会は、概念フレームワークの共同改訂プロジェクトの一環として、2006年7月6日に『討議資料・財務報告に関する改善された概念フレームワークについての予備的見解：財務報告の目的及び意思決定に有用な財務報告情報の質的特性』(IASB [2006a]、FASB [2006a])（以下、討議資料もしくはIASB/FASB [2006a]）を公表した。この討議資料は、概念フレームワーク改訂作業のうち、財務報告の目的および財務報告情報の質的特性について、ファースト・ステップとして公表されたいわばたたき台となる文書であり、この後、公開草案の作成と公表、そして最終的な完成版の作成と公表が予定されている。

　両審議会は、財務報告利用者や作成者、あるいは関連する諸団体の見解も参考としつつ、より改善された概念フレームワークへと改訂するために、討議資料の公表から約4か月後の2006年11月3日を締切日として、討議資料に対するコメントを広く募集した。そしてその結果、179通のコメントレターを各関係者から受け取った。

　これらコメントレターは、世界各国の企業、研究者、公認会計士協会、基準設定主体、あるいは国際的に活動する会計事務所、業界団体、非営利組織などから投稿されている。そしてそのコメント内容は討議資料全般に及んでいる。討議資料に賛同の意を示すコメントもあれば、批判的なコメントもある。批判的なコメントがとりわけ集中しているのは、改訂プロジェクトに伴って新たに質的特性として採用された忠実な表現、あるいは質的特性から外された慎重性、保守主義、実質優先性などに関するものである。その他にも質的特性間のトレードオフ関係など質的特性の相互関係にもコメントが多く

投稿されている。

本章では、討議資料で示された質的特性に対するコメントレターの分析を通じて、討議資料に内在する問題点を明らかにし、さらにはIASBとFASBの両審議会が目指す会計的枠組みの方向性を考察する。

以下においては、まず、討議資料に対するコメントレターの投稿者の所属や所在地域などの種別を概観し、その特徴を示す。次に、投稿されたコメントレターをもとに、討議資料で示された質的特性その他の項目およびそれらの説明内容に対して、いかなる見解が表明され、何が問題視されているのか、主要なものを整理、検討する[1]。そして、最後にまとめとして、討議資料を通じて窺える両審議会が目指す会計的方向性を考察する。

2　コメントレター投稿者のバックグラウンドの分析

IASBとFASBは、討議資料に対するコメントとして、財務報告の利用者（投資者およびアナリスト）、財務報告の作成者、各国公認会計士協会等の専門職団体、各国基準設定主体および規制主体、銀行協会等の業界団体、研究者、個人、非営利組織、会計事務所など多領域から合計179通のコメントレターを受け取った。

両審議会がまとめた集計データに基づく、投稿者の種別、地域別による投稿数および投稿割合は、表5-1および表5-2で示されている通りである。具体的な投稿者ないしは投稿組織の名称は、章末の表5-3において一覧表示されている。

まず表5-1を概観すると、最もコメントレターの投稿数の多かったグループは、投資者およびアナリストといった財務報告の利用者で、全体の18％を占めている。概念フレームワークが、財務報告の主要な利用者として投資者を想定していることからすれば、そのようなグループから最も反応が多いことは自然な結果といえるであろう。次いで多いのが財務報告の作成者、すなわち企業等からのコメントであり、全体の16％となっている。この点も財務情報の作成コストを負担する立場から関心が高いものと推測される。一方、最も投稿数の少ないグループは会計事務所、次いで規制主体となってお

2 コメントレター投稿者のバックグラウンドの分析

表5-1 コメントレター投稿者の内訳

コメント投稿者の種類	投稿数	%
投資者/アナリスト	33	18%
作成者	29	16%
専門職団体	27	15%
基準設定主体	22	12%
個人	20	11%
研究者	18	10%
非営利組織	12	7%
規制主体	10	6%
会計事務所	8	5%
合計	179	100%

(出所) IASB [2007a] pp. 1-2およびFASB [2007a] p. 3をもとに著者作成

表5-2 コメントレターの地域別内訳

地域	投稿数	%
ヨーロッパ	88	49%
北アメリカ	43	24%
アジア太平洋	21	12%
アフリカ	3	2%
国際的組織	24	13%
合計	179	100%

(出所) IASB [2007a] p. 2をもとに著者作成

り、投稿コメントの割合はそれぞれ全体の5%と6%にとどまっている。

コメントレターの投稿があった各グループの母集団の正確な総数の確認は困難であるものの、各母集団の大きさを考慮した場合、投資者およびアナリスト、あるいは作成者が改訂概念フレームワークにとりわけ高い関心を寄せ、積極的にコメントレターを投稿したグループとは必ずしも断定できないであろう。むしろ、各コメント投稿者の母集団に対するコメントレター投稿数の割合を尺度とした場合、専門職団体や各国基準設定主体のほうがコメントレター投稿率は高くなるであろう。また、同様な理由から、会計事務所や規制主体のコメント数が少ないからといって、一概に、概念フレームワークの改訂作業に無関心であるとはいえない。例えば、PricewaterhouseCoopers、Ernst & Young、Deloitte Touche Tohmatsu、KPMGといったいわゆる4大会計事務所のすべてがコメントレターを両審議会宛に送付している。また、ASBJ (日本) をはじめとして、AASB (オーストラリア)、AcSB (カナダ)、ASB (英国)、DASB (オランダ)、DRSC (ドイツ)、KASB (韓国)、MASB (マレーシア) など22の会計基準設定主体からもコメントレターが送付されている。

次に、コメントレターの投稿者を地域別に分類した場合、表5-2のような内訳となる[2]。

コメントレター投稿数が最も多い地域は、ヨーロッパで49％、次いで北アメリカが24％、アジア太平洋が12％と続いている。アフリカに至っては僅か2％となっている。ヨーロッパからのコメントに比べると、北アメリカは2分の1、アジア太平洋は4分の1と、圧倒的にヨーロッパからのコメントが多い。さらに、中東アジア、南アメリカからコメントレターは投稿されていない。なお、アジア太平洋地域からの投稿の大半は、オーストラリア、ニュージーランドといったオセアニア地域からのものである。IFRS導入国や米国の関係者にとっては自国において適用される概念フレームワークが改訂されるのであるから、関心は自ずと高くなっている。

以上のように、各グループ、各地域のコメントレター投稿数や母集団のサイズにばらつきはあるものの、様々な立場および地域からコメントレターが投稿されていることがわかる。

3　討議資料に対するコメントレター[3]

3-1　討議資料全般に対する評価

討議資料全般に対するコメントとして、例えば、従来のIASB概念フレームワークと比較すると、討議資料では質的特性についての記述が詳細で、文章量も多いため、かえって関係者の関心を損ない、また理解を困難なものにしている可能性が指摘される（CL74：ICAC他）。そのような状況に対して、概念フレームワークへの効率的な理解を可能にするためにも、概念フレームワークの本文では核心部分のみを記載し、両審議会の見解や補足部分は結論の根拠で記述するように構成を変更することが提案されている（CL92：Shell International他）。

また、多くの投稿者が、公正価値や歴史的原価といった測定属性が質的特性との関連で議論の俎上にのぼっていることを問題視している（IASB [2007a] para. 53）。討議資料では、ある例示において、公正価値と歴史的原価を比較し、公正価値のほうが歴史的原価よりも目的適合的で、表現として忠実であるという見解が示されている（IASB/FASB [2006a] para. QC12）。しかしながら、概念フレームワークの中でも質的特性に関する文書で測定属性の

適否について議論するべきではなく、測定プロジェクトにおいて議論するべき問題であると指摘される（CL172：ASBJ他）。

さらに、質的特性は基準設定や基準選択における規準（criterion）としての役割を果たすものであり、したがって、質的特性は規準として個々に独立している必要があるが、一つの質的特性に複数の規準が盛り込まれている場合があり、そのような状況は混乱をもたらすものであると指摘される（CL7：Rosenfield）。例えば、忠実な表現には、忠実性と表現性、さらには構成要素として、検証可能性、中立性、および完全性という規準が併存していることが問題として指摘される。

他にも、質的特性という用語自体が理解しづらく、実質的には「会計的意思決定（選択）のための規準（criteria for making accounting decisions (choices)）」を意味するものであり、そのような明示的な観点から質的特性を検討することが有益であるという指摘（CL23：Staubus）、討議資料では、財務報告よりもむしろ財務諸表に対して相応しい質的特性に焦点が当てられており、その点でそもそもの財務報告の目的と相違しているとの指摘（CL74：ICAS）など様々なコメントが投稿されている。

3-2 目的適合性とその構成要素

(1) 目的適合性の定義へのコメント

投稿者の20％が、予測価値、確認価値および適時性を構成要素とする目的適合性を質的特性として採用することに賛意を示しているが、その一方で、投稿者の16％は好意的ではない見解を表明している（IASB [2007a] para.54）。

そのように好意的ではないコメントレターのうち、主要なものとしては、「相違をもたらす可能性（capability of making a difference）」という表現の採用に対する反対意見があげられる（CL46：ICAI他）。

従来のIASB概念フレームワークにおいて、情報が目的適合的であるためには、情報が、実際に意思決定に影響を与え、その結果として相違をもたらさなくてはならないと解釈されていた。しかし討議資料では、従来のFASB概念フレームワークと同様に目的適合的な情報とは、意思決定に「相違をもたらす可能性」がある情報とされ、実際に影響を与えることまで

は要求されていない。

　これに対して、「相違をもたらす可能性」という表現は曖昧であり、相違が生じるかもしれないという不確実な情報であるにもかかわらず、目的適合的とする定義は不適切であることが指摘される（CL24：Holcim Group Support 他）。このような見解を示す投稿者からは、例えば、「実際に相違をもたらす (actually making a difference)」、「提供されたならば相違をもたらすであろう (would make a difference if provided)」などといった表現への変更が提案される（CL106：Dutch ASB 他）。

　目的適合性に対するコメントレターは、上述のような、表現に関するものが中心であり、質的特性としての主旨や採用に対するコンセンサスは得られているといってよいであろう。

(2) 適時性の位置付け

　討議資料では、予測価値、確認価値および適時性が目的適合性の構成要素とされている。それらのうち、予測価値および確認価値に対しては概ね賛意が表明されている。

　しかし、適時性については、目的適合性の構成要素ではなく制約条件とされるべきであるというコメントが多数投稿されている（CL44：Mexican ASB 他）。またさらに、適時性は、重要性のように忠実な表現あるいは信頼性といった複数の質的特性と関連するため、重要性と適時性のどちらか片一方だけでなく、ともに目的適合性の構成要素もしくは制約条件とされるべきであるとの見解も示されている（CL88：Anglo American）。

3-3　忠実な表現とその構成要素

　両審議会が受領したコメントレターのうち、最も多かったのが忠実な表現とその構成要素である検証可能性、中立性、および完全性に関するものであり、投稿者の78％がそれらに関して言及している（IASB [2007a] para. 52）。それらのほとんどが、信頼性を忠実な表現に置き換えることへの批判的見解であり、コメント数の多さから反響の大きさが窺える。

(1) 忠実な表現の採用

コメントレターの5％が、検証可能性、中立性、および完全性を含めた忠実な表現の採用に対して好意的に回答したが、73％はそれらに対して好意的ではない見解を表明している (IASB [2007a] para. 56)。

両審議会は、忠実な表現の採用目的として、従来、両審議会が信頼性とみなしていた概念を新たに忠実な表現という用語を使用して再定義することを挙げているが、その一方で、投稿者の23％が忠実な表現は信頼性と同等な意義を持つ概念ではないとの見解を示している (IASB [2007a] para. 56)。それらコメントレターでは、従来の概念フレームワークから継続して、信頼性を質的特性とすべきである (CL23 : Staubus 他)、他の用語に置き換えるのではなく、信頼性の意義を適切に明示することで対応すべきである (CL34 : Audit Commission 他) などといった見解が表明される。

例えば、「IASB が、内容の実質的な変更ではなく、単に名称を変更したに過ぎないとの見解のもと、信頼性の忠実な表現への置換えを表明したことは誤りである。忠実な表現は、信頼性よりも狭小な概念である。信頼性を置き換えるよりはむしろ、信頼性を採用し続け、明確に説明すべきである。そして、説明にあたっては、付帯する不確実性および主観性を論点とする検証可能性のような新たなサブ特性を採用すべきである。忠実な表現は、引き続き信頼性のサブ特性として位置付けられ、合わせて詳述されるべきである。」(CL179 : EFRAG) と信頼性の継続的な適用が求められている。

また、他のコメントレターでは、信頼性を忠実な表現に置き換えると理解可能性が損なわれるため、信頼性が現状として誤解されているならば、あまり明確に理解されていない他の用語へ置き換えるよりも、信頼性の意味を明らかにするほうがよいという指摘もある。

「両審議会の意図は理解しているが、提案された解決法は、解決以上の混乱をもたらすであろう。信頼性は、一般に実務ではよく理解されているというのがわれわれの実感である。異なった見解を持つものは、当該用語の削除によってよりも明確化によってベネフィットを被るであろう。忠実な表現の定義は直観的ではなく、恐らく更なる混乱を招き、より不適切に適用される可能性が高い。」(CL124 : PwC)

さらに、忠実な表現を質的特性に含めることを受け入れる一方で、忠実な表現についての記述を改善すべきであるとの提案もなされる（CL20: FRSB他）。また、忠実な表現とは別に、信頼性を独立した質的特性として採用するか（CL55: AFRAC）、忠実な表現の構成要素とすべき（CL46: ICAI）との見解もある。

「重要な質的特性として、信頼性を忠実な表現に置き換えるという両審議会の提案をわれわれは支持するが、その一方で、信頼性は、忠実な表現の重要な構成要素であり、そして、最終的に両審議会は忠実な表現の議論に信頼性の役割を含めるべきであるとも信じている。測定の信頼性は、異なる資格を持った集団によって測定され同じ結果がもたらされる程度によって表され、検証可能性と密接に関連する。」（CL97: KPMG）として、信頼性に対する根強い支持が示される。

しかしながら、IASBによれば、これらの見解において示される信頼性の意義は、IASBの考える信頼性の意義とは必ずしも一致していないことが指摘されている（IASB [2007a] para. 58）。

この他にも、忠実に表現すべきとされる「現実世界の経済現象（real-world economic phenomenon）」という用語が、かえって混乱を招くものであり、また曖昧でもあると指摘するコメントレターもある（CL28: SAICA他）。さらに、このような種々の用語が英語以外の言語に翻訳された際、両審議会の意図する意味を伝達しない可能性があること（CL99: ACTEO, MEDEF & AFEP）、それゆえに用語をより厳密で理解可能な用語によって明示するか置き換えることも提案されている（CL156: Crédit Mutuel）。

忠実な表現の採用に関しては、ほとんどのコメントがその採用を全面的に否定し、信頼性を維持することを要求している。また、忠実な表現の採用自体を否定しないまでも、忠実な表現に関する説明をより詳細に明示することが求められている。したがって、公開草案の作成にあたっては、まずは、忠実表現を信頼性に代えて質的特性に含めるのか含めないのかが問題となる。忠実な表現を質的特性に含めるとすれば、次に、支持する意見が多かった信頼性概念との関係をどのように整理するのか、そして両審議会の考える忠実な表現の意義をどのように説明するのかが問題となる。

このような状況をIASBのプロジェクト担当者は以下のように受け止めている。

まず、質的特性への信頼性の継続的な採用を要望するコメントレターが多数投稿されているが、両審議会は、そのそれぞれにおいて、両審議会の定義とは異なった内容で信頼性が多様に説明されていること、そして、その多くが、信頼性と検証可能性とを混同していることなどから、信頼性が正しく理解されていないことを改めて確認し、さらには、両審議会の見解を浸透させるためにも、信頼性を忠実な表現へと置き換えるよい機会であることも再認識している (IASB [2007b] para. 13)。

また、その一方で、コメントレターで表明されている討議資料での忠実な表現の説明に対する様々な懸念にも妥当性が認められるため、相応の対応が必要であるとの見解も示している (IASB [2007b] paras. 14-17)。

具体的には、検証可能性を忠実な表現の構成要素から外して、質的特性として独立させること、忠実な表現が実質優先性を内包することを明示すること、中立性と完全性が忠実な表現の必要条件であることを明示することが検討されている (IASB [2007b] paras. 20-23)。

(2) 検証可能性の意義と位置付け

検証可能性は、信頼性の意味すべてを包含するわけではないことを指摘するコメントレターが数多く投稿されている。また、検証可能性は、専門的な判断の概念と信頼可能な証拠の要求とをその概念に内包すべきであるとも指摘されている (CL170：FEE 他)。

「情報が検証可能であるという要求は、情報が信頼可能であるという要求とは異なるであろう。財務諸表の作成にあたって、作成者が、取引もしくは事象の原初ないしは事後的な測定に際して、専門的な判断を下す必要に迫られる状況が数多くある。われわれの見解としては、財務諸表において信頼可能とみなされた見積数値が計上されてきたという経緯があるがゆえに、検証可能という用語は、情報が、取引を忠実に表現していることを実証し、確認する必要性を要求するものと解される。」(CL109：ISDA)

加えて、検証可能性の説明において、「検証可能であるためには、情報が

単一の特定の予測値となる必要はない。想定される金額の幅、関連する蓋然性もまた検証可能である。」(IASB/FASB [2006a] para. QC23) とされているため、経営者が想定される金額の幅の中から恣意的に都合のよい数値を利用する余地がある点で懸念が示される (CL32 : III WG)。

さらに、検証可能性の議論では監査可能性について触れられていないが、監査可能性が検証可能性との関連で議論されていない理由を結論の根拠で明示するべきであるとの見解も示されている (CL 1 : Beresford)。そして、検証可能性を採用するならば、検証可能性が公正価値のような評価手法の制約とならないことに配慮しつつ、監査可能性を包括するようにより詳しく説明される必要があるとの見解も表明される (CL61 : IAIS)。

他にも、「専門知識を有し独立した観察者」という用語は曖昧であり、観察者が専門知識を有し、独立しているとみなしうる、観察者に求められる特徴が何か理解できないため、両審議会は説明を付け加えるべきであるという見解も示されている (CL10 : Eibensteiner 他)。

また、討議資料でも述べられたように、検証のうち、間接的検証のもとでは、選択された認識ないしは測定の方法が重大な誤謬もしくは偏向なしに適用されたことは保証されるが、選択された方法自体が合理的で適切な方法であることまでは保証されない。したがって、このような間接的検証では、忠実な表現は必ずしも達成されず、間接的検証を含む検証可能性を忠実な表現の構成要素とすることの問題点が指摘される (CL97 : KPMG 他)。

「検証可能性が、忠実な表現の重要な構成要素であることには合意するが、単純に、専門知識があり、独立した観察者が、選択された認識もしくは測定方法が重要な誤謬ないしは偏向なしに適用されたという全般的な合意に至ったからといって、情報が検証されたと考えることには同意できない。両審議会による検証可能性の定義では、一般的な理解に基づく用語の意味を使用しているので、実際には検証されないもしくは検証可能ですらない情報をもたらしうる。情報が正しく適用された方法によってもたらされることのみを求め、方法自体が適切あるいは信頼可能であること、もしくは信頼可能なデータに適用されたことを求めていない。(中略) 情報は、専門的知識があり独立した観察者が、情報が表現しようとする経済現象を表現し、かつ選択された

認識ないしは測定の方法が重要な誤謬ないしは偏向なしに適用されたという全般的な合意にいたったときに検証されたと考えられるべきである。」
(CL127：E & Y)

検証可能性は忠実な表現の構成要素ではないという主旨のコメントはこの他にも投稿されている。財務報告書において表示されるある種の有用な情報については、検証可能でなくとも、表現しようとするものを忠実に表現することができる場合もあり、そのため、検証可能性を忠実な表現の構成要素に含めることは、有用で適切な情報を財務報告書から排除することになりかねないことを懸念する見解である（CL161：AASB 他）。

「検証可能性は、財務諸表の質と何ら関係はない。財務情報が検証可能であろうが、検証可能でなかろうが関係はない。われわれの見解では、検証可能性がより高いからといって、信頼性ないしは忠実な表現がより実現されるわけではなく、必ずしも財務報告の有用性を改善しない。」（CL92：Shell International）

加えて、検証可能性との関連で、財務諸表における不確実性の質的特性への影響を明らかにすべきであることを提案するコメントレターもある。

「概念フレームワークにおいて、不確実性を財務諸表でいかに取り扱うべきか、および、不確実性が質的特性に対していかなる影響を及ぼすのかが、追加的に明示されると有効であろう。討議資料における議論は、財務情報が正確な情報に限定されるべきであるかどうかが中心のようである。（測定値がかなり不確実ではあっても、金額を算出する手法が開発されうるとすれば）情報が、かなり不正確であっても、目的適合的で検証可能な場合もあるだろう。」
(CL164：Deloitte Touche Tohmatsu)

あるいは、検証可能性に代えて、透明性（transparency）を忠実な表現の構成要素の一つとして採用することも提案されている。

「透明性は財務報告書の構成要素を認識ないしは測定する際の報告書作成者の判断を適正で簡潔に開示することを要求するものであり、それによって報告書利用者は、作成者による財務数値を再作成、評価および比較することが可能となる。忠実な表現は、崇高な目的であるが、現実的ではない。財務報告書における測定値が検証可能でない場合に、透明性によって作成者によ

る財務数値を再作成、評価および比較することが可能となり、情報開示を補強することができる。」（CL40：Mind the GAAP）

検証可能性には、忠実な表現との関連で多くのコメントが寄せられている。検証可能性自体は重要な質的特性とみなされているが、忠実な表現の構成要素とすることに対しては、否定的な見解が示されている。その根拠としては、忠実な表現に検証可能性を求めることによって、検証不可能な表現が財務情報として採用されないことに対する懸念が挙げられる。検証可能性が備わることで忠実な表現が成立するのか、検証可能性は忠実な表現であるための必要条件ではないのか、といった問題に対して回答することが両審議会に求められる。この問題は、信頼性と忠実な表現とが本質的に相違するのかしないのかといった問題とも密接な関係を持っている。

(3) 中立性と慎重性または保守主義との関係

中立性と慎重性または保守主義とを相容れないものとみなし、慎重性および保守主義を質的特性に含めない両審議会の見解（IASB/FASB［2006a］para. QC28）の支持を表明するコメントレターも少ないながら存在している（CL97：KPMG）。

その一方で、慎重性または保守主義の採用を求める多数のコメントレターが投稿されている（CL55：AFRAC 他）。

「審議会による慎重性の取扱いは、慎重性概念の誤解に起因するようである。慎重性概念は資産ないしは収益を意図的に過小計上し、負債ないしは費用を意図的に過大計上することを許容する概念ではない。慎重性は、不確実な状況下において要求される見積額算定において必要とされる判断における警戒度の導入を提供する概念である。」（CL33：IDW）

その他、慎重性あるいは保守主義の採用を提案するコメントレターの中には、中立性自体の採用を取りやめ、慎重性もしくは保守主義へと置き換えることを提案するものもある（CL40：Mind the GAAP）。また、慎重性に言及せずとも、少なくとも不確実性の存在を説明するべきであるとも指摘される（CL61：IAIS）。

また、中立性と慎重性または保守主義との関係に類する対立関係は他の特

性間にも存在しており、そのような対立関係をもって慎重性または保守主義を除外する根拠とはならないこと、あるいは、慎重性ないし保守主義は忠実な表現の構成要素として維持されるべきであるという見解も示されている。

中立性もまた、多くのコメントが寄せられた項目である。その多くが、慎重性もしくは保守主義を取り入れることを推奨するコメントである。慎重性もしくは保守主義が適用されることで会計的判断に指針が与えられるため、それらがあってこそ中立性が確保されること、慎重性ないしは保守主義が採用されると、保守的な会計処理がとられ、報告主体の財務的健全性および直面するリスクや不確実性に関する情報提供が強化されること、保守的な思考が実務において浸透しているだけでなく、実際に保守的な会計処理方法が会計基準に採用されていることと整合することなどを根拠として、慎重性ないしは保守主義の採用が求められている。

そしてこのような投稿者の種別を調べると、銀行等貸付者の割合が多い傾向にある（CL78: Basel Committee on Banking Supervision 他）。また、慎重性もしくは保守主義に関するコメントレターの地域別構成比率をみると、ヨーロッパからの投稿比率が高く、コメントレター全体におけるヨーロッパの構成比率をかなり超過している点も特徴的である。

両審議会は、討議資料の結論の根拠において、「両審議会は、慎重性もしくは保守主義を必要な特性あるいは不確実性への必要な対応として記述することは中立性の特性と対立する可能性があると結論付ける。現行フレームワークにおいて示されている重要な誤りの修正ではあるが、慎重性への固執は、報告される財政状態や財務業績における偏向へとつながる可能性がある。さらには、ある会計期間における資産の過小計上（もしくは負債の過大計上）は、その後の会計期間における財務業績の過大計上につながるものであり、慎重とはいえない結果を招くことになる。そのような結果は、偏向がないことを求める中立性に必要とされる特性と整合しない。したがって、提案されるフレームワークは、財務報告情報に必要な特性に慎重性もしくは保守主義を含めない。」(IASB/FASB [2006a] para. BC2.22) という見解を表明しており、また慎重性ないしは保守主義を適用しない受入れ可能な不確実性への対応方法も提示している (IASB/FASB [2006a] para. BC2.22)。IASB のプロジ

ェクト担当者は、コメントレターのいずれもが、前述の討議資料での説明に対する問題点を指摘しておらず、したがって慎重性および保守主義の思考は中立性と相容れるものではなく、それゆえに質的特性に含めることはないという、当初の主張を堅持する方針を示している（IASB [2007b] paras. 37-38）。

3-4 比較可能性と首尾一貫性の関係

投稿されたコメントレターの8％が首尾一貫性も含めた比較可能性の質的特性への採用に好意的見解を示しているが、その一方で投稿者の10％は討議資料に対して好意的ではない見解を表明している（IASB [2007a] para. 65）。

そのような好意的ではない見解を示す理由として、事実の反映が重要であり、首尾一貫性の強要は忠実な表現を損ないかねない点が指摘されている。また、他の投稿者は、首尾一貫性は比較可能性に含められるべきではなく、むしろ質的特性として同等の重みを持たせるべきであるという見解を示している。

例えば、「比較可能性のもとでは、異なる企業における同様な経済事象が同様に説明されることになる。首尾一貫性のもとでは、ある企業が各期間において同じ会計方針を適用することになる。質的特性のリストに首尾一貫性を加えることで、フレームワークにおいて、報告主体間の情報も会計期間間の情報も、等しく重要であることが明確になる。」（CL93：ACLI *et al.*）というコメントもある。

また他に、両審議会が会計基準において代替的で受入れ可能な会計処理方法を許容している一方で、比較可能性を質的特性に含めることは矛盾しているというコメントもある（CL32：III WG）。

3-5 理解可能性のレベル

コメントレターのうち15％が質的特性として理解可能性を採用することに賛意を示しているが、その一方で10％は討議資料に対して好意的ではないコメントを投稿している（IASB [2007a] para. 66）。

討議資料における理解可能性に対する否定的なコメントとしては、理解可能性の議論は、財務報告書を全体として可能な限り明瞭にする必要性をより

強調しなくてはならないというものや、理解可能性は、通常の利用者にとって財務諸表を理解可能なものとすることを要求すべきであり、したがって、両審議会は、理解可能性を判断する際に、洗練された利用者をあまり強調すべきではないというものがある（CL97：KPMG 他）。また、利用者のレベルとは関係なく、基準設定主体は財務報告をより明瞭なものとし、理解可能性の向上に努めるべきであることが指摘される。

「理解可能性の議論は、理解が複雑で困難な情報を取り入れる方向に進んでいるようであるが、理解可能性の要求をより強調すべきである。財務報告において取り上げられる企業活動および取引の複雑さは、必然的に報告を複雑なものとする。しかし、そうであったとしても、基準設定主体は、報告が可能な限り明瞭となることを確実にする努力を果たす義務を負うであろう。」（CL163：ICAEW）

このような問題は財務報告情報の質的特性の問題というよりは、むしろ、財務報告の目的あるいは想定する財務報告利用者と関連する問題といえる。

3-6 質的特性の相互関係

コメントレターのうち4％が討議資料において示された質的特性の規則的適用（sequential order）に対して好意的な見解を示している一方で、21％は否定的な見解を示している（IASB［2007a］para. 67）。

討議資料において、忠実な表現は目的適合性に劣後するものではない、と明言されてはいるものの、目的適合性、忠実な表現、比較可能性および理解可能性という順番で質的特性を適用する、質的特性の規則的で段階的な適用に対して、多くの投稿者が、目的適合性が最も重要な質的特性であることを暗黙的に意味するものであると指摘している（CL139：DRSC 他）。そして、それら投稿者は、規則的適用は質的特性の階層構造を意味するものではないことを討議資料以上に明示することを進言している。

また、目的適合的であっても、忠実な表現でなければ、財務報告書に記載されないため、これら二つの特性は、段階的に適用されるのではなく、同時に考慮されるべきであるとの見解や、質的特性間の相互作用を無視した質的特性の規則的適用に対する懐疑的見解も表明される（CL139：DRSC 他）。

「目的適合性の概念が判別プロセスの第1段階に位置付けられている事実は、質的特性間に階層的序列が設けられているように窺え、新概念フレームワークにおける正確で信頼可能な測定値の重要性の低下を示す、ネガティブなシグナルを企業や監査人に発することになるかもしれない。(中略) 委員会は、フレームワークにおいて目的適合性と信頼性とが等しく重要であることをさらに強調することを推奨する。」(CL78: Basel Committee on Banking Supervision)

また、討議資料で提案されたように質的特性を規則的、段階的に適用するよりも、従来の目的適合性と信頼性の関係にみられたようなトレードオフ関係を維持することで質的特性間のバランスをとることを提言するコメントレターも投稿されている (CL108: CEBS 他)。

また、質的特性の適用を階層構造によって示すことは、専門的判断の幅を狭めるものであり、むしろ、本書の第3章で示されたようなフローチャートが質的特性の適用ガイダンスとして有用であると考えられるため、当該フローチャートを参考資料として付属することを提言するコメントもある(CL13: Conder)。ただし、その場合でも当該フローチャートを概念フレームワーク自体に含めることには否定的な見解が示される。

上記のように質的特性を階層構造によって整理することに反対する様々な意見がある一方で、実務上の統一性と首尾一貫性の観点から階層構造によって質的特性の関係を明示すべきであるというコメントレターもある (CL147: NYSSCPA)。

以上のような諸々のコメントを整理すると、質的特性の相互関係については大きく二つの問題が指摘できる。

第1に、質的特性間、とりわけ目的適合性と忠実な表現の関係の整理である。討議資料では質的特性の適用方法として、特性間の相互関係を示す、規則性を持つ段階的な適用方法が採用されている。この規則的適用では、まず、先行的に目的適合性が、次いで、忠実な表現が適用される。その一方で、討議資料では両特性に序列はないとの見解が示される。両特性を並列的に位置付けつつ、目的適合性が先行的に適用される規則性はいかなる論理から導出されたものであるのか、階層構造あるいはトレードオフ関係を含めた

質的特性の柔軟な相互関係を取り入れるのか否か、といった点が明確にされる必要がある。

そして第2に、質的特性の関係をどのような表現で、誰に対して示すのかという問題である。文章のみで示すのか、階層構造図やフローチャートといった図表を併用するのか、基準設定主体による適用を前提とするのか、あるいは、財務報告書作成者や利用者も考慮にいれるのか、といった点を両審議会は検討し、公開草案において示す必要がある。

3-7 財務報告の制約条件
(1) 重要性の位置付けと適用条件

コメントレターの9％が、両審議会が重要性を財務報告の制約条件として位置付けたことに賛意を表明しているが、16％はそのような位置付けに否定的な見解を示している (IASB [2007a] para. 68)。

否定的な見解の多くは、重要性は制約条件というよりもむしろ質的特性ないしは質的特性の構成要素とされるべきであるというものである (CL28: SAICA 他)。

「財務報告における完全性とはすべての取引その他についての情報を対象としているのではないこと、重要ではない情報は、経済的意思決定に影響を持たず、それゆえ、目的適合的な情報の提供を目的とする財務報告情報から除外されるべきであること、重要ではない項目を合算することは理解可能性を高めることになり、財務報告情報を補強するが、重要ではない情報の記載は理解可能性を低下させることなどから、重要性の適用は、財務報告情報の質を制限するものではなく、むしろ補強するものである。」(CL92: Shell International)

また、概念フレームワークにおいて、財務報告に対する重要性の適用をより詳しく説明することを提案するコメントレターもある (CL114: AcSEC of AICPA 他)。

「外部財務報告が、重要性に対して異なる見解を有する個々の利用者の要求に対応するように設計されるというのならば、個々の報告主体が置かれる状況に応じて、財務報告作成者がどのように重要性に関する判断を下すべき

かという問題に対する指針が作成されるべきである。提案されるフレームワークは、想定する利用者の意向を達成させるべきであり、また、整合的な適用が可能で、財務報告作成者に対する期待に合致するように重要性を設定するべきである。」（CL111：PCPS of AICPA）

　重要性に関する論点は、多くのコメントレターにおいて指摘されているように二つある。一つは、独立した質的特性あるいは質的特性の構成要素であるのか、それとも制約条件であるのかという点、いま一つは、重要性の適用条件を明示するべきか否かといった点にある。

(2) コスト・ベネフィット

　コメントレターでは、コスト・ベネフィットを制約条件として位置付ける討議資料の見解に対する賛意も示されているが（CL111：PCPS of AICPA 他）、その一方で、重要性と同様にコスト・ベネフィットも、制約条件ではなく、質的特性もしくは質的特性の構成要素とすべきであるという指摘もある（CL93：ACLI *et al.* 他）。

　「コスト・ベネフィットの分析および当該分析が概念フレームワークとどのように整合するのかについての議論を概念フレームワークに含めることを希望する。（中略）われわれは、討議資料で説明されているようにコスト・ベネフィットの分析を一般的な制約条件とすることに賛成しない。制約条件とは、行動能力を制限するものである。（中略）コスト・ベネフィットの分析は、どの選択肢が最も正味のベネフィットをもたらしうるか、そして、それゆえにどの選択肢が選好されるべきであるかといった、所定の選択肢を評価する意思決定のためのツールである。しかし、意思決定者は、分析を受け入れるか拒否するか選択できる。したがって、コスト・ベネフィットの分析は実際には制約条件ではない。」（CL96：IFAC）

　また、財務報告におけるベネフィットおよびコストとは具体的にどのようなものがあるのかを示すことを要望するコメントレターも数多く投稿されている。

3-8　新たな概念の採用への要望
(1)　真実かつ公正な概観

　多くの投稿者は、忠実な表現は真実かつ公正な概観を完全には包括しておらず、判断の指針を提供するものではないため、真実かつ公正な概観を最も重要な特性として採用すべきであるというコメントを投稿している（CL20：FRSB他）。その一方で、真実かつ公正な概観を質的特性に含めない両審議会の立場に賛同する意見もある（CL174：CFA Institute他）。

　真実かつ公正な概観について言及しているコメントレターは、少なくとも13通が確認されている（CL173：Hong Kong ICPA他）。そのうち、11通がヨーロッパ、英連邦、シンガポール、香港といった英国の影響を多少なりとも受けた国と地域からのコメントであり、そのほとんどが真実かつ公正な概観が、忠実な表現によって代替されうるという両審議会の意見に対して否定的な見解を表明している。

(2)　実質優先性

　実質優先性を取り上げたコメントレターは少なくとも59通が確認されているが、その内訳は、ヨーロッパが41通、国際的に活動している会計事務所や専門職団体が10通、北米が5通、アジア、オーストラリア、アフリカが各1通となっている。

　コメントレター全体の12％が、実質優先性を忠実な表現の構成要素として明示的に含めるべきであると主張している（IASB [2007a] para. 71）。その根拠としては、忠実な表現は国際的に信頼性ほど理解が確立されていないであろうこと、忠実な表現に内包される概念であっても、その重要性の高さゆえに明示することが適切であることなどが挙げられている（CL139：DRSC他）。

　「(適切に定義された) 実質優先性は、忠実な表現の構成要素として、われわれの見解では、検証可能性、中立性もしくは完全性よりも重要な第一義的な構成要素として識別されるべきである。(中略) 討議資料では、『忠実な表現の特性は、実質優先性を伴う表現と不可分である。したがって、提案されるフレームワークでは、忠実な表現の構成要素として実質優先性を認識することは無意味であるため、認識しない。』(BC2.18) と説明されている。このこ

とは、実質優先の原則の重要性を理解できていないことを示す。討議資料によれば、忠実な表現の特性は、検証可能性、中立性、および完全性の特性の欠如を許容しない。しかし、このことをもってして、両審議会はそれらを忠実な表現の構成要素とすることを妨げていない。」(CL163：ICAEW)

(3) 内的整合性

質的特性として内的整合性 (internal consistency) を採用することを提案するコメントレターは少なくとも6通が確認されている (CL64：CCDG 他)。

「概念フレームワークに従って会計基準が設定されれば、内的整合性も自ずと達成されうるのかもしれないが、それでも内的整合性を明示的に要求すべきである。」(CL33：IDW)

「現在、資産および負債の測定属性は統一されておらず、それゆえ、結果的に算出された利益は忠実な表現とはいえない。そこで、忠実な表現を実現させるために、内的整合性の採用が求められる。」(CL2：Wallace)

また、ASBJ からは、ASBJ 討議資料 (ASBJ [2004]) における内的整合性と両審議会による討議資料における内的整合性とでは見解に相違があり、ASBJ の見解に対する誤解があることが指摘されている (CL172：ASBJ)。

(4) その他

その他に、討議資料において多用されている実行可能性 (feasibility) を制約条件とし、さらに適時性とコスト・ベネフィットを実行可能性の構成要素とする変更も提案されている (CL40：Mind the GAAP)。

また、討議資料において採用された項目以外の項目を追加すべきであるという意見が多数あるが、その一方で、すでに多数の項目が採用されており、十分であるとする意見もある (CL13：Conder)。

4 『討議資料』の目指すもの

IASB と FASB が討議資料に対して受け取ったコメントレターは、新たな質的特性および関連項目に対する多岐にわたる賛否両論であった。

日本国内でも討議資料を題材とした研究論文が数多く公表されている。

例えば、津守［2008］では、討議資料で示された改訂概念フレームワークにおいて鍵となる論点の一つは、「1980年以来確立されてきた『目的適合性と信頼性』という質的特性の二大支柱のうち後者を排除して『忠実な表現』に取って代えたことであり、さらに質的特性の階層構造自体を解消し、『目的適合性』→『忠実な表現』→『比較可能性』→『理解可能性』という『論理的序列』に改編したことである。」（津守［2008］p. 331）と指摘される。そして「その結果、論理的序列における目的適合性の絶対的先行性が定着することになり、『会計情報の質的特性』の内容と機能は大幅に改変されることとなった。」（津守［2008］p. 331）との見解が示される。加えて、このような改編にかかわる、さらなる論点として、「収益費用中心観を明確に否定し資産負債中心観への一本化を試みていることであり、さらにそれに関連して歴史的原価を否定し、公正価値会計を強調していることである。」（津守［2008］p. 331）とも指摘される。すなわち、討議資料で示された目的適合性を先行させた質的特性の相互関係への改訂が、単純に適用プロセスの合理性や明確化を目的とするだけではなく、最終的には資産負債観という単一の会計観を達成させる、あるいは測定属性として公正価値を採用させるフレームワーク構築の一環であると論及されている。

また、徳賀［2008］では、「『合同プロジェクト』は、『忠実な表現』概念を『関連性』と並ぶ質的特性として位置付けることによって、会計上の認識・測定をより対象（現実世界の経済現象）の側に重点を置くものへと変化させ、公正市場価値の取得原価（および未償却原価）への優位性を明示する意図をもっていた。その背景には、FASB、IASB、及び／または『合同プロジェクト』が公正価値測定をさらに導入する提案を行った際に『信頼性』の低下を根拠に反論がなされてきたという事実がある。『関連性』と『信頼性』のトレード・オフが公正価値測定拡大への歯止めとなっていたのである。『忠実な表現』（現実世界と会計的表現との対応）が強調されることにより、会計上の認識・測定はより実在論的な方向へシフトし、ストック重視、価値測定の重視へと変化するであろう。」（徳賀［2008］pp. 27-28）と指摘される。引用箇所における質的特性の相互関係のとらえ方は津守［2008］とは異なるもの

の,質的特性の改訂が,やはり,「ストック重視,価値測定の重視」すなわち資産負債観へのさらなるシフトをもたらすことが示唆されている。

概念フレームワークの改訂における課題である「共通する問題領域」の一つは,従来,トレードオフ関係となることもあった目的適合性と信頼性の関係を明示的に規定することにあった。討議資料では,信頼性を忠実な表現へと置き換え,かつ,目的適合性を先行的に適用することで,両者の関係を明示的にすることを企図しているといえよう。このような改訂が,津守[2008]で指摘されているように,最終的に資産負債観への一本化,公正価値会計の採用をもたらすのかどうかはこの討議資料の段階ではまだ確定的ではない。しかし,現実世界の経済現象のうち目的適合的な現象を忠実に表現する,という改訂の方向性から,名目よりも実在を,フローよりもストックを,あるいは配分よりも評価を指向していることが窺われる。

5 むすびにかえて

討議資料へのコメントレターは,広く一般から任意で投稿されたものであり,投稿された見解の多寡がすなわち,財務報告にかかわる関係者の総意を反映しているとはかぎらない。新たな質的特性に対して賛同した場合には,賛意であるがゆえにコメントレターとして送付しない場合もあるであろうし,また,賛同できない場合には,むしろ逆に積極的にコメントレターを投稿する傾向が強いかもしれない。その結果,賛同よりも反対意見の割合が多い質的特性も実際は広く受け入れられている可能性もある。したがって,コメントレターのみをもって何らかの傾向を判断することは問題なしとしない。しかし,新たな質的特性に対するいかなる見解であれ,合理的なものについては傾聴しなければならないであろう。

IASBとFASBは,最終的な完成版の公表に向けて,まずは,討議資料に対するコメントレターで示された賛否様々な見解を参考に,以下の項目を中心に,共同概念フレームワークにおける質的特性の意義や相互関係を再検討することとなった (FASB [2007a] p. 2)。

(a) 目的適合性の説明において「相違を生じさせる可能性」という表現を

採用するべきかどうか。
(b) 信頼性を忠実な表現へと置き換えるべきかどうか。
(c) 検証可能性を忠実な表現の構成要素とするべきか、単独の質的特性とするべきか。
(d) 提案された他の項目を会計情報の質的特性としてフレームワークに採用するべきかどうか。
(e) 質的特性を階層構造形式で表すべきかどうか。
(f) 重要性を制約条件とするべきか、それとも質的特性の構成要素とするべきか。

なお、再検討にあたっては、まず、両審議会がそれぞれ個別に、上記(a)から(f)までの項目を中心とした質的特性に関する再検討を2007年4月から開始し、最終的に2007年の第3四半期に公開草案を公表するという計画を策定している（FASB [2007a] paras. 29, 31）。

表5-3 コメントレター投稿者および投稿組織

No.	投稿者／投稿組織
CL1	Dennis R. Beresford
CL2	Marsha Wallace
CL3	Roland Verhille
CL4	Norman B. Macintosh
CL5	Rosanna O'Guynn
CL6	Rick Gore, Ph.D.
CL7	Paul Rosenfield
CL8	Henry T. Chamberlain, S.J.
CL9	Humphrey Nash
CL10	Max Eibensteiner
CL11	Chauncey M. DePree, Jr., D.B.A.
CL12	EIB (European Investment Bank)
CL13	Paul Conder
CL14	New South Wales Treasury (Australia)
CL15	London Investment Banking Association (LIBA) (UK)
CL16	Neil Chisman
CL17	Don Bjerke
CL18	Nigel Davies (Charity Commission for England and Wales)
CL19	Mikhail Kiselev (National Accounting Standards Board of Russia)
CL20	The Financial Reporting Standards Board (FRSB) of the New Zealand Institute of Chartered Accountants
CL21	The United Kingdom Shareholders' Association Limited
CL22	The North Carolina State Board of CPA Examiners
CL23	George J. Staubus
CL24	Holcim Group Support Switzerland
CL25	Eugene H. Flegm, CPA, CFE
CL26	Michael E. Bradbury Ph.D., FCA, CMA
CL27	Professor Martin Walker
CL28	South African Institute of Chartered Accountants (SAICA)
CL29	Bundesverband deutscher Banken
CL30	Governance for Owners
CL31	Australian Institute of Company Directors
CL32	IIIWG of the European Committee of Central Balance Sheet Data Offices
CL33	Institut der Wirtschaftsprüfer (IDW)
CL34	Audit Commission
CL35	Dr. R. A. Rayman
CL36	Independent Audit Limited
CL37	New Zealand Shareholders' Association Inc

No.	投稿者／投稿組織
CL38	Danish Shareholders Association (Dansk Aktionærforening, DAF)
CL39	Mr. I. Anthony Ryan
CL40	Mind the GAAP, LLC
CL41	Coalition for Improved Business Reporting and Analysis (COIMBRA) Group
CL42	University of Manitoba
CL43	University of Verona
CL44	Mexican Accounting Standards Board
CL45	Malaysian Accounting Standards Board (MASB)
CL46	Institute of Chartered Accountants in Ireland (ICAI)
CL47	Fidelity Investment Management Ltd.
CL48	Irish Bankers Federation
CL49	Zentraler Kreditausschuss
CL50	Ian Dennis, Oxford Brookes University
CL51	David Damant
CL52	Washington Society of Certified Public Accountants
CL53	Standard Life Investments
CL54	Legal and General Group Plc
CL55	Austrian Financial Reporting and Auditing Committee (AFRAC)
CL56	Financial Reporting Advisory Board - HM Treasury
CL57	International Corporate Governance Network (ICGN)
CL58	Accounting and Auditing standards Committee
CL59	Mark Hughes, Andrew Read, Cameron Gordon, University of Canberra
CL60	Australasian Council of Auditors-General
CL61	International Association of Insurance Supervisors (IAIS)
CL62	Korea Accounting Association (KAA)
CL63	Management Commentary project team - Accounting Standards Board (ASB)
CL64	Council on Corporate Disclosure and Governance (CCDG)
CL65	The International Financial Reporting Standards Review Committee (IFRSRC) of the Korea Accounting Standards Board (KASB)
CL66	Malcolm Sullivan
CL67	The Chartered Institute of Management Accountants (CIMA)
CL68	Investment Management Association
CL69	Audit Scotland
CL70	National Audit Office
CL71	Consiglio Nazionale dei Dottori Commercialisti and Consiglio Nazionale dei Ragionieri
CL72	Instituto de Contabilidad y Auditoria de Cuentas (ICAC)

No.	投稿者／投稿組織
CL73	Michael Page and Tony Hines
CL74	Institute of Chartered Accountants of Scotland (ICAS)
CL75	RWE Aktiengesellschaft
CL76	Institute of Certified Public Accountants of Kenya
CL77	Conseil National de la Comptabilité (CNC)
CL78	Basel Committee on Banking Supervision
CL79	Grant Thornton International & Grant Thornton LLP
CL80	The Ohio Society of CPAs
CL81	Foreningen af Statsautoriserede Revisorer (FSR)
CL82	Swiss GAAP FER
CL83	BG Group
CL84	The Corporate Reporting Users Forum
CL85	International Actuarial Association (IAA)
CL86	Morley Fund Management
CL87	Hermes Investment Management Ltd
CL88	Anglo American Plc
CL89	International Federation of Accountants (IFAC), International Auditing and Assurance Standards Board
CL90	Association of British Insurers (ABI)
CL91	Financial Executives International (FEI Canada)
CL92	Shell International B.V
CL93	[Joint Response] American Council of Life Insurers, American Insurance Association, America's Health Insurance Plans, Blue Cross Blue Shield Association, National Association of Mutual Insurance Companies, Property Casualty Insurers Association of America
CL94	BNP Paribas
CL95	Paul W. Polinski, Ph.D., CPA
CL96	International Federation of Accountants (IFAC)
CL97	KPMG (International)
CL98	UBS AG
CL99	Association pour la participation des entreprises françaises á l'harmonisation comptable internationale (ACTEO) and Mouvement des Entreprises de France (MEDEF) and Association Française des Entreprises Privées (AFEP)
CL100	Fitch Ratings Ltd
CL101	Mailis Klaus
CL102	David Heald
CL103	CPA Australia
CL104	Altaf Noor Ali

No.	投稿者／投稿組織
CL105	Anglo Platinum Limited
CL106	Dutch Accounting Standards Board (DASB)
CL107	BDO Global Coordination B.V.
CL108	Committee of European Banking Supervisors (CEBS)
CL109	International Swaps and Derivatives Association (ISDA)
CL110	Microsoft Corportion
CL111	Private Companies Practice Section of the American Institute of Certified Public Accountants (AICPA)
CL112	Accounting Principles Committee of the Illinois CPA Society
CL113	Sawyer Business School, Suffolk University
CL114	Accounting Standards Executive Committee of the American Institute of Certified Public Accountants (AICPA)
CL115	Securities Industry and Financial Markets Association
CL116	Office of the Chief Auditor, Public Company Accounting Oversight Board
CL117	The Swedish Enterprise Accounting Group (SEAG)
CL118	Fédération Bancaire Française
CL119	Union of Industrial and Employer's Confederations of Europe (UNICE)
CL120	Silicon Economics, Inc
CL121	Norsk RegnskapsStiftelse - Norwegian Accounting Standards Board
CL122	Institute of Management Accountants (IMA)
CL123	Financial Executives International (FEI)
CL124	PricewaterhouseCoopers
CL125	Chartered Institute of Public Finance and Accountancy (CIPFA)
CL126	UK 100 Group
CL127	Ernst & Young
CL128	Connecticut Society of Certified Public Accountants, Accounting and Reporting Standards Committee
CL129	London Stock Exchange
CL130	Petri Vehmanen
CL131	Swedish Financial Accounting Standards Council
CL132	Mary Ellen Oliverio, CPA, Ph.D.
CL133	U.S. Government Accountability Office
CL134	British American Tobacco
CL135	MetLife USA
CL136	Dansk Industri (Confederation of Danish Industries)
CL137	European Association of Co-operative Banks
CL138	Group of North American Insurance Enterprises (GNAIE)
CL139	German Accounting Standards Committee (DRSC)

No.	投稿者/投稿組織
CL140	Nestlé
CL141	HSBC Holdings plc
CL142	Ottawa International Airport Authority
CL143	Alex Milburn
CL144	National Institute of Accountants
CL145	European Banking Federation
CL146	Swiss Holdings
CL147	New York State Society of CPAs (NYSSCPA)
CL148	Kelley School of Business
CL149	Quoted Companies Alliance
CL150	Föreningen Auktoriserade Revisorer FAR SRS
CL151	International Banking Federation
CL152	AstraZeneca PLC
CL153	Robin MacCormick
CL154	PM Chestang & Associates
CL155	Auditor General for Wales
CL156	Crédit Mutuel
CL157	Allianz SE
CL158	Heads of Treasuries Accounting and Reporting Advisory Committee (HOTARAC)
CL159	National Association of Pension Funds (NAPF)
CL160	FRC Accounting Standards Board
CL161	Australian Accounting Standards Board (AASB)
CL162	Canadian Accounting Standards Board
CL163	Institute of Chartered Accountants in England & Wales (ICAEW)
CL164	Deloitte Touche Tohmatsu
CL165	Richard Macve
CL166	Confederation of British Industry (CBI)
CL167	Goldman Sachs & Co
CL168	Association of Chartered Certified Accountants (ACCA)
CL169	Institute of Chartered Accountants in Australia (ICAA)
CL170	FEE (Fédération des Experts Comptables Européens, European Federation of Accountants)
CL171	British Bankers' Association
CL172	Accounting Standards Board of Japan (ASBJ)
CL173	Hong Kong Institute of Certified Public Accountants
CL174	CFA Institute
CL175	BT Group

No.	投稿者／投稿組織
CL176	American Accounting Association
CL177	International Organization of Securities Commissions (IOSCO)
CL178	Securities and Exchange Commission
CL179	European Financial Reporting Advisory Group (EFRAG)

(出所) http://www.ifrs.org/Current-Projects/IASB-Projects/Conceptual-Framework/DPJul06/Comment-Letters/Pages/Comment-letters.aspx（最終アクセス：2012年12月10日）をもとに著者作成

(注)
1 コメントレターは財務報告と関連する関係者全員が投稿しているものではない。あるトピックに対して似たような肯定的あるいは否定的見解が多数投稿されたとしても、それは必ずしも関係者全体の代表的な見解であるとは限らない。当該トピックに対する賛成者は、賛成であるがゆえに賛意を示すコメントを敢えて投稿していない場合もありうる。また、賛否を限らず、投稿数が少なくとも重大なコメントもあるであろう。
2 表5-2の最下段に表示されている国際的組織とは、4大会計事務所、あるいはその他の複数地域にまたがって活動する投稿者を表す区分である（IASB［2007a］para. 3, footnote）。
3 関連するコメントレターについては、IASBによって付されたコメントレター番号と投稿者の名称を括弧内に表示する。なお、組織名については省略が可能なものは略称を使用するものとする。実際の投稿者の名称は表5-3を参照されたい。

〈引用文献〉
ASBJ［2006b］『ディスカッション・ペーパー「財務報告に関する改善された概念フレームワークについての予備的見解：財務報告の目的及び意思決定に有用な財務報告情報の質的特性」に対するコメント』ASBJ。
津守常弘［2008］「『財務会計概念フレームワーク』の新局面と会計研究の課題」『企業会計』第60巻第3号、pp. 324-334。
徳賀芳正［2008］「『信頼性』から『忠実な表現』へ変化の意味」、友杉芳正・田中弘・佐藤倫正編著［2008］『財務情報の信頼性―会計と監査の挑戦―』税務経理協会、pp. 22-30。
FASB［2006a］*Preliminary Views, Conceptual Framework for Financial Reporting : Objective of Financial Reporting and Qualitative Characteristics of Decision-Useful Financial Reporting Information*, Financial Accounting Serieis, No.1260-001, FASB.
FASB［2007a］*Minutes of the February 28, 2007 Conceptual Framework Board Meeting*, March, 2007, FASB.
IASB［2006a］*Discussion Paper, Preliminary Views on an improved Conceptual Framework for Financial Reporting : The Objective of Financial Reporting and Qualitative Characteristics of Decision-useful Financial Reporting Information*, IASB.
IASB［2006b］*Comment Letters No. 1-No. 179*, IASB（www.ifrs.org/Current-Projects/IASB‐Projects/Conceptual‐Framework/DPJul06/Comment‐Letters/Pages/Comment-letters.aspx）（最終アクセス：2012年12月10日）。
IASB［2007a］*Project : Conceptual Framework, Subject : Phase A : Objective of*

Financial Reporting and Qualitative Characteristics — Comment Letter Summary (*Agenda paper 3A*), Information for Observers, Board meeting, February 2007, IASB.

IASB [2007b] *Project : Conceptual Framework, Subject : Phase A Redeliberations: Qualitative Characteristics of Decision-Useful Financial Reporting Information* (*Agenda paper 5*), Information for Observers, Board meeting, April, 2007, IASB.

第6章 IASB/FASB 共同概念フレームワーク『公開草案』の公表とその特徴

1 はじめに

　2008年5月29日、IASB と FASB は共同で、『財務報告に関する改善された概念フレームワークの公開草案：第1章：財務報告の目的、第2章：意思決定に有用な財務報告情報の質的特性と制約条件（*Exposure Draft of An improved Conceptual Framework for Financial Reporting: Chapter 1: The Objective of Financial Reporting, Chapter 2 : Qualitative Characteristics and Constraints of Decision-useful Financial Reporting Information*)』(IASB [2008a]、FASB [2008a])（以下、公開草案もしくは IASB/FASB [2008a]）を公表した[1]。IASB と FASB の両審議会は、公表から約4か月後の2008年9月29日を締切日として、この公開草案に対するコメントを募集している。

　この公開草案は、両審議会が、先に公表された討議資料に対して投稿されたコメントレターを参考に、さらなる検討を加えて討議資料を改訂し、再公表したものである。両審議会は、この公開草案に寄せられたコメントをもとに再び修正を施し、最終的に、概念フレームワークの第1章「財務報告の目的」および第2章「財務報告情報の質的特性」を完成させることを予定している[2]。

　公開草案では、まず、前文として「両審議会がフレームワークを再考した理由」、「共通の概念フレームワークの開発」、「デュー・プロセス」、「フレームワークの権威上の位置付け」が説明される。次に、第1章「財務報告の目的」では、「一般利用目的財務報告の目的」、「意思決定有用性」、「報告主体の資源、それら資源に対する請求権、ならびに資源および請求権の変動についての情報」、「経営者による説明」などといった見出しのもと財務報告の目的に関連する事項が示される。そして、第2章「意思決定に有用な財務報告

情報の質的特性および制約条件」では,「基本的な質的特性」,「補強的な質的特性」,「財務報告の制約条件」などといった項目が並べられ,目的適合性,忠実な表現などの質的特性と重要性やコストといった制約条件とが説明される。また,討議資料と同様,第1章,第2章ともに,本文部分に加えて,「結論の根拠」と題された解説部分が付け加えられた2部構成となっている。

公開草案では,新たに質的特性を基本的な質的特性と補強的な質的特性に区分し,基本的な質的特性として目的適合性と忠実な表現を,補強的な質的特性として比較可能性,検証可能性,適時性,理解可能性を位置付けている。また,討議資料では,適時性は目的適合性の,検証可能性は忠実な表現の構成要素であったが,公開草案では,両者とも上記のように独立した質的特性になっている。また,討議資料では「意思決定に有用な財務報告情報の質的特性」であった第2章のタイトルが,公開草案では「意思決定に有用な財務報告情報の質的特性および制約条件」へと変更され,タイトルに制約条件が付け加えられている。

本章においては,公開草案で示されている質的特性および制約条件とそれらの相互関係の特徴を,討議資料と比較しつつ,明らかにする。また,公開草案では上述のような討議資料からの変更点が多数見受けられるが,討議資料から公開草案へと改訂されるにあたって,いかなる議論あるいは経緯のもとそれらの改訂が加えられたのかについても検討する。

2 イントロダクション

まず,公開草案第2章の本文では,イントロダクションとして概念フレームワークにおける質的特性の位置付けが示されている(IASB/FASB [2008a] para. QC1)。その内容は以下の(a)から(d)のようにまとめられる。

(a) 一般利用目的財務報告の目的は,現在のあるいは潜在的な出資者,貸付者およびその他債権者が,資本提供者としての自己の立場に関する意思決定を下す際に有用な,報告主体についての財務情報を提供することにあり,質的特性は財務情報が有用であるための属性であること。

(b) 質的特性は、情報の有用性にどのように影響するかによって基本的な質的特性と補強的な質的特性に区別されること。
(c) 質的特性は財務報告情報の有用性に貢献すること。
(d) 有用な財務情報の提供は、重要性とコストという2種類の制約条件によって制限されること。

　上記のように公開草案では、情報の意思決定有用性への影響度合いに基づき、質的特性を基本的な質的特性と補強的な質的特性との二つに区分している。基本的な質的特性とは、財務情報が有用であるために必要とされる特性であり、目的適合性と忠実な表現の二つの特性が該当する（IASB/FASB [2008a] para. QC2)。一方、補強的な質的特性は、基本的な質的特性を補足するもので、あまり有用ではない情報とより有用な情報とを峻別する特性であるという（IASB/FASB [2008a] para. QC15)。具体的には、比較可能性、検証可能性、適時性、および理解可能性が補強的な質的特性に該当し、これらの質的特性は、目的適合的で忠実な表現である財務報告情報の有用性を高めるとされる（IASB/FASB [2008a] para. QC15)。

　このように質的特性を基本的な質的特性と補強的な質的特性に分けるにあたっては、審議会メンバー内からも否定的見解が表明されている。否定的見解の根拠としては、質的特性の適用に序列を設けて質的特性間のトレードオフ関係を解消するのではなく、基準設定主体が基準設定においてすべての質的特性が最大化されるよう努力すべきであること、二つに区分するのは単純すぎること、補強的な質的特性は相対的に重要ではないという間違った理解を与えかねないこと、また二つに分けるとしても、重要な質的特性である理解可能性と比較可能性を補強的な質的特性として位置付けることは問題があることなどが指摘された（FASB [2007b] paras. 24-26)。

　結論の根拠によれば、基本的な質的特性と補強的な質的特性に分けた根拠は、討議資料に対するコメントレターを分析した結果、多くの投稿者が質的特性の相互関係および適用方法を十分に理解できていないことが窺われ、混乱がみられることから、意思決定に有用な情報であるために必要とされる基本的な質的特性とそれらを補強する質的特性とに分けることにしたという（IASB/FASB [2008a] para. BC2.54)。

3 基本的な質的特性

3-1 目的適合性
(1) 目的適合性の意義
　公開草案では目的適合性について、情報は、利用者によってなされる資本提供者としての自己の立場に関する意思決定に相違を生じさせることができる場合に目的適合性を有し、経済現象についての情報は、予測価値もしくは確認価値、あるいは双方を有する場合に相違を生じさせることができる、と説明されている (IASB/FASB [2008a] para. QC3)。

　討議資料と同様に、公開草案においても予測価値および確認価値は目的適合性の構成要素とされているが、適時性は独立した質的特性へとその位置付けが変更されている。

　また、公開草案では、上述のように、目的適合的な情報は、意思決定に「相違を生じさせることができる」特性を有すると定義される。ここで、情報が「相違を生じさせることができる」とは、情報が実際に過去において相違を生じさせたこと、あるいは将来において確実に影響を及ぼすことだけでなく、情報が相違を生じさせる潜在的な能力を有することも含まれ、したがって、ある利用者が当該情報の利用を選択しない、もしくは当該情報について既知であったとしても意思決定に相違を生じさせることができるならば、目的適合性を有するとみなされることになり (IASB/FASB [2008a] para. QC3)、より幅を持たせた定義となっている。

　その一方で、討議資料に対するコメントレターでは、「意思決定に相違を生じさせることができる」という表現を採ることへの反対意見が多数投稿されている。これらのコメントレターは、「意思決定に相違を生じさせることができる」という定義に基づいた場合、意思決定に相違が生じるか生じないか、不確実であるにもかかわらず目的適合的な情報とされる可能性があり、その結果、情報の意思決定有用性が低下する懸念があることを反対意見の論拠としている。

　「相違を生じさせることができる」という表現を採用するかどうかは、討

3 基本的な質的特性 149

議資料に対するコメントレターで提起された両審議会の検討事項であったが、結果として上記のように討議資料に続いて公開草案においても同じ表現が採用されている。

両審議会が「相違を生じさせることができる」という表現を採用した論拠としては、意思決定に際して、情報利用者は、財務報告情報の多様な項目に加え、多くの他の情報源も参考とするため、財務報告情報のうちどの項目が意思決定に決定的な影響を与えたかを判断することは極めて困難であることを挙げている (IASB/FASB [2008a] para. BC2.4)。また、両審議会は、基準設定主体が、基準案に対するコメントを求めたり、討論の機会を設けるなどすることで、投資者がどのように財務報告情報を利用し、どのようにすれば財務報告書が利用者のニーズに応えうるのかを知る機会を持っており、それらの機会を利用することで、いかなる情報が「相違を生じさせることができる」のか判断可能であることも、上記のような表現を採用する根拠としている (IASB/FASB [2008a] para. BC2.5)。

(2) 目的適合性の構成要素

公開草案でも討議資料と同様に、予測価値および確認価値は目的適合性の構成要素とされており、またいずれの定義についても大きな変更は見当たらない。予測価値は、経済現象に関する情報が、資本提供者によって将来の期待を形成する上で利用される予測過程の投入要素としての価値を持つならば、当該情報は予測価値を有すると定義され (IASB/FASB [2008a] para. QC4)、確認価値は、経済現象に関する情報が、従前の評価に基づく過去の（もしくは現在の）期待を確認もしくは変化させるならば、当該情報は確認価値を有すると定義される (IASB/FASB [2008a] para. QC5)。

一方、討議資料で目的適合性の構成要素とされていた適時性は、公開草案では目的適合性から独立し、補強的な質的特性に位置付けられている。このように適時性を位置付けるに至った経緯については補強的な質的特性の箇所において取り上げる。

3-2 忠実な表現
(1) 忠実な表現の意義

　討議資料において主要な質的特性として初めて採用された忠実な表現は、公開草案においても継続的に採用されており、そこでは、「財務報告において有用であるために、情報は表現しようとする経済現象の忠実な表現でなくてはならない。」(IASB/FASB [2008a] para. QC7) と説明されている。

　忠実な表現については、討議資料に対するコメントレターで、信頼性に代えて忠実な表現を採用することへの反対意見が数多く表明されていた。しかしその一方で、両審議会は、それらコメントレターでは、両審議会の考える信頼性の意義が正しく理解されていないと認識している。そこで、両審議会は、誤って理解されている信頼性を再定義するのではなく、討議資料に引き続き、公開草案においても信頼性を忠実な表現へと置き換え、加えて、コメントレターで示された要望に応えるために、討議資料よりも忠実な表現の性質をより明瞭に説明する方針を採ることにした (IASB [2007b] para. 19)。

　また、公開草案では、忠実な表現の構成要素として討議資料とは異なる項目が一部採用されている。公開草案において、「忠実な表現は、経済現象の描写が、完全で、中立で、かつ重大な誤謬がない (free from material error) ときに達成される。」(IASB/FASB [2008a] para. QC7) と定義される。すなわち、忠実な表現の構成要素は、討議資料では、検証可能性、中立性、および完全性であったが、公開草案では、完全性、中立性、および重大な誤謬がないことの3項目となっており、検証可能性に代わって重大な誤謬がないことが採用される。そして、検証可能性は、補強的な質的特性に含められ、独立した質的特性になっている。

　このように検証可能性が独立した質的特性とされたのは、討議資料に対するコメントレターでも指摘されていたように、情報が経済現象の忠実な表現であったとしても、検証可能ではない場合があることから、検証可能性は忠実な表現の構成要素ではないという見解の妥当性に加えて、意思決定に有用な財務報告情報の質的特性としての検証可能性の重要性が認識されたためである (IASB [2007b] para. 16)。

　さらに、忠実な表現の記述にあたっては、公開草案の本文部分で、「経済

現象を忠実に表現する財務情報は、法的形式と常に同じとは限らない、実態的な取引、事象もしくは状況の経済的実質を描き出す。」(IASB/FASB [2008a] para. QC7) との説明があり、経済現象を忠実に表現する財務情報は、実質優先性を充足する旨に言及されている。これは、討議資料に対するコメントレターにおいて、質的特性として実質優先性を採用すること、あるいは忠実な表現の構成要素に実質優先性を明示的に含めることを要望する見解が多数投稿されたことに、両審議会が対応したものであると考えられる。もともと、両審議会は、討議資料の結論の根拠の部分において、「質的特性としての忠実な表現は、財務報告が単なる法的形式よりもむしろ（特殊取引のような）経済現象の実質を表現することの保証も包含する」(IASB/FASB [2006a] para. BC2.18) と結論付けている。このような実質優先性への見解を結論の根拠ではなく、本文において明示することで、コメントレターへの対応としたのである (IASB [2007b] para. 23)。

(2) 忠実な表現の構成要素
1) 完全性
公開草案において完全性は、「表現しようとする経済現象の忠実な表現に必要なすべての情報が含まれている場合、経済現象の描写は完全性を有する。遺漏がある場合には、情報が誤りあるいは誤導的となり、それゆえに財務報告の利用者に役立たない。」(IASB/FASB [2008a] para. QC9) と説明されている。

討議資料に対するコメントレターにおいて、完全性は重要性との関連でコメントされることが多かったが、完全性の意義自体に対するコメントはほとんど投稿されていない。そのため公開草案でもその基本的な意義は討議資料から大きく変更されていない。

2) 中立性
両審議会は、討議資料において、慎重性および保守主義は中立性と相容れるものではなく、それゆえに両者を財務報告情報の質的特性に含めることはないという立場を表明していた。そのような両審議会の立場に対して、討議資料へのコメントレターでは、中立性との関連で、慎重性ないしは保守主義

を質的特性あるいはその構成要素として取り入れるべきであるとの見解が多数投稿されていた。

しかし、両審議会は、それら要望は、両審議会が示した中立性と慎重性ないしは保守主義との関係に対する直接的なコメントではないと判断した。そしてそれゆえに、慎重性および保守主義は中立性と相容れるものではなく、両者を財務報告情報の質的特性に含めないという従来の方針を継続して差し支えないものと判断した。(IASB [2007b] paras. 37-38、FASB [2007b] paras. 45-48)。

そのため、「中立性とは、あらかじめ定められた結果の達成や特定の行動の発生を意図する偏向がないことをいう。中立的な情報は、偏向がないため、表現しようとする経済現象を忠実に表現する。中立的な情報は、特定方向への行動の促進を伝達するような脚色をしない。財務報告書が、財務情報の選択や表示によって、あらかじめ定められた結果あるいは成果を達成するために意思決定や判断に影響を及ぼすならば、当該財務報告書は中立的ではない。」(IASB/FASB [2008a] para. QC10) と説明され、中立性の意義自体は、討議資料と大きく変わっていない。

3) 重大な誤謬がないこと

公開草案から忠実な表現の構成要素として重大な誤謬がないことが採用されている。公開草案では、重大な誤謬がないことに関して、「財務報告書に表示される経済現象は一般に不確実な状況下で測定されているため、忠実な表現は、経済現象の描写において全体的に誤謬がないことを意味しない。」(IASB/FASB [2008a] para. QC11) と説明されている。

討議資料では、忠実な表現の構成要素の一つとして、検証可能性が採用されていた。しかし、検証不可能な忠実な表現もありえることから、公開草案の作成プロセスにおいて、検証可能性は忠実な表現の構成要素ではないとみなされた。その一方で、忠実な表現であるためには、完全性と中立性だけでは不十分で、検証可能性とは異なる、描写が正しいことを保証する性質が必要とされる。

そこで両審議会は、公開草案の起案段階では、検証可能性に代えて正確性 (accuracy) という用語を採用していたが、正確性の使用に対して両審議会メ

ンバーから異議が唱えられた（IASB [2008b] para. 15、FASB [2008c] paras. 8-14）。異議の根拠として、正確性という用語の使用は不確実な状況下では不向きなこと、他の言語への翻訳が困難であることなどが指摘される（IASB [2008b] para. 16）。そこで、正確性採用の適否および他の用語の採用可能性を検討した結果、忠実な表現の構成要素として、重大な誤謬がないことを採用することとした（IASB [2008b] para. 19）。

重大な誤謬がないことの採用は、「誤謬がない（free from error）」という表現がIASBの概念フレームワークにおいては初出ではない点でも支持されている（IASB [2008b] para. 16）。しかし、単に誤謬がないこととした場合、不確実な状況下での経済現象の描写は忠実な表現とされなくなる可能性が高い。このため、「誤謬がないこと」に「重大な」を加えることで、不確実な状況下での経済現象の描写も忠実な表現として受入れ可能としているものと考えられる。

公開草案でも、その点について、「ほとんどの財務報告における測定値には経営者の判断が織り込まれた多様な見積りが含まれる。経済現象を忠実に表現するために、見積りは適切なインプットに基づく必要があり、それぞれのインプットは最良の入手可能な情報を反映する必要がある。（中略）しかし、最低限の正確性もまた見積りが経済現象の忠実な表現であるためには必要である。表現において、実行不可能な完全性、中立性ないしは誤謬がないことを求めることは、表現しようとする経済現象を忠実に表現する情報の範囲を縮小させる可能性がある。」（IASB/FASB [2008a] para. QC11）と、完全無欠な完全性、中立性、ないしは誤謬がないことを要求することが有用な財務情報の作成に必ずしも有益とはならないとの見解を示している。

3-3　基本的な質的特性の適用順序と相互関係

公開草案では目的適合性と忠実な表現の関係が以下のように説明される。

まず、目的適合性と忠実な表現という二つの基本的な質的特性の適用については、「質的特性としての目的適合性の適用は、どの経済現象が財務報告において描写されるべきかを、当該現象に関する意思決定に有用な情報の提供を前提として、識別するものである。目的適合性は、経済現象に適用され

るのであって、それら現象の描写にではない。そしてそれゆえに、他の質的特性よりも先行して考慮されることになる。」(IASB/FASB [2008a] para. QC12) と、討議資料と同様に、まず目的適合性が有用な経済現象の識別のために先行的に適用される。

そして、「ひと度、目的適合性が、どの経済現象がなされるべき意思決定と関連するのかを決定するために適用されたならば、当該現象のいずれの描写が目的適合的な現象に最も相応しいかを決定するために、忠実な表現が適用される。忠実な表現という特性を適用し、提案された言語および数字による描写が描写される経済現象に対して忠実であるかどうか（あるいは忠実でないかどうか）を決定する。」(IASB/FASB [2008a] para. QC13) と、目的適合性に次いで忠実な表現が目的適合的な経済現象の描写方法を決定するために適用される。

目的適合的ではない現象の忠実な表現を考慮することは、意思決定に有用な情報の作成とは無関係であり、非合理的であるとの見解のもと、まずは、目的適合性が適用され、現実世界の経済現象のうち、目的適合的な経済現象が識別され、そして次に、それら目的適合的な経済現象に対して、忠実な表現が適用されるのである (IASB/FASB [2008a] para. BC2.56)。

その一方で、両審議会は、目的適合性と忠実な表現は、上述のような適用順序の前後関係はあるものの、あくまでも論理上の順序であって、以下のように、ともに意思決定に有用な財務報告情報を作成するために役立ち、それゆえ、両者ともに基本的な質的特性であるとの見解を示している (IASB/FASB [2008a] para. BC2.55)。

「目的適合性と忠実な表現は、基本的な質的特性として、相違する方法で情報の意思決定有用性に貢献する。目的適合的な現象の忠実な表現ではない描写は、意思決定に有用ではない情報となるのと同様に、目的適合的ではない現象の忠実な表現である描写は意思決定に有用ではない。したがって、目的適合的ではない（経済現象がなされるべき意思決定と関連しない）ことも、忠実な表現ではない（描写が現象と関連しない）ことも意思決定に有用ではない情報をもたらす。目的適合性も忠実な表現もともに、財務報告情報に意思決定有用性をもたらす。」(IASB/FASB [2008a] para. QC14)

4　補強的な質的特性

4-1　比較可能性

公開草案で比較可能性は、「二組の経済現象の類似性および相違点を識別することを利用者が可能となる情報の性質である。首尾一貫性は、ある報告主体において毎期、あるいは特定の会計期間に報告主体間において、同じ会計方針や手続きを利用することを意味する。比較可能性は目標であり、首尾一貫性はその目標を達成させるために役立つ手段である。」(IASB/FASB [2008a] para. QC16) と説明されており、その内容は、討議資料とほとんど変わりはない。

公開草案から、比較可能性、適時性、検証可能性、および理解可能性が補強的な質的特性として位置付けられている。審議会のメンバーからは、比較可能性を補強的な質的特性として位置付けると、比較可能性の重要性が基本的な質的特性である目的適合性や忠実な表現と比べて低いと誤解される可能性があることに関して懸念が表明される (FASB [2008c] para. 15)。

この点に関して、プロジェクト担当者は、基本的な質的特性と補強的な質的特性という分類は質的特性の相対的な重要性を意味するものではなく、情報の意思決定有用性との関係を示すものであることを強調している (IASB [2008b] para. 24)。そして、比較可能性は、目的適合的で忠実な表現である情報の意思決定有用性を補強する特性であるとの立場を継続する方針を示している (IASB [2008b] para. 24)。

公開草案では以下のように記述されて、比較可能性が補強的な質的特性とされる根拠が示される。

「ある程度の比較可能性は、基本的な質的特性を最大化することによって達成されるはずである。つまり、目的適合的な経済現象の忠実な表現は、他の報告主体による同様な目的適合的な経済現象の忠実な表現と必然的にある程度の比較可能性を有するはずである。単一の経済現象は多様な方法で忠実に表現可能であるが、同一の経済現象に対して複数の会計方法を許容することは比較可能性を損なうゆえ、望ましくないであろう。」(IASB/FASB

[2008] para.QC19）。

4-2 検証可能性

上述のように検証可能性は、討議資料では忠実な表現の構成要素であったが、公開草案では独立した質的特性となっている。このように質的特性としての位置付けは変更されているものの、公開草案においても、その本質的な意義については、討議資料から大きく変更されていない。

すなわち、検証可能性は、情報が表現しようとする経済現象を忠実に表現していることを利用者に保証するために役立つ情報の特性であり、複数の、十分な知識を有し、独立した観察者が、必ずしも完全な合意ではなくとも、全般的な意見の一致に至りうるであろう情報の性質である（IASB/FASB [2008a] para. QC20）。なお、ここでいう意見とは、情報が重要な誤謬もしくは偏向なしに表現しようとする経済現象を表現すること、もしくは、適切な認識ないしは測定方法が重要な誤謬もしくは偏向なしに適用されていることである（IASB/FASB [2008a] para. QC20）。

また、検証には直接的検証と間接的検証の2種類があることに討議資料では言及されていたが、討議資料へのコメントレターでは、それらのうち、間接的検証では忠実な表現を保証できないことが問題とされた。すなわち、間接的検証では、ある方法の適用プロセスに誤謬もしくは偏向がないことを確認可能であるが、選択された方法自体に内在する誤謬もしくは偏向までは確認不可能であるという問題点が指摘された。

そこで、公開草案では、明示されていないものの、上記のようなコメントレターにおける指摘への対応として、「情報が重要な誤謬もしくは偏向なしに表現しようとする経済現象を表現すること」（IASB/FASB [2008a] para. QC20）は直接的な検証によって確認され、加えて、認識ないしは測定方法の適用のうち、「適切な認識ないしは測定方法が重要な誤謬もしくは偏向なしに適用されていること」（IASB/FASB [2008a] para. QC20）（強調は著者）については直接および間接的な検証によって確認されることが暗黙的に示される。

さらに、コメントレターでは恣意性の介入可能性が懸念されていたが、引き続き「検証可能であるためには、情報が単一の特定の予測値となる必要は

ない。想定される金額の幅、関連する蓋然性もまた検証可能である」(IASB/FASB [2008a] para. QC20) という表現が採用されている。

4-3 適時性

公開草案において、適時性については以下のように説明される。

「適時性とは、情報が意思決定への影響力を失う前に、意思決定者に当該情報の利用を可能とすることを意味する。目的適合的な情報をより早く利用可能とすることは、当該情報の意思決定への影響力の補強を可能とし、そして、適時性の欠如は情報の持つ潜在的な有用性を損なうこともある。」(IASB/FASB [2008a] para. QC22)

討議資料において適時性は、目的適合性の構成要素であった。しかし、討議資料に対するコメントレターにおいて、適時性を目的適合性の構成要素とすることへの否定的な見解が少なからず投稿されていた。そこで、両審議会は、適時性の質的特性における位置付けを再検討することとした。

適時性の位置付けの再検討にあたって、まず、適時性の役割が見直された。ある情報が適時的であるからといって目的適合性が高いとは限らず、また、過去の情報であっても目的適合的な場合もある。以上のことから、両審議会は、適時性は、意思決定に有用な情報の質的特性として重要ではあるが、目的適合性に固有な構成要素ではないと結論付けた (IASB [2007b] para. 31)。

そして、適時性は目的適合性のみならず他の質的特性とも関連する場合があり、加えて、ある情報が適時性を有するかどうかの判断は個々の報告主体が置かれた状況に依存することから、ひと度は、財務報告情報の制約条件とする方針が採用された (IASB [2007b] paras. 33-34)。しかし、さらなる検討の結果、適時的な情報の提供は情報の意思決定有用性を補強することになるため、適時性を補強的な質的特性とする方針が採られることとなり、公開草案でもそのように位置付けられている (IASB [2007c] para. 7)。

4-4 理解可能性

公開草案において、理解可能性は、「情報の意味を利用者に理解可能にす

る当該情報の特性である。理解可能性は、情報が、明瞭かつ簡潔に、分類され、特徴付けられ、そして表示されることによって補強される。比較可能性はまた理解可能性も補強しうる。」(IASB/FASB [2008a] para. QC23) と説明され、その定義は、討議資料と比較しても本質的に変更されていない。

討議資料へのコメントレターでは、理解可能性について、十分に専門的な知識を持った利用者を前提とするのではなく、通常の利用者を前提とすべきであるとの見解が投稿されていた。

このような見解に対して、公開草案では、「財務報告書の利用者は、事業と経済活動に関する適切な知識を有し、財務報告書を読解可能であると仮定されている。意思決定において、利用者はまた、情報を合理的な注意深さをもって調査し、分析すべきである。しかしながら、内在する経済現象がとりわけ複雑である場合、利用者のほとんどは当該現象を表現する財務情報を理解できないであろう。そのような場合、利用者はアドバイザーの助けを求める必要があるであろう。目的適合的で忠実に表現された情報は、単に、利用者が独力で理解するためには複雑過ぎるあるいは難し過ぎるかもしれないといった理由だけで、財務報告から除外されるべきではない。」(IASB/FASB [2008a] para. QC24) として、財務報告書利用者に専門的な知識を求める姿勢を変えておらず、また、必要な場合には、適切な知識を持つ第3者のアドバイスを受ける必要性を示唆している。

5　財務報告の制約条件の適用

5-1　重要性

討議資料に対するコメントレターで散見された重要性へのコメントとしては、重要性を目的適合性の構成要素とすることと重要性の適用条件を明示することであった。しかし、両審議会は、重要性は目的適合性だけでなく、他の質的特性とも関連すること、また、重要性は、基準設定主体ではなく、個々の報告主体がおかれた状況に応じて当該報告主体とその監査人が判断するものであることから、次のように記述している。

「情報の遺漏もしくは誤表示が、報告主体による財務情報を根拠とする、

利用者の意思決定に影響を与えうる場合、当該情報は重要である。重要性は、特定の状況における遺漏もしくは誤表示について判断される項目の性質や金額に依存するため、情報を構成する特定の種類が重要となる統一的な量的限界を特定することはできない。」(IASB/FASB [2008a] para. QC28)

5-2　コスト

本項目は、討議資料では、「ベネフィットとコスト」という標題であったが、公開草案では単に「コスト」とされている。しかし、ベネフィットとコストの本質的な関係にかかわる説明については、討議資料と公開草案で大きな相違はみられない。討議資料に対するコメントレターでは、ベネフィットとコストを質的特性の構成要素とする要望もあったが、両審議会は、財務報告情報からのベネフィットと当該情報を提供し、利用するコストとのバランスは、財務報告情報の質的特性というよりもむしろ財務報告において一般的となっている制約条件であると結論付けている (IASB/FASB [2008a] para. BC 2.61)。公開草案では以下のように、ベネフィットとコストが説明されている。

「財務報告にはコストが発生する。財務報告のベネフィットはこれらコストを正当化するべきである。情報提供のベネフィットが関連するコストを正当化するかどうかの評価は、通常、定量的というよりも、より定性的になされるであろう。さらにいえば、ベネフィットとコストの定性的評価は、しばしば不完全である。」(IASB/FASB [2008a] para. QC29)

なお、公開草案では、詳細なコストに関しては、「情報提供のコストは、当該情報を収集して処理するコスト、当該情報を検証するコスト、および当該情報を配付するコストを含む。利用者は分析および解釈の追加的コストを負担する。意思決定に有用な情報の遺漏もまた、利用者が財務報告書における不完全なデータや他所で入手可能なデータを利用して必要な情報を入手したり、推定を試みることで生じるコストを含め、コストを生む。作成者は財務情報の提供のために多くの努力を振り向けている。しかしながら、究極的には、資本提供者がリターンの減少というかたちでそれら努力のコストを引き受けている。」(IASB/FASB [2008a] para. QC30) と説明され、ベネフィット

に関しては、「財務報告情報は、資本市場のより効率的な機能および経済全体としての資本コストの低下につながる、よりよい意思決定を資本提供者が下すのに役立つ。個々の報告主体は、また、資本市場との緊密化、パブリックリレーションへの好ましい効果、そして恐らく資本コストの低下を含めた、ベネフィットを享受する。報告主体内部で利用された財務情報はしばしば、少なくとも部分的には一般目的財務報告を目的として作成された情報に基づいているため、ベネフィットには、よりよい経営意思決定も含まれるであろう。」(IASB/FASB [2008a] para. QC31) と説明されている。

6　むすびにかえて

本章では、公開草案における質的特性および制約条件の特徴を検討した。
表6-1は、本章において検討した2008年公表の公開草案における質的特性、その構成要素、および制約条件と2006年公表の討議資料におけるそれらとを一覧にした対照表である。網掛け部分は、公開草案において新たに導入された分類や質的特性ないしは構成要素であり、またあるいは討議資料とは

表6-1　討議資料と公開草案における質的特性

	討議資料		公開草案	
	質的特性	構成要素	質的特性	構成要素
質的特性とその構成要素	目的適合性	予測価値 確認価値 適時性	基本的な質的特性	目的適合性	予測価値 確認価値
	忠実な表現	検証可能性 中立性 完全性		忠実な表現	完全性 中立性 重大な誤謬がないこと
	比較可能性 理解可能性		補強的な質的特性	比較可能性 検証可能性 適時性 理解可能性	
制約条件	重要性 コストとベネフィット			重要性 コスト	

(出所) 各資料より著者作成

異なって位置付けられた質的特性である。

　大きな変更点としては、質的特性を基本的な質的特性と補強的な質的特性に分けたことである。このような変更は、質的特性間の相互関係の明確化を要望する討議資料へのコメントレターに対する両審議会の回答の一つでもある。

　財務情報の作成における質的特性の適用に関して、IASBとFASBは、質的特性を基本的な質的特性と補強的な質的特性との二つに分類する方法を導入することで、特定の階層構造もしく序列関係を構築することによって質的特性が硬直的に適用されたり、また反対に、特定の枠組みを設けないことによって質的特性が無秩序で場当たり的に適用されたりすることがないように配慮したものと考えられる。すなわち、目的適合性と忠実な表現を核とする枠組みを構築するとともに、補強的な質的特性という位置付けの導入によって弾力的な質的特性の適用を可能としたのである。

　この点で、質的特性の相互関係を明示していなかったIASB概念フレームワークや階層構造図を示しつつ質的特性の相互関係を説明していたFASB概念フレームワークとも異なる、新たな質的特性の相互関係を構築しているといえる。

　また、従来の質的特性においては、目的適合性と信頼性とがトレードオフ関係となる場合があり、例えば、公正価値測定のように目的適合的な情報の作成が可能な会計方法であっても信頼性の観点から許容されないこともあった。このようなトレードオフ関係に対しては、目的適合的であっても信頼性の低い情報を排除することができる、として積極的に評価する見解と[3]、信頼性の要件を満たさないため目的適合的な情報であるにもかかわらず提供できない、と否定的にとらえる見解の二通りがありうる。

　討議資料では忠実な表現の構成要素であった検証可能性が、公開草案では補強的な質的特性となった。そのため、目的適合性と忠実な表現との間では、従来、目的適合性と信頼性の間にみられたトレードオフ関係の生じる余地が減少するものと予想される。この点でも従来の質的特性の相互関係に変化をもたらしている。

　この他にも、補強的な質的特性が導入されるとともに、検証可能性および

適時性が独立した質的特性に位置付けられるなど、様々な改訂が加えられている。これら改訂は、討議資料に対するコメントレターの意見を取り入れたものもあれば、両審議会の見解に基づくものもある。また、多くのコメントレターで要望されていても、両審議会との見解の相違から取り入れられない改訂案も少なくない。

　2008年9月29日を締切日として、公開草案に対するコメントレターが募集されていた。その結果、信頼性に代わって導入された忠実な表現、公開草案で補強的な質的特性として採用された検証可能性と適時性、および新たな質的特性の相互関係を中心として142通のコメントレターが投稿されている。両審議会は、引き続きそれらコメントレターを参考として、公開草案に最終的な修正を加え、完成版を作成することとなる。

(注)

1　FASB からは、『公開草案 財務報告に関する概念フレームワーク：財務報告の目的および意思決定に有用な財務報告情報の質的特性と制約条件 (*Exposure Draft : Conceptual Framework for Financial Reporting: The Objective of Financial Reporting and Qualitative Characteristics and Constraints of Decision-Useful Financial Reporting Information*)』 (FASB [2008a]) と多少異なる文書名で公表されている。

2　ただし、実際には、概念フレームワークの第2章は「報告主体」となり、「財務情報の質的特性」に関しては第3章として公表されることになる。

3　例えば、ASBJ は討議資料に対するコメントレターにおいて「従来は、信頼性が目的適合性をチェックする機能を果たし、バランスの問題として、両者のトレードオフを決めることが会計基準設定の最大の問題と考えられてきた。したがって、信頼性を表現の忠実性に置き換えたときに、目的適合性との間にトレードオフがどのように働くか、あるいは表現の忠実性が目的適合性をチェックするよう機能するのかという点に懸念がある。」(ASBJ [2006b] p. 4) と、目的適合性と信頼性とのトレードオフ関係を積極的に評価しており、その関係が崩れることへの懸念を表明している。

〈引用文献〉

ASBJ [2006b]『ディスカッション・ペーパー「財務報告に関する改善された概念フレームワークについての予備的見解：財務報告の目的及び意思決定に有用な財務報告情報の質的特性」に対するコメント』、ASBJ。

FASB [2006a] *Preliminary Views, Conceptual Framework for Financial Reporting : Objective of Financial Reporting and Qualitative Characteristics of Decision-*

Useful Financial Reporting Information, Financial Accounting Series, No. 1260-001, FASB.

FASB [2007b] *Minutes of the May 2, 2007 Conceptual Framework Board Meeting*, May, 2007, FASB.

FASB [2008a] *Exposure Draft, Conceptual Framework for Financial Reporting : The Objective of Financial Reporting and Qualitative Characteristics and Constraints of Decision-Useful Financial Reporting Information*, Financial Accounting Series, No. 1570-100, FASB.

FASB [2008c] *Minutes of the February 20, 2008 Board Meeting, Objective and Qualitative Characteristics Phase*, February, 2008, FASB.

IASB [2006a] *Discussion Paper, Preliminary Views on an improved Conceptual Framework for Financial Reporting : The Objective of Financial Reporting and Qualitative Characteristics of Decision-useful Financial Reporting Information*, IASB.

IASB [2007b] *Project : Conceptual Framework, Subject : Phase A Redeliberations : Qualitative Characteristics of Decision-Useful Financial Reporting Information (Agenda paper 5), Information for Observers*, Board meeting, April, 2007, IASB.

IASB [2007c] *Project : Conceptual Framework, Subject : Phase A : Timeliness (Agenda paper 9a), Information for Observers*, Board meeting, June, 2007, IASB.

IASB [2008a] *Exposure Draft of An improved Conceptual Framework for Financial Reporting : Chapter 1 : The Objective of Financial Reporting, Chapter 2 : Qualitative Characteristics and Constraints of Decision-useful Financial Reporting Information*, IASB.

IASB [2008b] *Project : Conceptual Framework, Subject : Issues Arising During Drafting of Phase A ED and Phase D DP/PV (Agenda paper 3), Information for Observers*, Board meeting, February, 2008, IASB.

第7章 IASB/FASB共同概念フレームワーク『公開草案』の分析と考察

1 はじめに

　IASBとFASBの両審議会は、2008年5月29日に『財務報告に関する改善された概念フレームワークの公開草案：第1章：財務報告の目的、第2章：意思決定に有用な財務報告情報の質的特性と制約条件』(IASB [2008a]、FASB [2008a])(以下、公開草案もしくはIASB/FASB [2008a])を公表した。この公開草案は、2006年7月に公表された『討議資料・財務報告に関する改善された概念フレームワークについての予備的見解：財務報告の目的及び意思決定に有用な財務報告情報の質的特性』に修正を加えたものである。

　この公開草案は2008年9月29日を締切日として、討議資料と同様にコメントレターが募られている。そして、コメントレター受領後、投稿されたコメントを分析、検討し、さらに両審議会による審議の上、公開草案を修正した最終的な完成版の起草および公表が予定されていた。

　討議資料から公開草案にかけての質的特性に関する主要な変更点は、前章において指摘されているように、質的特性を基本的な質的特性と補強的な質的特性とに分ける分類方法の導入、検証可能性および適時性の独立した質的特性としての採用、忠実な表現の構成要素への重大な誤謬がないことの組込みなどがある。

　上記締切日までに両審議会は、これら変更点へのコメントを中心に公開草案に対する142通のコメントレターを受領した[1]。討議資料に対するコメントレターが179通であったことと比べると20%超の減少である。しかし、同じ共同概念フレームワーク改訂プロジェクトのフェーズB「報告主体(reporting entity)」の公開草案に対するコメントレターが114通であることと比べれば決して少ないとはいえず、依然として多くの関心を集めているといえる。

また日本国内においても討議資料および公開草案に対するレスポンスとして多数の研究論文が公表されている[2]。

本章においては、公開草案へのリアクションとしてのコメントレターを検討するとともに、公開草案の基底にある IASB および FASB の企図する会計上の方向性を考察する。

以下においては、まず、公開草案へのコメントレター投稿者の種別および地域別による投稿数とその特徴を概観する。次に、投稿されたコメントレターをもとに、公開草案に対して賛否いかなる見解が提示され、何が問題視されているのか、主要な論点を整理、検討する。またそれと同時に、それらコメントに対して両審議会がどのような見解を持ち、最終的な完成版の作成方針を採ることとしたのかを明らかにする。そして最後に公開草案から窺える両審議会の目指す会計上の方向性を考察する。

2　コメントレター投稿者のバックグラウンド

IASB と FASB は、公表した公開草案に対して、公認会計士協会等の専門職団体、個人、財務報告の作成者、基準設定主体、投資者・アナリスト・利用者、会計事務所、研究者、規制主体、およびその他組織（非営利組織、公共部門）から、合計142通のコメントレターを受け取った。具体的な投稿者ないしは投稿組織の名称は、章末の表7－3において一覧表示されている。

IASB と FASB が、討議資料および公開草案へのコメントレター投稿者の種別および地域別による投稿数とその比率をまとめたものが表7－1および表7－2である[3]。

まず表7－1を概観すると、公開草案（ED）に対するコメントレターの投稿数が最も多かったグループは、32通のコメントレターを投稿した専門職団体で、全体の23%を占める。専門職団体による討議資料（DP）へのコメントレターは、3番目に多い27通で全体の15%であり、討議資料、公開草案を通じて継続的に概念フレームワークの改訂に高い関心を寄せているといえよう。次いで多いのが個人からのコメントレターで27通と全体の20%、その次が作成者からの16通で12%である。一方、最も投稿数の少ないグループは会

表7-1 コメントレター投稿者の内訳

コメント投稿者の種類	DP投稿数	(%)	ED投稿数	(%)
専門職団体	27	(15)	32	(23)
個人	20	(11)	27	(20)
作成者	29	(16)	16	(12)
各国基準設定主体	22	(12)	15	(10)
投資者／アナリスト／利用者	33	(18)	12	(8)
会計事務所	8	(5)	7	(5)
研究者	18	(10)	7	(5)
規制主体	10	(6)	7	(5)
その他（非営利組織、公共部門）	12	(7)	16	(12)
合計	179	(100)	139	(100)

DP：討議資料　ED：公開草案
(出所) IASB [2007a] pp. 1-2およびIASB [2008d] p. 2をもとに著者作成

表7-2 コメントレター投稿者の地域別内訳

地域	DP投稿数	(%)	ED投稿数	(%)
ヨーロッパ	88	(49)	62	(44)
北アメリカ	43	(24)	38	(28)
国際的組織	24	(13)	17	(12)
豪州・ニュージーランド	13	(7)	10	(7)
アジア太平洋（豪州・ニュージーランドを除く）	8	(5)	8	(6)
アフリカ	3	(2)	3	(2)
中東	0	(0)	1	(1)
合計	179	(100)	139	(100)

DP：討議資料　ED：公開草案
(出所) IASB [2007a] pp. 1-2およびIASB [2008d] p. 2をもとに著者作成

計事務所、研究者および規制主体でそれぞれ投稿数が7通と全体の5％である[4]。

討議資料へのコメントレター数と公開草案へのそれとを比べると、全体として投稿数が減少している。とりわけ、投資者、アナリストといった財務報告利用者や作成者からの投稿数が大きく減少している。その一方で、個人や専門職団体からの投稿数は増加している[5]。また、討議資料、公開草案の双方に投稿している投稿者も相当数いる。

次に、コメントレター投稿者を地域別に分類した場合、表7-2のような

内訳となる[6]。コメントレター投稿数が最も多い地域は、ヨーロッパからの62通で44%、次いで北アメリカが38通で28%、国際的組織が17通で12%である。

討議資料に対するコメントレター数と比較すると多少の変化はあるものの、ヨーロッパからのコメントレターの比率が高い状況に変わりはない。一方、北アメリカからのコメントは主に米国とカナダ、とりわけ米国からのものが大多数であり、一国からのコメントレターとしてはかなり多い。自国の概念フレームワークの改訂であるから関心が高いのは当然であろう。IFRS適用国についても同様なことがあてはまり、それゆえにヨーロッパ、豪州、ニュージーランドからのコメントが多いものと考えられる。

3 公開草案に対するコメントレターの分析と両審議会の対応[7]

以下においては、質的特性の構成と分類、各質的特性とその構成要素、各制約条件、および質的特性の相互関係に論点を分け、それぞれの論点に対する主要なコメントを紹介、検討する。また合わせて、それら項目に対する両審議会の見解および完成版に向けての対応方針を明らかにする。

3-1 質的特性の構成および分類

公開草案では、質的特性を基本的な質的特性と補強的な質的特性とに分類し、目的適合性および忠実な表現を基本的な質的特性として、比較可能性、検証可能性、適時性、および理解可能性を補強的な質的特性として位置付けている。また、全般的な制約条件に重要性とコストを含めている。

多くのコメントレターにおいて、上記のような分類に対する支持が表明されるとともに、それら質的特性と制約条件の区別が質的特性や制約条件の適用方法の理解に役立ったと回答されている (CL3: Ceriani & Frazza 他)。

しかしその一方で、上記分類に対する批判的な見解も投稿されている。批判的な見解には以下のようなものがある。

(a) 分類が恣意的で役に立たない。(CL26: BAA FARSIG 他)
(b) 質的特性を二つに区分する理由の説明が不足している。(CL112: Hun-

dred Group 他）
  (c) 特性それぞれが等しく重要であり、したがって、すべての質的特性を充足すべきであるにもかかわらず、当該分類を適用した場合、補強的な質的特性が任意に適用可能な特性とみなされる恐れがある。(CL89：BDO International 他)
  (d) どの質的特性が最も重要であるかは一義的には決まらず、状況によって相違する。(CL112：Hundred Group)
  (e) 公開草案の主旨に従うならば、質的特性を2種類に分類するのではなく、①目的適合性、②忠実な表現、③比較可能性、検証可能性、適時性、理解可能性の3種類に区分することが適切である。(CL117：KASB)

また、多くのコメントレターにおいて、以下のような質的特性の位置付け変更や追加が提案される。
  (a) 理解可能性の基本的な質的特性への格上げ（CL42：Ernst & Young 他）
  (b) 検証可能性の基本的な質的特性への格上げ（CL28：ICAEW 他）
  (c) 慎重性ないしは保守主義の採用（CL102：ICAC 他）
  (d) 実質優先性の採用（CL128：IMA 他）
  (e) 真実かつ公正な概観の明示（CL124：PASC 他）
  (f) 透明性の採用（CL88：Reis & Vaccaro 他）

以上のように、コメントレターでは質的特性の構成および分類について公開草案とは異なる多様な見解が表明される。しかし、両審議会は、そのような相違する見解がある一方で、他の多くのコメントレターにおいて賛同の意が示されていることを根拠として、原則として公開草案通りに質的特性を構成、分類することを検討している（IASB [2009a] para. 9、FASB [2009b] p. 5）。

なお、分類が恣意的である、説明が不十分であるなどの批判に対して、IASBは、コメントレターの検討プロセスにおいて、FASB [1980] では目的適合性と信頼性を優先的特性（primary qualities）に、比較可能性を二次的特性（secondary quality）に位置付けていること（FASB [1980] para. 33、同訳書 pp. 76-78）などを引き合いとして、公開草案のように質的特性を分類することは恣意的でもなければ、目新しいことでもないと反論している（IASB [2009a] para. 11）。

また、完成版の起草に際しては、公開草案の結論の根拠における文言を本文に記載するなど説得的な説明を明示することで、質的特性の分類に否定的な見解に対応することを計画している（IASB [2009a] para. 9）。具体的には、基本的な質的特性が優先的に考慮されること、目的適合性と忠実な表現とが相互にバランスをとること場合もあること、補強的な質的特性は基本的な質的特性のバランスあるいは情報の表示方法に影響を及ぼすこと、といった基本的な質的特性と補強的な質的特性の関係を明示的に説明することが必要であると述べている（IASB [2009a] para. 10）。

3-2　基本的な質的特性
(1)　目的適合性

コメントレターにおいて目的適合性を基本的な質的特性とすることに対する反対意見はほとんど表明されていない。しかし、一部のコメントレターでは、公開草案において目的適合性に忠実な表現よりも高い優先性が付与されていると解釈できることへの懸念が表明されている（CL5：ANZ 他）。

加えて、複数のコメントレターで、目的適合性の定義に蓋然性（probability）概念を取り入れることが要望されている（CL37：DRSC 他）。これは、目的適合性の定義に「相違を生じさせることができる（capable of making a difference）」という表現が用いられていることに起因する。「相違を生じさせることができる」とすると目的適合性の許容範囲が広範となり過ぎるので、例えば「合理的に予期される（reasonably expected）」という表現の採用などが提案される（CL37：DRSC）。

また、大多数の投稿者が、目的適合性の構成要素としての予測価値と確認価値の意義が適切である旨のコメントを回答している（CL17：ICAI 他）。しかし、その一方で、財務報告は可能な限り適切な過去の表示であるべきとの考えから、予測価値を過度に強調すべきではないとのコメントも投稿されている（CL89：BDO International）。

(2) 忠実な表現
1) 忠実な表現の採用と意義

多くのコメントレターにおいて忠実な表現を基本的な質的特性とすることに賛意が示されている（CL9：Securities Commission of New Zealand 他）。なかには、討議資料の段階では忠実な表現の採用に反対を表明していたが、討議資料へのコメントレターにおいて信頼性が多様に解釈されていることを目の当たりにし、反対意見を翻意し、信頼性を忠実な表現に置き換えることに賛意を示すに至った旨をコメントした投稿者もいる（CL24：Swiss GAAP FER）。また、賛意は表明するが、忠実な表現についてのより明示的な説明を取り入れることなどを要望するコメントも投稿されている（CL7：HoTARAC 他）。

しかし、一方で、討議資料に対するコメントレターでも多数投稿されていたように、両審議会が信頼性を忠実な表現に置き換える合理的な根拠を適切に示していないなど、忠実な表現の採用に対する批判的見解もまた数多く投稿されている（CL35：ASBJ 他）。

「われわれは、財務諸表の品質を損なうであろうことから、基本的な質的特性としての信頼性の忠実な表現への置換えを支持しない。代わりに信頼性に関して把握されている問題は明示的な説明によって解決しうる（およびすべき）であろう。」（CL12：IDW）

また、多くのコメントレターにおいて、以下のような忠実な表現と信頼性の意義の相違点が指摘される。

(a) 信頼性のほうが忠実な表現よりも広い概念であり、したがって、忠実な表現は信頼性の主要な要素すべてを包含しているわけではない。
（CL5：ANZ 他）
(b) 信頼性を支える下位概念が忠実な表現の下位概念と異なっているため、両者は異なる概念である。（CL35：ASBJ 他）
(c) 経済現象を表現するにあたって、信頼性の概念は、ある情報、特に測定値に関連する不確実性の観点を取り込んでいる。（CL13：Roche 他）
(d) 信頼可能な情報の主要な特徴は、忠実な表現の特徴にはない、「頼られうる（can be depended upon）」ことにある。（CL41：ICAS）
(e) 忠実な表現の焦点は経済現象の描写にあるとされるが、信頼性は経済

現象自体の評価の意味合いを持つ。(CL29: Freudenberg & Co.)

そして、上記のような相違点があることから信頼性から忠実な表現への置換えは、単なる用語の置換えではなく、信頼性とは異なる意義を持つ質的特性の採用であると主張される。このため、それらコメントレターの多くでは従来の信頼性の採用を支持する旨が表明される。

このような忠実な表現の採用への否定的な見解に対して、両審議会は、多くのコメントレターにおいて両審議会の意図とは異なって信頼性が理解されていることが改めて明らかになったとして、信頼性に代わって忠実な表現を採用し、さらに忠実な表現の説明を結論の根拠ではなく本文に記載する方針を示している (IASB [2009a] paras. 36-37)。

2） 忠実な表現の構成要素

経済現象の忠実な表現は、完全で、中立的で、重大な誤謬がないことであるべきという定義に多くのコメントレターが賛意を表明している (CL9: Securities Commission of New Zealand 他)。

しかし、その一方で、完全性、中立性、および重大な誤謬がないことといった構成要素をどのように達成するかについての追加的な指針の提供が要望される (IASB [2008d] para. 53)。さらには、完全性および中立性については絶対性が要求されているため、それらの達成は不可能であるというコメントも投稿されている (CL4: The Charity Commission for England and Wales)。

また、討議資料に引き続き、実質優先性を忠実な表現の構成要素もしくは独立した基本的な質的特性として明示的に採用することを要望する見解が多数寄せられている。

「われわれは、実質優先性は原則主義会計の達成の核になると捉えている。忠実な表現の構成要素としての実質優先性概念の欠如は、現行の会計制度においてより多くの規則が必要とされることにつながるであろう。そしてそのことは、IASBによる原則主義財務報告基準の開発努力を損なうことになりうる。」(CL21: Hong Kong ICPA)

両審議会は、忠実な表現の構成要素として、完全性、中立性、および誤謬がないこと（無誤謬性）を採用し[8]、それらの定義にあたっては必ずしも絶対性を求めないという方針を打ち出している (IASB [2009a] para. 14.a)。

3) 完全性

公開草案において、忠実な表現は、「経済現象の描写が、完全で、中立で、かつ重大な誤謬がないときに達成される」(IASB/FASB [2008a] para. QC7) ことが示され、その上で、完全性について「表現しようとする経済現象の忠実な表現に必要なすべての情報が含まれている場合、経済現象の描写は完全性を有する。」(IASB/FASB [2008a] para. QC9) と定義される。このように忠実な表現であるために完全性が要求される一方で、完全性の定義に忠実な表現が含まれるため、この関係をもって、両特性の定義が循環論になっており、不明瞭であると指摘される (CL98: CINIF 他)。このような指摘は中立性についてもなされる (CL98: CINIF)。

また、前述のように完全性の達成に対して、「表現しようとする経済現象の忠実な表現であるために必要な全情報の包含を要求する完全性は、コストと重要性の制約があるために実務上、達成は困難である。」(CL5: ANZ) と否定的な見解が示される。

上記の問題に対して、両審議会は前述のように完全性を操作的に定義することで対応することを表明している (IASB [2009a] para. 14. a)。

4) 中立性

多くのコメントレターにおいて中立性の定義は適切であるとの見解が示されるが、しかしその一方で、中立性の定義の修正を求めるコメントもみられる。例えば、前述のように中立性の定義が忠実な表現の定義との関係で循環論となっている点の修正 (CL98: CINIF)、あるいは、中立性の定義に不確実な状況や見積りにおける合理的でバランスのとれた専門的判断の余地を認める内容の追加 (CL82: Basel Committee on Banking Supervision) などといったものである。

加えて、多くのコメントレターにおいて、そもそも中立性の達成は不可能であるとする見解が示されている。その根拠は、情報は目的を持って初めて目的適合性を有するため、あるいは、財務報告は意思決定に影響を与えることが意図されているため、結果として、情報は中立的となりえないというものである (CL25: Liu 他)。

討議資料に対するコメントレターでは、中立性との関連で慎重性もしくは

保守主義を質的特性に取り入れることが多数要望されていた。公開草案に対するコメントレターにおいても、慎重性または保守主義の採用を要望する明示的なコメントは依然として多い（CL87：CNC 他）。しかしながら、投稿数としては、討議資料と比べると減少傾向にある。また、少ないながらも慎重性や保守主義を取り入れないことに賛意を表明するコメントも寄せられている。ただしそのような場合でも、資産の認識や資産および負債の測定に際しては何らかの警告を付することを条件として掲げている（CL17：ICAI）。

　また、偏向が忠実でない表現を回避するために適切に利用されるような状況があるにもかかわらず、偏向が常に望ましくないとするのは誤りであるという意見も寄せられている（IASB [2008d] para. 58）。この見解は、慎重性や保守主義が採用されていないことを暗黙的に批判しているものと考えられる。

5）重大な誤謬がないこと

　公開草案では、忠実な表現であっても検証可能でない情報がありえるため、忠実な表現の構成要素から検証可能性が外された。そして、その代わりに、必要最低限の正確さを保証する特性として重大な誤謬がないことが採用されたと考えられる。しかし、ある情報が検証可能でない場合には、重大な誤謬がないかどうかも確認できない場合がありえる。そこで、重大な誤謬がないことを採用するためには、検証可能でない場合に、重大な誤謬がないことをどのように判断するのか、説明する必要があることが指摘されている（CL113：AcSB）。

　また、検証可能性は重大な誤謬がないことよりも広い概念であるため、重大な誤謬がないことよりも、検証可能性のほうが忠実な表現の構成要素として相応しいという見解（IASB [2008d] para. 61）、あるいは重要性とコストの観点から、重大なという単語を取り除き、誤謬がないこととすべきであるとする見解（IASB [2008d] para. 60）なども示されている。

　これに対して、両審議会は、公開草案では忠実な表現の構成要素として採用されていた「重大な誤謬がないこと」を、完成版では「重要な」を外し、「誤謬がないこと（無誤謬性）」へと改称することを検討している（IASB [2009a] para. 14.a)。

3-3 補強的な質的特性

(1) 比較可能性

比較可能性の意義に対する批判的見解は少なく、多くの賛意が得られている。(CL80：NYSSCPA 他)

そのような中、比較可能性に代えて首尾一貫性を補強的な質的特性とするべきであるとの見解も表明されている。

「比較可能性は目的であり、首尾一貫性がその目的を達成するための手段であるとしており、比較可能性が質的特性として求めているのは首尾一貫性であり、比較可能性自体では補強的質的特性として実質的な内容がないと考えられる。」(CL55：JICPA、JICPA [2008] p. 4)

(2) 検証可能性

検証可能性に対しては賛否多くのコメントが寄せられている。

まず、検証可能性の意義に対しては、公開草案においてその意義が十分に説明されていないと指摘するものがある (CL77：PwC 他)。例えば、検証可能性は監査可能性を包含するのか (CL1：Ketz 他)、情報は誰の手によってどのように検証されるべきなのか (CL76：Nassar 他)、などといった疑問に対する回答が求められている。

また、適切な直接的検証方法がある場合には、間接的な検証よりも、直接的な検証が選好されるべきである旨を明記すべきであるなど、検証方法に対するコメントも投稿されている。

「われわれは、経済現象の合理的な直接的検証方法があるならば、当該方法が、同じ現象の間接的な検証方法よりも適切であると考える。そのため、基準設定主体が、直接的に検証可能な測定値と開示が作成される基準の開発を指向することが望ましい。したがって、われわれは、直接的な検証を指向する内容となるような検証可能性の記述の修正を審議会が検討することを推奨する。」(CL133：PCAOB)

次に、検証可能性を補強的な質的特性ではなく、基本的な質的特性に位置付けるべきである、あるいは忠実な表現の構成要素として位置付けるべきであるというコメントも数多く投稿されている (CL77：PwC 他)。

「仮に、検証可能性を基本的特質から外し、補強的特質に格下げすることになれば、現行と比べて会計数値のバラツキや偏りは拡大することになる。これは投資家の会計数値に対する信頼を低下させることになり、会計情報の意思決定有用性を減少させることになる。また、表現の忠実性の下位概念には中立性、重大な誤謬がないことが挙げられているが、中立であること、重大な誤謬がないことを確認するためには、それらの判定基準となる検証可能性が必要である。(中略) 何がレリバントな情報であるかを先験的に決めることはできないし、レリバントとされた情報の測定値を表現の忠実性の観点から一義的に決めることも難しい。このような状況にある限り、検証可能性を基本的特質に残しておくことが、投資家の会計情報に対する信頼を確保することになる。」(CL35：ASBJ、ASBJ［2008］pp. 8-9)

「検証可能性を徹底すると情報が除外され情報量が減少する可能性もあるが、検証可能性は会計情報が表現していることについての保証を与えるものであり、表現の忠実性の構成要素と考えるべきである。」(CL55：JICPA、JICPA［2008］p. 3)

また、あるいは、検証可能性ではなく、客観性（objectivity）、支持可能性（supportability）、もしくは実証された（evidenced）などの用語の利用の提案もなされている (CL26：BAA FARSIG、CL107：Nestlé)。

(3) 適時性

適時性は、もともと討議資料では目的適合性の構成要素とされていたが、公開草案では補強的な質的特性とされている。このような変更に対する批判的見解が表明されている (CL7：HoTARAC 他)。その根拠としては、情報を利用者に即時に提供することは忠実な表現を損なう可能性があること (CL17：ICAI)、適時性を欠く情報は目的適合性および意思決定プロセスへの影響力を喪失するため補強的な質的特性とはいえないこと (CL87：CNC) などが挙げられる。

(4) 理解可能性

理解可能性の質的特性としての位置付けに関して、理解可能ではない情報

は有用ではないことから、理解可能性は補強的な質的特性ではなく、基本的な質的特性とされるべきであるというコメントが少なからず投稿されている (CL42 : Ernst & Young 他)。

「われわれは、『理解可能性』を『補強的な質的特性』の位置に格下げすることに大きな懸念を感じている。われわれにとってそれは基本的なものである。理解可能ではない情報がどのような意味において目的適合的でありえるであろうか。われわれは理解可能性の地位を上げ、基本的な質的特性として位置付けることを強く推奨する。」(CL13 : Roche)

また、公開草案における理解可能性の意義についての説明が不十分であるというコメントレターが投稿されている。

加えて、理解可能性のレベルについて相反する2種類の見解が寄せられている。

一つは、公開草案における理解可能性の記述が利用者にのみ負担を強いており、そのような負担を軽減することが理解可能性の向上につながるという見解である (CL12 : IDW 他)。

「われわれは理解可能性に関する記述に不賛成ではないが、理解可能性は利用者に理解のためのあらゆる負担を課しているように思われる。基準設定主体に財務報告における必要以上に複雑な要求を禁ずる必要性、および作成者が相当に明瞭な情報と状況に応じた追加的な説明で利用者を補助することの必要性を強調することが重要であると考える。」(CL28 : ICAEW)

対照的なもう一方の見解は、財務報告が、万人ではく、会計および財務についての知識を有するものにとってのみ理解可能であることを明記すべきであるとする見解である (CL17 : ICAI 他)。

「過度に簡略化して情報を表示することは、情報の目的適合性が損なわれるため、不可能である。それゆえ、利用者は複雑な問題に対する専門家の助言を求めるべきであり、基本的なビジネスを理解できるようになるべきである。」(CL17 : ICAI)

さらに上記のような見解に加えて、理解可能性のレベルを下げ、簡易化すると、専門知識を有する財務報告利用者にとっての利便性が低下することを懸念する、下記のような見解もある。

「両審議会は、財務報告書を読むためには相応の知識が必要であることを強調するために『利用者』という用語を『利用者とアドバイザー』に置き換えることを要望する。実際、会計および財務に関する相当な教育と経験なしに、今日の財務諸表の内容を理解することは利用者にとって不可能であろう。反対に、財務報告書を企業に関する新聞記事と同様に大衆が読解可能なように程度を下げることは、知識を持つ投資者や貸付者に対する財務諸表やその脚注の実用性が損なわれるため適当ではない。」(CL1：Ketz)

しかし、このような見解とは対極的に、十分な専門知識は何によって形成されるのかという実務上のベンチマークを提供し、また、財務情報の理解に十分な専門知識以上の専門性が求められるように窺えるため、公開草案における「利用者がアドバイザーの助力を求める場合もあるかもしれない。」(IASB/FASB［2008a］para. QC24) という文章の削除を求める提案もなされている (IASB［2008d］para. 71)。

なお、審議会は、理解可能性を基本的な質的特性とした場合、目的適合的で忠実な表現であるかなり複雑な経済現象についての情報が除外される可能性があるが、理解可能性を補強的な質的特性とすることで、そのような理解困難な情報が可能な限り明瞭に表示、説明されることになるとして、理解可能性を補強的な質的特性とすることの意義を説明している (IASB ［2009a］para. 18)。

3-4　全般的な制約条件
(1)　制約条件

ほとんどのコメントレターにおいて重要性とコストとを制約条件とすることに賛意が示されている。しかし、なかには、重要性は制約条件ではないこと (CL13：Roche他)、質的特性間の衡量の必要性を制約条件とすること (CL29：Freudenberg & Co.他)、および簡潔性、効率性、操作可能性あるいは実行可能性のような新たな制約条件の追加を考慮すること (CL30：Oosterveen、CL107：Nestlé) などへの要望がコメントされている。

(2) 重要性

　重要性の意義について、コメントレターでは、重要ではない情報が財務諸表に記載されると、その他の情報の理解可能性が損なわれるため、重要ではない項目は財務諸表に記載すべきでないことを強調するべきであるという見解が多数寄せられている (CL120：ASB 他)。

　さらに、重要性が、定量的な観点のみならず、定性的な観点からも適用されることを要望する以下のようなコメントレターも投稿されている。

　「われわれは、(『金額』を重要性の唯一の決定要素とするのではなく) 重要性が取引の『性質』と『金額』の両方を対象とする提案を支持する。われわれは重要性の対象に『性質』を含めることは現行フレームワークよりもより適切なものであると考える。現行フレームワークでは、『性質』は目的適合性との関連で説明され、そして、性質が目的適合的な項目が、取引もしくは項目の『金額』を唯一の決定要素とする重要性に基づき処理される可能性がある。」
(CL9：Securities Commission of New Zealand)

　また、重要性の位置付けについては、制約条件とすることへの賛同を示すコメントレターがある一方で、数通のコメントレターにおいて、制約条件ではないという見解が表明されている。

　そのような見解の一つとしては、情報が重要でなければ、目的適合的ではないため、重要性は制約条件というよりもむしろ目的適合性と同じ役割を果たしているとするものである (CL99：AAA 他)。あるいは、公開草案における重要性の定義において「意思決定に影響を与えることができる (could influence decisions)」と表現されているため、目的適合性と重要性は意味上、同義であると解釈する見解もある (CL18：Grant Thornton)。その他に、重要なもの以外が開示されるとかえって目的適合的でなくなる可能性があることから重要性を目的適合性の構成要素とみなしうることも指摘されている (CL55：JICPA)。

　さらに、重要性は制約条件としてのコストと関連することも指摘されている。

　「重要性は、QC28項が指摘するように、忠実な表現を検討する際に、重要な省略又は誤表示がないという観点から考慮される。このことは、財務報告

の制約を示しているというよりは、識閾、あるいは基準を示しているのではないかと考えられる。むしろ、重要でないものを省略するということは、重要なものに限定してコストの負担を避けるという意味であり、もう一つの制約条件であるコストのなかに既に含まれていると考えられる。」(CL55: JICPA、JICPA [2008] p. 4)

　審議会は、上記のような重要性が目的適合性およびコストと関連するという見解に同意はするものの、一方で重要性を独立した制約条件とすることが、実務上、広く浸透していることから、一時は財務報告の制約条件とする方針を固めた (IASB [2009a] para. 26)。しかし、その後、再検討され、重要性の意義が目的適合性の意義と重複することから、重要性を制約条件ではなく、目的適合性の一部とみなす方針が示されている (IASB and FASB [2010a] paras. 10-11)

(3) コスト

　多くのコメントレターがコストを制約条件とすることに賛同している。
　審議会もこのような状況に基づき、公開草案の文言を大きく変更する必要はないとの見解を示している (IASB [2009a] para. 22)。

3-5　質的特性の相互関係

　公開草案では、まず、目的適合性の適用によって財務報告書においてどの経済現象が描写されるべきかが識別され (IASB/FASB [2008a] para. QC12)、次いで、忠実な表現の適用によってどの当該現象の描写が最も目的適合的な現象と一致しているかが決定される (IASB/FASB [2008a] para. QC13)、という基本的な質的特性の適用プロセスが示されている。しかし、このような質的特性の相互関係および適用方法に対する反対意見が多数表明されている。

　そのような見解の一つとして、目的適合性と忠実な表現を等しく適用すべきであるとするものがある (CL80: NYSSCPA 他)。

　「われわれは、以下のように基本的な質的特性が適用されるべきであると考えるため、当該プロセス設計に不賛成である。まず第1段階として、財務

報告書が提供すべき情報である経済現象が識別される。この識別において目的適合性が規準として適用されることに賛同する。続く段階では、第1段階で識別された意思決定に有用な情報を提供する経済現象の描写が識別される。この第2段階では、目的適合性と忠実な表現の両特性が、どちらが優先ということでもなく、または一方よりも先に適用されることもなく、等しく適用される。（中略）われわれのプロセス設計では、意思決定に有用な情報の識別において、目的適合性が忠実な表現よりも先に適用されないことが明示される。」(CL37：DRSC)

その他に多く投稿されている見解として、目的適合性と忠実な表現におけるトレードオフ関係の活用を推奨する見解がある（CL19：AFRAC他）。例えば、以下のコメントレターのように、目的適合性と忠実な表現（ないし信頼性）の間に序列は設けず、基準設定主体等による専門的な判断のもと両者の衡量を図ることが提言されている。

「質的特性間の相互関係のさらなる理解のために、質的特性間のトレードオフ関係についての議論がもっとなされるべきである。例えば、目的適合性と忠実な表現のトレードオフ関係は一般目的財務報告の目的と適合させるためにも必要となる。われわれは提案されたフレームワークにおいて目的適合性が忠実な表現よりも高く評価されていることを懸念している。（中略）われわれは、それよりも、目的適合性と（忠実な表現と置き換えた）信頼性が等しく重視され、特定の状況における両者の相対的な重要性の決定に専門的な判断が適用されることを希望する。」(CL5：ANZ)

同様に、従来通りトレードオフ関係を認めることで、より多くの有用な会計情報を提供することが可能になるという見解も示されている。

「現行のフレームワークの下では、レリバンスと信頼性との間には、トレード・オフの関係が認められ、両特性は相互補完的な関係でとらえられてきた。（中略）このような仕組みの下では、たとえ両方の特性をともに十全に満たす情報が存在しない場合においても、なお、両特性の組み合わせで有用な会計情報を提供し得るような会計基準の設定が可能になり、今回の提案の枠組みの下で提供されるよりも、より多くの有用な会計情報の提供が可能になるものと考える。レリバンスと表現の忠実性とを常に、ともに満たすことを

求める今回の改訂案の仕組みに変更した結果、現状報告されている、必ずしも検証可能性を十全に満たすとは言い難い経営者の裁量（意見や意図）を反映した会計情報が提供できなくなるという問題が、表現の忠実性の下位概念から検証可能性を除外せざるを得なかった理由であると推察する。しかし、両特性の関係について、現行フレームワークにおける相互補完的な関係を維持すれば、レリバントな情報である限り、必ずしも検証可能性を十全に満たさなくても提供できることになる（以下、省略）。」(CL35：ASBJ、ASBJ [2008] pp. 10-11)

このようにSFAC第2号（FASB [1980]）にもみられるトレードオフ関係を利用し、質的特性を柔軟に適用することを積極的に評価する見解は、討議資料に対するコメントレターにおいてもみられ、根強い支持を得ている。

その一方で、少数ながらも、討議資料から修正され、公開草案では目的適合性と忠実な表現に同等の重要性を持たせつつ、非暗黙的な階層関係を構築しているとして、当該修正を評価するコメントもある（CL82：Basel Committee on Banking Supervision）。

また、目的適合性と信頼性を基本的な質的特性とし、予測価値、確認価値および重要性を目的適合性の、完全性、中立性、検証可能性および忠実な表現を信頼性の構成要素とした上で、比較可能性と理解可能性を補強的な質的特性とする階層構造図を作成し、提案するコメントレターもみられる（CL98：CINIF）。なお、その場合、適時性、コスト、および質的特性間の衡量が制約条件とされる（CL98：CINIF）。

両審議会は、最終的な完成版では質的特性の相互関係をより明示する方針であることを示している。具体的には、基本的な質的特性が優先的に考慮されること、目的適合性と忠実な表現とが相互にバランスをとる場合もあること、補強的な質的特性は基本的な質的特性のバランスあるいは情報の表示方法に影響を及ぼすこと、といった基本的な質的特性と補強的な質的特性の関係を明示的に説明することが必要であると認識している（IASB [2009a] para. 12）。

4　公開草案にみる両審議会の方向性

　本章ではここまで公開草案に対するコメントレターを整理、検討したが、以下においてはコメントレターを離れ、公開草案における質的特性の改訂の基底にあるIASBとFASBの会計的な方向性について考察する。
　日本国内でも公開草案を対象とした研究論文が数多く公表されている。
　例えば、桜井［2009］では、忠実な表現を基本的な質的特性とする改訂について、「公開草案が検証可能性を格下げし、信頼性に代えて表現の忠実性を基本的特性とする形で、信頼性や検証可能性を軽視した議論が展開されるのはなぜか。考えられる1つの理由は、測定者の主観に大きく依存するため検証可能性のない測定値でも、それが経済的事実の忠実な表現を意図するものである限り、財務諸表での積極的な認識を可能にするための方策として、質的特性の体系が変更されようとしていることである。」（桜井［2009］p. 182）と、信頼性と検証可能性を軽視するものとして批判的な見解が示される。
　というのも、「質的特性の改訂は、信頼性や検証可能性が十分ではない測定値でも、積極的に財務諸表に反映させるための準備段階の意味合いが強い」（桜井［2009］pp. 182-183）ことが窺われ、そのため、例えば、目的適合性を根拠とした「自己創設のれんを無形資産としての計上することが望ましいという議論につながること」（桜井［2009］p. 182）が懸念されている。加えて、「事業用資産について信頼性ある測定のために採用されている取得原価を放棄して、資産の現在の価値を忠実に表現するという口実で、全資産を公正価値で測定すべきであるという議論に突進してしまうおそれ」（桜井［2009］p. 183）があることも危惧されている。
　以上のように、桜井［2009］は、信頼性に代わって忠実な表現を採用する質的特性の改訂を公正価値会計の導入を正当化するための基盤構築の一環であると位置付けている。
　また、藤井［2009］では、「公開草案で示された質的特性の改訂案は、信頼性の評価過程からの検証可能性の排除という指向性を有するものであったが、その指向性の基底にあるのは、実務に広くみられる信頼性の解釈の『多

様性』を解消しようとするFASB/IASBの意図であった。その解釈の『多様性』は、間接的検証に依拠した検証可能性や測定の正確性を相対的に重視する観点を包含するものであった。かかる観点のもとでは、歴史的原価の配分にもとづく会計測定が容認され、あるいはむしろ推奨されることになる。そうした会計測定からは計算擬制的項目と組織的配分額が生み出され、それにともなって『財務報告における会計測定値または記述』と『それらが表現しようとする経済的現象』の乖離が生じる。（中略）その乖離を解消することこそが、概念フレームワーク共同プロジェクトの主要課題の1つであった。」（藤井［2009］p. 100）と、質的特性の改訂は、財務情報と現実世界との乖離の解消というIASBとFASBの問題意識に起因すると分析されている。そして、このような改訂の基底には、「制度設計のアンカーを現実世界の経済的現象に求めようと」（藤井［2009］p. 101）する思考があるという[9]。加えて、「資産負債アプローチにおいては、『財務報告における会計測定値または記述』と『それらが表現しようとする経済的現象』の『対応』ないし『一致』、すなわち忠実な表現が、当該アプローチの成立そのものを支える本源的要請になっている。」（藤井［2009］p. 105）と述べられている。資産負債アプローチのもと、現実世界の経済現象の帰結である経済的資源・義務をアンカーとし、報告主体にかかわる経済現象を財務報告における会計測定値または記述として表すならば、それら会計測定値または記述は、忠実な表現でなくてはならない（藤井［2008］p. 105、図6-4）。

　さらに藤井［2009］では、「今日、会計基準のコンバージェンスの局面を迎えて、FASB/IASBは資産負債アプローチの意義を再確認するとともに、当該アプローチの本来の趣旨をより徹底させる形で概念フレームワークの改訂作業を進めようとしているのである。（中略）記述的制度設計から規範的制度設計への制度設計方式の転換を今まで以上に明確なものにし、規範的制度設計を今後さらに一層強力に推し進めていこうとするFASB/IASBの強固な決意を物語っているといえるであろう。信頼性から忠実な表現への差替えと、忠実な表現からの検証可能性の排除という改訂案は、会計制度形成のそうした方向性を象徴的に示唆するものとなっている。改訂草案で示された一連の改訂案の本質は、このような点に見出すことができるであろう。」（藤井

[2009] p. 106) と分析されている[10]。

　忠実な表現の採用に関しては、討議資料、公開草案を通じてコメントレターで非常に多くの反対意見あるいは批判的見解が表明されているにもかかわらず、両審議会がぶれることなく採用を推進している。したがって、忠実な表現は、両審議会が想定する会計的枠組みを規範的に構築するための鍵となる概念であることは間違いないであろう。

　討議資料で信頼性に代えて採用された忠実な表現は、当初、検証可能性、完全性、および中立性を構成要素としていた。そして、忠実な表現は、形式的には目的適合性、比較可能性、理解可能性と並列的な関係にあったが、実際の適用では、序列が設けられていた。すなわち、意思決定に有用な情報の作成ないしは識別において、目的適合性が先行的に適用され、次いで忠実な表現、比較可能性、理解可能性と適用される論理的序列が示されていた。

　「多くのコメントレターで両審議会の理解する信頼性よりも検証可能性に近い内容で信頼性について言及されていた」(IASB/FASB [2008a] para. BC 2.16) ことからも窺い知れるように、一般に、検証可能性は信頼性を担保するものとして相即不離な関係にあるとみなされている。このため、信頼性概念の再定義を目的としていた討議資料では、検証可能性が忠実な表現の構成要素に含まれており、イコールとはいえないにしても、より従来の信頼性に近いかたちで忠実な表現が定義されていた。ただし、従来みられた目的適合性と信頼性のトレードオフ関係については、上述のように目的適合性を先行させた適用序列を設けることで部分的な解消が図られている。

　したがって、討議資料の段階での質的特性の改訂における両審議会のねらいの一つは、忠実な表現を操作的に定義することで財務情報に特定の会計的枠組みへの方向性を持たせることよりも、目的適合性と信頼性にみられた主要な質的特性間のトレードオフ関係の排除によって特定の会計的枠組みや会計手続きへの方向性を持たせることあったものと推測できる。そして、そのような会計的枠組みや会計手続きとして、資産負債観、公正価値会計、ストックの評価の重視などが指摘されている[11]。

　次に、公開草案では、質的特性を基本的な質的特性と補強的な質的特性とに区分し、目的適合性と忠実な表現を意思決定有用性に不可欠な情報特性と

して位置付けている。公開草案でも討議資料と同様に質的特性の適用に際して目的適合性の先行的な適用が導入されており、依然、目的適合性と忠実な表現のトレードオフ関係の軽減が図られている。そして、忠実な表現の構成要素は、完全性、中立性、および重大な誤謬がないこととされ、討議資料で忠実な表現の構成要素であった検証可能性は独立し、補強的な質的特性へと変更された。

このように変更された主要な根拠は、情報が経済現象の忠実な表現であったとしても、検証可能ではない場合があることから、検証可能性は忠実な表現の構成要素ではないという見解にある。そこで、忠実な表現の構成要素から検証可能性を外し、その代替として重大な誤謬がないことが採用されている。そして、重大な誤謬がないことは、検証可能性に代わって、情報が忠実な表現であるための最低限の正確さを要求する役割を担っている。

以上のような公開草案での忠実な表現にかかわる諸改訂は、信頼性の再定義という当初の論点から乖離し、忠実な表現自体の定義付けへと論点がシフトしていることが窺われる。

信頼性を忠実な表現に置き換え、検証可能性を補強的な質的特性とすることによって、両審議会は、目的適合的で忠実な表現であるが、検証可能性の低い情報を財務情報として識別することを可能とした。さらにこのことは、経営者の判断や見解など主観に基づく情報の提供や見積りに基づく評価を可能とする。このような状況は、資産負債観の徹底や公正価値会計の導入と整合的である。

以上のように忠実な表現に関する論点のシフトおよび忠実な表現の操作的な定義付けの過程は、質的特性の改訂の基底に存在する資産負債観の徹底や公正価値会計の導入といった両審議会の狙いをより浮彫りにしている。

5　むすびにかえて

コメントレターでは様々な見解が表明されていた。公開草案に対して、全面的に賛意を表明するコメントレターも少なからず投稿されていたが、全体としては、否定的な立場をとるか、総論としては賛成であるが各論で反対箇

所があるという立場をとるコメントレターが大部分であった。

公開草案で多数の否定的な見解が表明されたり、修正が要望されるなどした論点は、忠実な表現の採用も含めて以下のようなものが挙げられる。

(a) 基本的な質的特性と補強的な質的特性とへの分類
(b) 質的特性間のトレードオフ関係の導入
(c) 質的特性間の序列のフラット化
(d) 目的適合性の意義の修正
(e) 忠実な表現の採用の取りやめと信頼性の採用
(f) 忠実な表現の意義の明確化
(g) 完全性の意義の修正
(h) 中立性の意義の修正と慎重性ないしは保守主義の導入
(i) 検証可能性の意義の明確化
(j) 検証可能性の基本的な質的特性への分類
(k) 理解可能性のレベルの再検討
(l) 理解可能性の基本的な質的特性への分類
(m) 重要性と目的適合性の関係の整理

この他にも、実質優先性、真実かつ公正な概観などといった様々な項目を質的特性として採用することの要望も多数投稿されている。

これらの論点には、討議資料に対するコメントレターでも指摘されていた項目もあれば、公開草案で変更が加えられたため新たに提起された項目もある。とりわけ、質的特性の相互関係とかかわる(a)、(b)、(c)、あるいは既存の概念フレームワークからの大きな変更である忠実な表現の採用にかかわる(e)、(f)、(i)、(j)といった論点に対して多くのコメントが投稿されていた。

しかし、両審議会は、特定の項目については説明や修正を加える必要があるものの、前述のように原則として公開草案の内容を大きく変更する必要はないとの見解を示している（IASB [2009a] para. 9およびFASB [2009b] p. 5）。

表 7-3 コメントレター投稿者および投稿組織

No.	投稿者／投稿組織
CL1	J. Edward Ketz
CL1A	J. Edward Ketz and James Vincent
CL2	Joan Reekie
CL3	Prof. Guiseppe Ceriani and Beatrice Frazza (University of Verona)
CL4	The Charity Commission for England and Wales
CL5	Australia and New Zealand Banking Group (ANZ)
CL6	CPA Australia and The Institute of Chartered Accountants in Australia (joint submission)
CL7	HoTARAC
CL8	Michael Introna
CL9	Securities Commission of New Zealand
CL10	Sherman L. Rosenfield
CL11	Arthur J. Radin
CL12	Institut der Wirtschaftsprüfer (IDW)
CL13	F. Hoffmann-La Roche Ltd
CL14	Connecticut Society of Certified Public Accountants: Accounting and Reporting Standards Committee
CL15	Holcim Group Support
CL16	BUSINESSEUROPE (The Confederation of European Business)
CL17	The Institute of Chartered Accountants in Ireland: Accounting Committee
CL18	Grant Thornton International
CL19	Austrian Financial Reporting and Auditing Committee (AFRAC)
CL20	Michael J. Mumford
CL21	Hong Kong Institute of Certified Public Accountants
CL22	South African Institute of Chartered Accountants
CL23	Tony Morton
CL24	Swiss GAAP FER
CL25	Stephanie T. Liu
CL26	British Accounting Association: Financial Accounting and Reporting Special Interest Group (FARSIG)
CL27	Shaneen Friedemann
CL28	The Institute of Chartered Accountants in England and Wales
CL29	Freudenberg & Co. Kommanditgesellschaft
CL30	Leo Oosterveen
CL31	Florida Institute of Certified Public Accountants
CL32	Malaysian Accounting Standards Board
CL33	Olga Solovyeva
CL34	Revenue Watch Institute

No.	投稿者／投稿組織
CL35	Accounting Standards Board of Japan
CL36	Tax Justice Network
CL37	German Accounting Standards Board (DRSC)
CL38	Cobham Plc
CL39	KPMG
CL40	Tax Research LLP
CL41	The Institute of Chartered Accountants of Scotland
CL42	Ernst & Young
CL43	Martin Galstyan
CL44	Michelle D. Peterson
CL45	Jomeiny Martinez
CL46	Pieter van Wijck
CL47	Mike Page
CL48	Publish What You Pay
CL49	Group of 100
CL50	The Institute of Chartered Accountants of Pakistan
CL51	Accounting Standards Council of Singapore
CL52	Takeshi Imamura
CL53	ActionAid UK
CL54	Dutch Accounting Standards Board
CL55	The Japanese Institute of Certified Public Accountants
CL56	Global Witness
CL57	Shell International B.V.
CL58	Christian Aid
CL59	University of Gothenburg: School of Business, Economics and Law
CL60	Bundesverband oeffentlicher Banken Deutschlands (Association of German Public Sector Banks)
CL61	Association of International Accountants
CL62	Volkswagen AG
CL63	ACCA
CL64	Norwegian Accounting Standards Board (Norsk RegnskapsStiftelse)
CL65	Save the Children UK
CL66	FirstRand Banking Group
CL67	Transparency International
CL68	Deloitte Touche Tohmatsu
CL69	CIPFA
CL70	London Investment Banking Association (LIBA)
CL71	The Audit Commission
CL72	UBS

No.	投稿者／投稿組織
CL73	British Bankers Association
CL74	Swedish Financial Reporting Board
CL75	European Banking Federation
CL76	Julie Ann Nassar
CL77	PricewaterhouseCoopers
CL78	Intermon Oxfam
CL79	Juillet P. Rodgers
CL80	New York State Society of Certified Public Accountants
CL81	Adriel Villaflor
CL82	Basel Committee on Banking Supervision
CL83	Xavier Institute of Management
CL84	Catalina Muñoz
CL85	Jeff Morgan
CL86	American Academy of Actuaries
CL87	Conseil national de la comptabilite
CL88	Ricardo Ferreira Reis and Antonino Vaccaro
CL89	BDO International
CL90	Committee of European Banking Supervisors - CEBS
CL91	Corporate Reporting Users' Forum (CRUF)
CL92	HM Revenue & Customs
CL93	Hermes Equity Ownership Services
CL94	Alejandro Larriba Zorrita, José Antonio Gonzalo Angulo and Anne Marie Garvey
CL95	Association of British Insurers
CL96	Junichi Akiyama and Michimasa Satoh
CL97	International Corporate Governance Network
CL98	The Consejo Mexicano para la Investigación y Desarrollo de Normas de Información Financiera (CINIF)
CL99	American Accounting Association
CL100	FAR SRS
CL101	Dr. Andrew Higson
CL102	ICAC
CL103	American Council of Life Insurers
CL104	Leesa Tolliver
CL105	ACTEO/AFEP/MEDEF
CL106	Telstra Corporation Ltd
CL107	Nestlé
CL108	Illinois CPA Society: Accounting Principles Committee
CL109	American Institute of Certified Public Accountants (AICPA)

No.	投稿者／投稿組織
CL110	Kay E. Zekany
CL111	Ashley Burrows and John Karayan
CL112	Hundred Group of Finance Directors
CL113	Staff of the Canadian Accounting Standards Board
CL114	BNP Paribas
CL115	Ohio Society of Certified Public Accountants: Accounting and Auditing Committee
CL116	Province of British Columbia
CL117	Korea Accounting Standards Board
CL118	Michael Bradbury
CL119	Fitch Ratings
CL120	Accounting Standards Board
CL121	British American Tobacco
CL122	Canadian Bankers Association
CL123	Swedish Enterprise Accounting Group
CL124	Polish Accounting Standards Committee
CL125	International Actuarial Association
CL126	Quoted Companies Alliance
CL127	Treasury Board of Canada Secretariat
CL128	Investment Management Association (IMA)
CL129	Accounting Standards Executive Committee of the American Institute of Certified Public Accountants (AcSEC)
CL130	Small Business Financial and Regulatory Affairs Committee of the Institute of Management Accountants
CL131	Confederation of British Industry (CBI)
CL132	Financial Reporting Standards Board of the New Zealand Institute of Chartered Accountants
CL133	Public Company Accounting Oversight Board
CL134	Cooperatives Europe
CL135	Australian Accounting Standards Board
CL136	Bank of Uganda
CL137	EFRAG
CL138	FEE
CL139	Mazars
CL140	Private Company Financial Reporting Committee
CL141	IOSCO Standing Committee No. 1
CL142	Federation of Accounting Professions

(出所) http://www.ifrs.org/Current‐Projects/IASB‐Projects/Conceptual‐Framework/EDMay08/Comment-Letters/Pages/Comment-letters-2008.aspx（最終アクセス：2012年12月10日）をもとに著者作成。

(注)

1. 両審議会が取りまとめた資料（IASB [2008d]）では139通とされているが、実際に投稿されたコメントレターには、142番まで番号が付されている。
2. 具体例については、巻末の参考資料一覧を参照のこと。
3. 表7-1および表7-2は、IASB [2007a] およびIASB [2008d] における両審議会作成の各集計表をもとに著者が作成したものである。表7-1の作成に利用した両参考資料間で、投稿者の種類名に一部相違があり、また両資料ともに投稿者の分類基準が明記されていないため、討議資料への投稿数と公開草案への投稿数とで集計方針が異なる可能性がある点に注意されたい。また、表7-2についても地域の区分が一部異なっており、この点でも両参考資料ともに分類基準が明記されていないため、同様に注意が必要である。なお、表7-2については、公開草案では、アジア太平洋地域が、豪州・ニュージーランド地域とそれ以外の地域とに分けられているが、討議資料で両地域はアジア太平洋地域として一つにまとめられていた。そこで表7-2では討議資料のアジア太平洋地域からの投稿者を著者が豪州・ニュージーランド地域とそれ以外の地域に選別したデータを利用している。
4. 研究者からのコメントレターであっても個人からのコメントとして識別されている可能性があり、実質的な投稿数と多少相違するものと考えられる。
5. 米国の同一大学の会計学専攻の学生達から少なくとも9通のコメントレターが投稿されている。
6. なお、表7-2における国際的組織とは、国境を越えて国際的に活動する組織からのコメントレターを分類する区分である（IASB [2007a] para. 3, footnote）。
7. 関連するコメントレターについては、IASBによって付されたコメントレター・ナンバーと投稿者の名称を括弧内に表示する。なお、組織名等については省略が可能なものは略称を使用するものとする。実際の投稿者の名称は表7-3で確認されたい。
8. 後述するように両審議会は「重大な誤謬がないこと」を「誤謬がないこと」へと改称することを検討している。
9. ただし、藤井 [2009] では、このような制度設計に対する思考はFASBの基本姿勢であって、IASBの基本姿勢であるかどうかには言及されていない。
10. コメントレターを募集し、多様な立場にある関係者からの見解を参考とし、場合によってはそれら見解を取り入れつつ、概念フレームワークを構築する方式が、規範的な制度設計方式といえるかは検討が必要である。
11. 津守 [2008]、徳賀 [2008]、桜井 [2009]、藤井 [2009] などを参照のこと。

〈引用文献〉

ASBJ [2008]『公開草案「財務報告の概念フレームワーク改訂案 第1章 財務報告の目的及び第2章 意思決定に有用な財務報告情報の質的特性及び制約条件」に対するコメント』ASBJ。

桜井久勝［2009］「会計の国際的統合と概念フレームワーク」『企業会計』第61巻2号、pp. 178-185。

JICPA［2008］『IASB公開草案「財務報告に関する改善された概念フレームワーク」に対する意見』。

津守常弘［2008］「『財務会計概念フレームワーク』の新局面と会計研究の課題」『企業会計』第60巻第3号、pp. 324-334。

徳賀芳弘［2008］「『信頼性』から『忠実な表現』へ変化の意味」、友杉芳正・田中弘・佐藤倫正編著［2008］『財務情報の信頼性―会計と監査の挑戦―』税務経理協会、pp. 22-30。

藤井秀樹［2009］「会計制度形成の現代的特徴と展開方向―改訂概念フレームワーク草案における「忠実な表現」に寄せて―」『会計制度の成立根拠とGAAPの現代的意義（中間報告）』日本会計研究学会スタディ・グループ報告書、pp. 87-110。

FASB [1980] *SFAC No.2, Qualitative Characteristics of Accounting Information*, FASB（平松一夫・広瀬義州訳［2002］『FASB財務会計の諸概念（増補版）』、中央経済社）.

FASB [2008a] *Exposure Draft, Conceptual Framework for Financial Reporting : The Objective of Financial Reporting and Qualitative Characteristics and Constraints of Decision-Useful Financial Reporting Information*, Financial Accounting Series, No. 1570-100, FASB.

FASB [2009b] *Minutes of the January 14, 2009 Conceptual Framework (Phase A, Phase C & Phase D) Board Meeting*, January, 2009, FASB.

IASB [2007a] *Project : Conceptual Framework, Subject : Phase A : Objective of Financial Reporting and Qualitative Characteristics — Comment Letter Summary (Agenda paper 3A)*, Information for Observers, Board meeting, February, 2007, FASB.

IASB [2008a] *Exposure Draft of An improved Conceptual Framework for Financial Reporting: Chapter 1 : The Objective of Financial Reporting, Chapter 2 : Qualitative Characteristics and Constraints of Decision-useful Financial Reporting Information*, IASB.

IASB [2008c] *Comment Letters No. 1-No. 142*, IASB (http://www.ifrs.org/Current-Projects/IASB-Projects/Conceptual-Framework/EDMay08/Comment-Letters/Pages/Comment-letters-2008.aspx)（最終アクセス：2012年12月10日）.

IASB [2008d] *Project : Conceptual Framework, Subject : Comment Letter summary : Objectives and Qualitative Characteristics (Agenda paper 2A)*, Information for Observers, Board meeting, December, 2008, IASB.

IASB [2009] *Project : Conceptual Framework - phase A : Qualitative Characteristics and Constraints of Financial Reporting (Agenda paper 5)*, Information for

Observers, Board meeting, January, 2009, IASB.

IASB and FASB [2010a] *Project : Conceptual Framework : Objective and Qualitative Characteristics, Topic : Sweep Issues from the Ballot Draft*, IASB/FASB Board meeting, May, 2010, IASB and FASB.

第8章 IASB/FASB共同概念フレームワーク『有用な財務情報の質的特性』の公表とその検討

1 はじめに

　IASBとFASBの両審議会は、2010年9月28日に『財務報告に関する概念フレームワーク第1章：一般目的財務報告の目的、第3章：有用な財務情報の質的特性 (The Conceptual Framework for Financial Reporting: Chapter 1: The Objective of General Purpose Financial Reporting, Chapter 3: Qualitative Characteristics of Useful Financial Information)』(IASB [2010]、FASB [2010])（以下、ファイナルペーパーもしくはIASB/FASB [2010]）を公表した[1]。2004年から始まった両審議会による共同概念フレームワーク整備プロジェクトのフェーズA「目的および質的特性」は当該文書の公表をもって完了した。

　フェーズA「目的および質的特性」は、2004年から改訂方法や改訂すべき箇所の検討が開始された。そしてまず初めに、改訂作業のたたき台となる討議資料 (IASB [2006a]、FASB [2006a]) が2006年に公開された。次に、当該討議資料に対するコメントなどをもとに改訂が加えられ、2008年に公開草案 (IASB [2008a]、FASB [2008a]) が公開された。そしてこの公開草案もコメントレターなどをもとに修正が加えられ、最終的に上記ファイナルペーパーの公表へと至る。

　公開草案では、質的特性を基本的な質的特性と補強的な質的特性とに分類し、基本的な質的特性として目的適合性および忠実な表現を、補強的な質的特性として比較可能性、検証可能性、適時性、および理解可能性を採用していた。また、財務報告の制約条件に重要性とコストを含めていた。

　ファイナルペーパーは、上記公開草案に当該公開草案へのコメントなどを部分的に反映させ、起草、公表されている。公開草案へのコメントレターは

142通にのぼった。それらコメントレターにおいて財務情報の質的特性に関して多くコメントされた論点は、基本的な質的特性と補強的な質的特性との分類、忠実な表現の採用と意義、検証可能性の意義と位置付け、理解可能性の意義と位置付け、重要性の位置付け、および慎重性、保守主義、実質優先性、真実かつ公正な概観といった新たな質的特性の採用などである。

上記論点を中心とした両審議会による討議の結果、公表されたファイナルペーパーでは、目的適合性および忠実な表現を基本的な質的特性に、比較可能性、検証可能性、適時性、および理解可能性を補強的な質的特性に分類している。さらに、目的適合性は、予測価値、確認価値、および重要性を、忠実な表現は、完全性、中立性、および無誤謬性（freedom from error）をそれぞれの構成要素としている。また、それらに加えて、有用な財務報告における制約としてコストが示される。

本章では、ファイナルペーパーの概要を示すとともに、財務情報の質的特性の主要な改訂論点を中心に検討し、改訂の背後にある両審議会の示す会計的方向性と問題点を考察する。

以下においては、まず、ファイナルペーパーにおける質的特性の改訂を概観する。次に、改訂された箇所の中でもとりわけ注目すべき、信頼性から忠実な表現への置換えおよび置換えにより生じた質的特性の相互関係の変化について整理、検討する。続けて、忠実な表現の採用のインプリケーションについて考察する。そして最後に、今後の課題を検討し、まとめに代えるものとする。

2　『有用な財務情報の質的特性』の公表

ファイナルペーパー『有用な財務情報の質的特性』の本文部分は、「はじめに」、「有用な財務情報の質的特性」、および「有用な財務報告に対するコストの制約」から構成されている。さらに解説部分として「結論の根拠」が付されている。以下においては、ファイナルペーパーにおける質的特性の概要とともにその特徴を示す。

2-1 質的特性の意義

ファイナルペーパーでは、「有用な財務情報の質的特性は、現在の及び潜在的な投資者、融資者及び他の債権者が報告企業の財務報告書（財務情報）に基づいて意思決定を行う際に最も有用となる可能性の高い情報の種類を識別するものである。」(IASB/FASB [2010] para. QC1) と定義され、またそれに加えて、質的特性の適用対象は財務諸表および他の方法で提供される財務情報であることが示されている (IASB/FASB [2010] para. QC3)。

一方、ファイナルペーパー第1章『一般目的財務報告の目的』では、「一般目的財務報告の目的は、現在の及び潜在的な投資者、融資者及び他の債権者が企業への資源の提供に関する意思決定を行う際に有用な、報告企業についての財務情報を提供することである。」(IASB/FASB [2010] para. OB2) と財務報告の目的が意思決定に有用な情報の提供にあることが示される。そしてさらに同文書では、かかる意思決定に有用な情報とは、現在のおよび潜在的な投資者、融資者および他の債権者が、企業への将来の正味キャッシュ・インフローの見通しを評価するのに役立つ、企業の資源、企業に対する請求権、および企業の経営者や統治機関が企業の資源を利用する責任をどれだけ効率的かつ効果的に果たしたかに関する情報であることが指摘される (IASB/FASB [2010] paras. OB3-4)。

したがって、有用な財務情報の質的特性とは、意思決定に有用な情報、より具体的には、企業の将来正味キャッシュ・インフローの評価に有用な、企業の資源、企業に対する請求権、および企業の経営者や統治機関が企業の資源を利用する責任をどれだけ効率的かつ効果的に果たしたかに関する情報を識別するものであることになる。

2-2 有用な財務情報の質的特性

有用な財務情報の質的特性についてファイナルペーパーでは、「財務情報が有用であるべきだとすれば、それは目的適合的で、かつ、表現しようとしているものを忠実に表現しなければならない。財務情報の有用性は、それが比較可能で、検証可能で、適時で、理解可能であれば、補強される。」(IASB/FASB [2010] para. QC4) と、公開草案と同様に、目的適合性と忠実な

表現の二つの質的特性を有用な財務情報であるために必要とされる基本的な質的特性として位置付け、比較可能性、検証可能性、適時性、および理解可能性といった質的特性を財務情報の有用性を補強する質的特性として位置付けている。

そして、それら質的特性の適用プロセスが、基本的な質的特性と補強的な質的特性のそれぞれについて示されている。

まず、基本的な質的特性については、有用な財務情報を識別するための以下のような最も効率的かつ効果的とされる3段階の適用プロセスが示される (IASB/FASB [2010] para. QC18)。

適用プロセスの第1段階では、財務情報の利用者に有用となる可能性のある経済現象が識別される。次に第2段階では、第1段階で識別された経済現象に関する情報のうち、利用可能で忠実に表現できるとした場合に最も目的適合性の高い種類の情報が識別される。そして第3段階では、第2段階で識別された情報が利用可能で忠実に表現できるかどうかを判断する。なお、第3段階で忠実に表現できないと判断された場合は第2段階に戻り、次に目的適合性の高い情報でこの適用プロセスが繰り返される。

次に、補強的な質的特性の適用は要点をまとめると以下のように説明されている (IASB/FASB [2010] paras. QC33-34)。

(a) 補強的な質的特性の適用は、反復的なプロセスであり、定められた順番に従うものではない。
(b) 補強的な質的特性は可能な範囲で最大化されるべきである。
(c) 補強的な質的特性は目的適合性もしくは忠実な表現の欠如した情報を有用なものとすることはできない。
(d) 補強的な質的特性を別の質的特性を最大化するために減少させなければならない場合もある。

以上、質的特性の適用プロセスをまとめると、まず基本的な質的特性である目的適合性が適用され、目的適合的な経済現象と情報の種類が識別される。次いで同じく基本的な質的特性である忠実な表現が適用され、目的適合的な経済現象を目的適合的かつ忠実に表現する会計処理方法が検討される。そして、目的適合的で忠実な表現である情報を最も比較可能で、検証可能

で、適時的で、かつ理解可能とする会計処理方法が検討されることになる。

補強的な質的特性は、あくまでも補強的な役割を負うものであり、原則として基本的な質的特性に対して劣後的に位置付けられる。また、その適用については、基本的な質的特性とは異なり、段階的に適用されるわけではなく、むしろ状況に応じて柔軟に適用されることになる。

2-3 基本的な質的特性
(1) 目的適合性

目的適合性は、「目的適合性のある財務情報は、利用者が行う意思決定に相違を生じさせることができる。」(IASB/FASB [2010] para. QC6) と説明され、情報の持つ意思決定に相違を生じさせうる性質と定義される。

また、「財務情報は、予測価値、確認価値又はそれらの両方を有する場合には、意思決定に相違を生じさせることができる。」(IASB/FASB [2010] para. QC7) とされ、目的適合的であるためには予測価値と確認価値の少なくともどちらか一方を有さなくてはならないことが示される。

ここにおいて、予測価値とは、情報が持つ、「利用者が将来の結果を予測するために用いるプロセスへのインプットとして使用できる」(IASB/FASB [2010] para. QC8) 価値であり、確認価値とは、情報が持つ、「過去の評価に関するフィードバックを提供する（過去の評価を確認するか又は変更する）」(IASB/FASB [2010] para. QC9) 価値である。

上記の予測価値と確認価値は、公開草案でもそうであったように、ファイナルペーパーにおいても目的適合性の構成要素とされる。そして、公開草案では制約条件とされていた重要性が、ファイナルペーパーでは目的適合性の構成要素に加えられている。

重要性は、「情報は、その脱漏又は誤表示により、特定の報告企業に関する財務情報に基づいて利用者が行う意思決定に影響する可能性がある場合には、重要性がある。」(IASB/FASB [2010] para. QC11) と定義される。重要性は、目的適合性と同様に「意思決定に影響する可能性」を持つ特性であるため、ファイナルペーパーでは目的適合性の構成要素に含められている。

(2) 忠実な表現

忠実な表現は、「有用であるためには、財務情報は、目的適合性のある現象を表現するだけでなく、表現しようとしている現象を忠実に表現しなければならない。完璧に忠実な表現であるためには、描写は3つの特性を有する。それは『完全』で、『中立的』で、『誤謬がない』ということである。」(IASB/FASB [2010] para. QC12) と説明され、忠実な表現の構成要素に完全性、中立性、および無誤謬性が含められている。

ここで完全性とは、ある経済現象を描写するにあたって、描写しようとしている現象を利用者が理解するために必要なすべての情報（すべての必要な記述および説明を含む）を含んでいることであり、中立性とは、財務情報の選択または表示に偏りがなく、財務情報が利用者に有利または不利に受け取られる確率を増大させるための、歪曲、ウェイト付け、強調、軽視、その他の操作が行われていないことであると定義される (IASB/FASB [2010] paras. QC13-14)。

また、無誤謬性とは、「その現象の記述に誤謬や脱漏がなく、報告された情報を作成するのに用いられたプロセスが当該プロセスにおける誤謬なしに選択され適用されたことを意味する。」(IASB/FASB [2010] para. QC15) とされる。

忠実な表現であるためには、完全性、中立性および無誤謬性を充足させることが求められるが、これら構成要素を絶対的に充足することは現実的には相当に困難であろう。例えば、誤謬が生じないように講ずることはできるが、意図せざる誤謬を完璧になくすことは難しい。完全性や中立性についても同様なことがいえよう。そのためファイナルペーパーでは、忠実な表現であるために、これら構成要素を完璧に充足することは必ずしも要求されておらず、可能な範囲で最大化することで忠実な表現の達成を目指すものとされる (IASB/FASB [2010] para. QC12)。

2-4 補強的な質的特性

補強的な質的特性である比較可能性、検証可能性、適時性、および理解可能性は、目的適合的で忠実に表現されている情報の有用性を補強するもので

あり、例えば、二つの方法がいずれも同等に目的適合性があり、忠実な表現となる場合に、どちらの方法をある現象の描写に使用するかを決定するために役立つとされる (IASB/FASB [2010] para. QC19)。

公開草案へのコメントレターでは、特に比較可能性、検証可能性、および理解可能性を重要視するがゆえに、それらの質的特性を補強的な質的特性とすることへの反対意見が数多くコメントされていたが、ファイナルペーパーでも依然としてそれらを補強的な質的特性として位置付けている。

(1) 比較可能性

「比較可能性は、項目間の類似点と相違点を利用者が識別し理解することを可能にする質的特性である。」(IASB/FASB [2010] para. QC21) と定義される。また、比較可能性と関連するものとして首尾一貫性があるが、首尾一貫性は、ある報告企業の期間ごとに、あるいは異なる企業のある単一の期間において、同じ項目に同じ方法を使用することであると定義され、比較可能性は目標であるのに対して、首尾一貫性は比較可能性の達成に役立つものであると説明される (IASB/FASB [2010] para. QC22)。したがって首尾一貫性は比較可能性の下位概念として位置付けられている。

また、「一つの経済現象を複数の方法で忠実に表現できるとしても、同じ経済現象について代替的な会計処理方法を認めることは、比較可能性を低下させる」(IASB/FASB [2010] para. QC25) ものであるとし、同一の経済現象に対して複数の会計処理方法を用意することは比較可能性の見地からは許容されないことが表明される。

(2) 検証可能性

「検証可能性は、知識を有する独立した別々の観察者が、必ずしも完全な一致ではないとしても、特定の描写が忠実な表現であるという合意に達しえること」(IASB/FASB [2010] para. QC26) であり、また検証可能であるためには、特定の見積数値である必要はなく、幅のある見積数値やそれと関連した確率も検証可能であるとされる (IASB/FASB [2010] para. QC26)。

さらに、検証には、直接的な観察を通じて金額またはその他の表現を検証

する直接的検証と、モデル、算式またはその他の技法へのインプットのチェックおよび同一の方法論を用いてのアウトプットの再計算である間接的検証があることも示される (IASB/FASB [2010] para. QC27)。

(3) 適時性

適時性は討議資料の段階では制約条件とされていたが、しかし、適時的であっても、目的適合的で忠実な表現でなければ有用な情報とはいえず、また、適時的でなくても、目的適合的で忠実な表現である有用な情報もありえることから、むしろ財務情報の有用性を補強する性格であるとみなされ、公開草案と同様にファイナルペーパーでも補強的な質的特性に含められる (IASB/FASB [2010] para. BC3.39)。

適時性は、「意思決定者の決定に影響を与えることができるように適時に情報を利用可能とすることを意味する」(IASB/FASB [2010] para. QC29) ものではあるが、適時性は必ずしも新しい情報のみを要求するものではなく、報告期間の末日からかなりの期間が経過しても引き続き適時的な情報もあるとされる (IASB/FASB [2010] para. QC29)。

(4) 理解可能性

理解可能性は、情報を分類し、特徴付けし、明瞭かつ簡潔に表示することで達成される (IASB/FASB [2010] para. QC30)。

また、理解可能性は、複雑で理解が容易ではない現象を除外することによって向上を図るべきものではないことも示されている (IASB/FASB [2010] para. QC31)。

ここで理解可能性のレベルは、原則として財務報告書の利用者として想定される、事業および経済活動についての合理的な知識を有し、情報を入念に検討し分析する能力を有する者を対象として設定されるが、時には十分な情報を持った勤勉な利用者であっても、複雑な経済現象に関する情報を理解するために助言者の支援を求める必要がある場合もあるとされる (IASB/FASB [2010] para. QC32)。

2-5 有用な財務報告に対するコストの制約

討議資料および公開草案では重要性およびコストが一般的な制約条件とされていたが、ファイナルペーパーでは、重要性は目的適合性の構成要素とされ、コストのみが財務情報に関する一般的な制約として採用されている（IASB/FASB [2010] para. QC35）。そして、コストの制約の適用にあたっては、特定の情報を報告することによって得られる便益が当該情報の提供と利用のために生じるコストを正当化できる可能性が高いかどうかという観点からコストを評価することになる（IASB/FASB [2010] para. QC38）。

コストの負担は、「財務情報の提供者は、財務情報の収集、加工、検証及び配布に労力の大半を費やすが、利用者はそれらのコストをリターンの低下という形で最終的に負担する。財務情報の利用者にも、提供された情報の分析や解釈のコストが生じる。必要な情報が提供されない場合には、その情報を他から入手するか又は見積るための追加的なコストも利用者に生じる。」（IASB/FASB [2010] para. QC36）と、コストは財務情報の作成者および利用者それぞれの状況に応じて生じるものであることが示される。

したがって、特定の財務情報の提供によるコストと便益の個々人の評価は、立場によって相違する可能性が高いため、両審議会は、コストと便益の評価を個々の報告企業との関連ではなく、財務報告一般との関連で考慮する方針であるという見解を示している（IASB/FASB [2010] para. QC39）。

3 質的特性の改訂プロジェクトの概要

従来のIASBおよびFASBの概念フレームワークにおける質的特性、概念フレームワーク改訂プロジェクトで作成された討議資料、公開草案、およびファイナルペーパーにおける質的特性、またそれらに加えて、参考としてカナダ、英国、ニュージーランド、日本、豪州の各概念フレームワークにおける質的特性を対照したものが表8-1である[2]。

各国の概念フレームワークにおける質的特性の定義、補足的な説明、質的特性の相互関係などについて、詳細に比較検討した場合、様々な相違点がみられるが、表8-1からもわかるように、質的特性とされる項目については

第8章 IASB/FASB 共同概念フレームワーク
『有用な財務情報の質的特性』の公表とその検討

表8-1 各概念フレームワークにおける質的特性

概念フレームワーク	質的特性				
米国 (FASB [1980])	目的適合性	信頼性	比較可能性 (含む首尾一貫性)	理解可能性	
IASB (IASC [1989])	目的適合性	信頼性	比較可能性	理解可能性	
討議資料 (IASB/FASB [2006a])	目的適合性	忠実な表現	比較可能性 (含む首尾一貫性)	理解可能性	
公開草案 (IASB/FASB [2008a])	目的適合性	忠実な表現	比較可能性 検証可能性	理解可能性	適時性
ファイナルペーパー (IASB/FASB [2010])	目的適合性	忠実な表現	比較可能性 検証可能性	理解可能性	適時性
カナダ (CICA [1988])	目的適合性	信頼性	比較可能性	理解可能性	
英国 (ASB [1999])	目的適合性	信頼性	比較可能性	理解可能性	
ニュージーランド (NZSA [2001])	目的適合性	信頼性	比較可能性	理解可能性	
日本 (ASBJ [2006])	意思決定 との関連性	信頼性	比較可能性 内的整合性		
豪州 (AASB [2007])	目的適合性	信頼性	比較可能性	理解可能性	

(出所) 各参考資料から著者作成

概ね共通している。

 それだけに改訂された IASB/FASB 共同概念フレームワークにおける質的特性として、信頼性に代わって新たに忠実な表現が採用されたことは大きな変化であり、そのような変化に至った背景は明らかにされる必要があるであろう。

 また、討議資料、公開草案、およびファイナルペーパーにおいて示された質的特性とその構成要素および制約条件を対照したものが表8-2である。この表を時系列で比較すると、討議資料、公開草案、そしてファイナルペーパーへと進む過程で様々な修正が加えられていることがわかる。

 ファイナルペーパーにおける質的特性の特徴として、質的特性相互の位置付けが変更されたこと、またその結果として、従来の質的特性 (IASC [1989] および FASB [1980]) と比較して、質的特性の相互関係が明確にされたことが

指摘できる。これらの新たな質的特性の特徴は、各参考資料や表をもとに以下のように整理できる。

まず、表8-2において示されるように、質的特性の相互関係については、討議資料では、目的適合性、忠実な表現、比較可能性、理解可能性の4項目の質的特性が並列型に配置されていた。このような関係は、IASBが採用していた理解可能性、目的適合性、信頼性、比較可能性の4種類の質的特性を並べた従来のIASB概念フレームワーク（IASC [1989]）との類似性を指摘できる（表8-1参照）。

しかし、同じく表8-2で示されるように、公開草案以降は、質的特性を基本的な質的特性と補強的な質的特性とに明示的に区分し、基本的な質的特性として目的適合性と忠実な表現を配置した。これは、目的適合性と信頼性を意思決定に固有な基本的特性であるとした従来のFASB概念フレームワーク（FASB [1980]）と共通する形式である。ただし、FASB概念フレームワークにおいて、基本的な質的特性と補強的な質的特性という区別に類するような区分とその役割分担は明示的には設けられておらず、このような区別の採用は、一段、質的特性の相互関係および各質的特性の役割を明確にしたといえる。

この他、検証可能性と適時性が、特定の質的特性の構成要素から単独の質

表8-2　改訂プロジェクトにおける質的特性とその構成要素および制約条件

討議資料 (IASB/FASB [2006a])	公開草案 (IASB/FASB [2008a])	ファイナルペーパー (IASB/FASB [2010])
質的特性 　目的適合性 　　予測価値・確認価値 　　適時性 　忠実な表現 　　検証可能性・中立性・完全性	基本的な質的特性 　目的適合性 　　予測価値・確認価値 　忠実な表現 　　完全性・中立性・重大な誤謬なし	基本的な質的特性 　目的適合性 　　予測価値・確認価値 　　重要性 　忠実な表現 　　完全性・中立性・無誤謬性
比較可能性（首尾一貫性を含む） 理解可能性	補強的な質的特性 　比較可能性 　検証可能性 　適時性 　理解可能性	補強的な質的特性 　比較可能性 　検証可能性 　適時性 　理解可能性
財務報告の制約条件 　重要性・ベネフィットとコスト	財務報告の制約条件 　重要性・コスト	有用な財務報告における制約条件 　コスト

（出所）各参考資料から著者作成

的特性へと位置付けを変更されている。検証可能性は、FASB概念フレームワークにおいては、信頼性の構成要素として位置付けられていたが、新たに採用された忠実な表現との関連で、別途、補強的な質的特性とされるに至っている。また、従来、適時性は、目的適合性を補完する質的特性（FASB [1980] para. 56、同訳書 p. 89）、あるいは目的適合性および信頼性への制約条件とみなされていた（IASC [1989] para. 43）。しかし、ファイナルペーパーにおいては、補強的な質的特性として位置付けられる。また、当初、制約条件であった重要性が目的適合性の構成要素へと変更されている。

4 信頼性から忠実な表現への置換え

4-1 信頼性の再定義

　従来のIASBおよびFASBの概念フレームワークでは、会計情報の意思決定有用性における重要な質的特性として、目的適合性と並んで信頼性が配置されていた。しかし、信頼性については、一連の改訂プロジェクトでは終始、新たに提案された質的特性である忠実な表現へと置き換えられ、質的特性の再構築がなされている。このように忠実な表現への置換え案は、遅くとも、2005年5月に開催されたIASB会議で検討されている（IASB [2005d] para. 45）。忠実な表現への置換えには、討議資料、公開草案の各段階で賛否両論のコメントレターが投稿され、そしてその多くは置換えに反対するコメントを示していたが、ファイナルペーパーでは、置き換えたまま、忠実な表現が採用されるに至っている。

　信頼性が忠実な表現へと置き換えられた理由の一つとして、従来の概念フレームワークにおいて明確にされていなかった信頼性の意義を再定義することが挙げられる。改訂プロジェクトにおいては、従来のIASBおよびFASBの概念フレームワークにおける信頼性の説明は、信頼性の意義を明確にしていないと認識されていた（IASB/FASB [2010] para. BC3.23）。また、コメントレターにおいて信頼性における検証可能性の位置付けを過度に強調する見解が投稿されるなど、信頼性が誤って解釈され、必ずしも財務報告の作成者および利用者間において共通理解が得られていないことも両審議会関

係者は問題視していた（IASB/FASB [2010] para. BC3.25）。

そこで改訂プロジェクトでは、信頼性を質的特性として残したまま、もともと意図していた意義の共通理解を求めるよりも、新たな質的特性を採用し、改めて共通理解を求めることとした（IASB/FASB [2010] para. BC3.24）。この結果、信頼性に代わる新たな質的特性として忠実な表現が採用された。

4-2　目的適合性とのトレードオフ関係の変化

信頼性が忠実な表現へと置き換えられた理由の一つは、従来の信頼性を再定義することにあった。しかし、そのような置換えは信頼性の再定義にとどまらず、旧概念フレームワークに存在していた目的適合性と信頼性のトレードオフ関係に変化をもたらしている。

「目的適合性を増大させるために会計方法が変更される場合、信頼性が損なわれることがあり、そのまた逆もありうる。」（FASB [1980] para. 90、同訳書p. 104）とされるように、従来、目的適合性と信頼性がトレードオフの関係になる場合があることが指摘されていた。

質的特性におけるトレードオフ関係について、IASC [1989] では、「実務上、質的特性の間の均衡又はトレード・オフを衡量することがしばしば必要となる。その目的は、通常、財務諸表の目的を満たすために、質的特性間に適切な均衡を図ることにある。」（IASC [1989] para. 45）と、FASB [1980] では、「財務情報が有用であるためには、情報に目的適合性があり、かつ信頼性があるものでなければならないが、情報は両者の特徴を程度を異にしてもつことがある。目的適合性と信頼性は、一方を完全になくすわけにはいかないが、相互に入れ替えることはできる。また、情報は、他にも程度の差こそあれ会計的特性の階層構造図に示されている他の特徴をもち、特徴間でトレード・オフを行うことが必要な場合もあり、またそれが有効な場合もある。」（FASB [1980] para. 42、同訳書p. 83）と述べられている。いずれも、質的特性間のトレードオフ関係、あるいはトレードオフ関係の調整が、情報の有用性に必ずしも負の影響を及ぼすとは限らず、むしろトレードオフ関係に積極的な意義を見い出しうる場合もあるとの見解を示している。

特定の情報の有する目的適合性と信頼性とがトレードオフの関係にある場

合、情報利用者に対する意思決定有用性の観点から、当該情報における目的適合性と信頼性の相対的重要性が判断される (FASB [1980] para. 90、同訳書 p. 104、IASC [1989] para. 45)。従来、目的適合性が認められても信頼性を低下させるような経済現象の測定は、信頼性の観点から、導入を否定される傾向が強かった。例えば、自己創設のれんの金額は、目的適合性は高いが、客観的測定が困難であり、信頼性の確保が難しい。自己創設のれんについては、目的適合性と信頼性が衡量され、目的適合性よりも信頼性が重視された結果、資産計上は認められていない。

そのような中、ファイナルペーパーにおいては、信頼性に代わる質的特性として、忠実な表現が導入され、「目的適合性のある現象を表現するだけでなく、表現しようとしている現象を忠実に表現」(IASB/FASB [2010] para. QC12) することが求められる。目的適合性と忠実な表現を最も効率的かつ効果的に適用するプロセスでは、「最初に、報告企業の財務情報の利用者にとって有用となる可能性のある経済現象を識別する。第2に、その現象に関する情報のうち、利用可能で忠実に表現できるとした場合に最も目的適合性の高い種類の情報を識別する。第3に、その情報が利用可能で忠実に表現できるかどうかを判断する。」(IASB/FASB [2010] para. QC18) という手順がとられる。

このように、ファイナルペーパーにおける目的適合性と忠実な表現では、従来の目的適合性と信頼性とは異なる関係が構築されている。ファイナルペーパーでは、上述のように目的適合性と忠実な表現の具体的な適用方法が示されている。そこでの適用方法は、まず、目的適合性が適用され、その後に、忠実な表現が適用されるといった段階式になっており、その点で、従来のようなトレードオフ関係に起因する相対的重要性の判断が必要とされる状況が生じにくい構造になっているといえよう。津守 [2008] では、このように質的特性を序列化し、まずは目的適合性が優先される状況を「目的適合性の絶対的先行性」(津守 [2008] p. 331) と評している。

ただし、ファイナルペーパーで、「情報は、有用であるためには、目的適合性があり、かつ、忠実に表現されていなければならない。」(IASB/FASB [2010] para. QC17) とされるように、目的適合性と忠実な表現はともに有用な

財務情報の基本的な質的特性であり、有用性の観点からも両特性間に優劣があるわけではないとの見解が表明されている。上述の目的適合性と忠実な表現の適用方法における第3のプロセスでは、目的適合性の高い種類の情報であっても忠実に表現できないと判断された場合、「その次に目的適合性の高い種類の情報でそのプロセスを繰り返す」(IASB/FASB [2010] para. QC18) ことになる。このことは、目的適合性が高い情報であっても忠実な表現の観点から除外される場合もあることを示唆している。このため、従来、目的適合性と信頼性にあったようなトレードオフ関係が、ファイナルペーパーにおける目的適合性と忠実な表現の関係において完全に消滅したとはいい切れない。

5　ファイナルペーパーにおける忠実な表現

従来のIASBおよびFASBの概念フレームワークにおける信頼性の主な構成要素、ファイナルペーパーにおける忠実な表現の構成要素、さらに、参考としてカナダ、英国、日本、豪州、およびニュージーランドの各概念フレームワークにおける信頼性の主な構成要素を対照したものが表8-3である。

従来のIASB概念フレームワークでは、情報が有用であるための質的特性として、理解可能性、目的適合性、信頼性および比較可能性が列挙され

表8-3　信頼性ないしは忠実な表現の構成要素の対照表

概念フレームワーク	質的特性	構成要素		
米国（FASB [1980]）	信頼性	表現の忠実性	検証可能性	中立性
IASB（IASC [1989]）	信頼性	忠実な表現	完全性	中立性
ファイナルペーパー	忠実な表現	無誤謬性	完全性	中立性
カナダ（CICA [1988]）	信頼性	表現の忠実性	検証可能性	中立性
英国（ASB [1999]）	信頼性	忠実な表現	完全性および重大な誤謬なし	中立性
ニュージーランド（NZSA [2001]）	信頼性	表現の忠実性	検証可能性	中立性
日本（ASBJ [2006]）	信頼性	表現の忠実性	検証可能性	中立性
豪州（AASB [2007]）	信頼性	表現の忠実性	完全性	中立性

（出所）各参考資料から著者作成

る。そして、信頼性は、「情報は、重大な誤謬や偏向がなく、またそれが表示しようとするか、あるいは表示されることが合理的に期待される事実を忠実に表現したものとして利用者が信頼する場合に、信頼性の特性を有する。」(IASC [1989] para. 31) と説明される。そして、表8-3のように、信頼性の主要な構成要素として、忠実な表現 (faithful representation)[3]、中立性、および完全性が示されている。

一方、FASB概念フレームワークでは、目的適合性と信頼性を有用な会計情報の優先的な質的特性として位置付け、表8-3のように、信頼性の構成要素として、表現の忠実性 (representational faithfulness)、検証可能性、および中立性を列挙している。信頼性は、「ある測定値の信頼性は、それが表現しようとするものを忠実に表現することにかかっており、それは情報利用者に対する保証と結びつき、またその保証は測定値が表現上の特性をもっていることを検証することによって確保される。」(FASB [1980] para. 59、同訳書 p. 71) とされ、表現の忠実性と検証可能性を明示的に求めている。

ファイナルペーパーで忠実な表現は、「財務報告書は、経済現象を言語と数字で表現するものである。有用であるためには、財務情報は、目的適合性のある現象を表現するだけでなく、表現しようとしている現象を忠実に表現しなければならない。完璧に忠実な表現であるためには、描写は3つの特性を有する。それは『完全』で、『中立的』で、『誤謬がない』ということである。」(IASB/FASB [2010] para. QC12) と説明される。つまり、有用な財務情報であるために目的適合性および忠実な表現が、そして忠実な表現であるために完全性、中立性、および無誤謬性が要求されている (表8-2および表8-3参照)。

表8-3で示されるように、ファイナルペーパーでは、信頼性の構成要素であった忠実な表現 (IASC [1989]) あるいは表現の忠実性 (FASB [1980]) が、従来の信頼性概念の整理に伴って再定義され、質的特性の相互関係において1段階、ランクアップし、忠実な表現という名称で基本的な質的特性に位置付けられている。そしてもともと信頼性を構成する中立性や完全性が忠実な表現を構成する要素へと組み換えられた。

6　忠実な表現と検証可能性の関係

　検証可能性は、FASB概念フレームワークでは信頼性の構成要素であったが、ファイナルペーパーでは独立した質的特性となった。また、信頼性から忠実な表現への置換えに伴って、忠実な表現と検証可能性の相互関係が新たに構築されている。

　検証可能性には、直接的に検証可能な場合と間接的に検証可能な場合とがある（FASB [1980] para. 87、同訳書 pp. 102-103、IASB/FASB [2010] para. QC27）。直接的に検証可能な場合とは、例えば、現金残高や市場性のある有価証券の市場価格のように直接的に測定値の検証が可能な場合である。一方、間接的にしか検証可能でない場合とは、減価償却費のように、償却手続きの適切性を通じてのみ検証可能なケースをいう。

　直接的検証を通じて、測定者バイアス（意図的もしくは偶発的に不適切な測定方法を適用することにより生じるバイアス）と測定バイアス（表現しようとする現象を不正確に算定する可能性のある測定方法を利用することにより生じるバイアス）の両方が最小となる（Johnson [2005] p. 3）。

　しかし、間接的検証においては、測定者バイアスのみが最小となり、測定バイアスは最小とならない（Johnson [2005] p. 3）。つまり、間接的な検証のもとでは、測定方法の選択や適用に誤謬もしくは偏向がないことは保証できるが、選択された測定方法によって算出された測定値が、対象となった経済現象を忠実に表現していることまでは保証できない。例えば、有形固定資産の期末帳簿価額については、財務諸表作成者と同じインプットデータや減価償却方法を利用し、算定した結果が、一致することによって、正しいことを間接的に検証することができる。しかし、この帳簿価額が期末における当該資産の経済的実質、例えば、市場における価値を忠実に表現しているかどうかまでは検証することはできない。このため、「間接的検証可能性は忠実な表現の構成要素とは言えない。」（徳賀 [2008] p. 26）とみなされる。このような見解は、討議資料へのコメントレターにも見られ、最終的にファイナルペーパーにおいて検証可能性は、非常に望ましいが必ずしも必要ではないとみなさ

れ,補強的な質的特性として位置付けられた (IASB/FASB [2010] para. BC 3.36)。

　間接的検証可能性を考慮した場合,ある数値が検証可能であっても,当該数値が経済現象を忠実に表現していることは保証されない,あるいは,忠実に表現しているかどうか検証できないというケースが生じうる。このため,従来のFASB概念フレームワークのように,信頼性の構成要素に表現の忠実性と検証可能性が含められている場合,情報の有する表現の忠実性と検証可能性とが常時,相乗的に当該情報の信頼性を高めるとは限らず,トレードオフ関係となる場合もありえる。そしてそのような場合に,表現の忠実性と検証可能性が状況に応じて衡量され,その結果として,信頼性の質に幅をもたらすことになる。

　そうであるとすれば従来のFASB概念フレームワークおいて信頼性の構成要素として表現の忠実性と検証可能性が並置されている状況は,信頼性に揺らぎを生み出すものであったといえよう。あるいはそのような状況が,信頼性の意義の理解に混乱をもたらしたのかもしれない。Johnson [2005] のように信頼性および検証可能性の意義を検討するレポートがFASBによって公表されていることからも,FASB概念フレームワークにみられる表現の忠実性と検証可能性の相互関係の整理は,概念フレームワーク改訂プロジェクトにおける重要な課題であったと推察される。そして,改訂された質的特性では,忠実な表現が信頼性に代わって採用され,検証可能性よりも重きがおかれる相互関係となっている。

　一方,従来のIASB概念フレームワークにおいて,信頼性の構成要素は,忠実な表現(と実質優先性),中立性(と慎重性)および完全性であるとされ,もともと検証可能性は明示的に要求されていない[4]。また,構成要素としてパラグラフは設けられていなかったが,信頼性を有する情報の特性として,重大な誤謬や偏向がないこと,つまり無誤謬であることが挙げられている (IASC [1989] para. 31)。このような特徴を持つIASB概念フレームワークにおける信頼性とファイナルペーパーで示された忠実な表現とは,文章表現上の違いなど細部における相違は多数あるが,概念的な構成に関しては大きな相違はないといえよう。ただし,構成概念の相互関係が決定的に異なってい

る。

　原則主義によるIFRSあるいは米国会計基準の整備に代表される、企業活動における経済的実質の反映を強く指向する会計思考のもとでは、経済現象を表現することが重視される。信頼性の再定義においてもそのような指向性が、忠実な表現を基本的な質的特性として位置付け、完全性、中立性、および無誤謬性を忠実な表現の構成要素とする誘因となったともいえよう。そして、経済現象を忠実に表現することの優先性および経済現象を忠実に表現することと間接的検証可能性との不親和性が相まって、忠実な表現が財務情報の基本的な質的特性とされ、検証可能性が補強的な質的特性として位置付けられたのである。

7　忠実な表現の採用のインプリケーション

　信頼性概念の再構築のために、従来、信頼性の構成要素であった忠実な表現あるいは表現の忠実性に新たな定義を与え、忠実な表現が信頼性に代わる基本的な質的特性として採用された。そして忠実な表現の基本的な質的特性としての採用は、従来の信頼性のみならず、旧概念フレームワークにおける表現の忠実性あるいは忠実な表現とも異なる含意を持つ質的特性の導入である可能性がある。ファイナルペーパーにおける忠実な表現の採用から、IASBあるいはFASBによる今後の会計制度設計や会計基準設定の方向性を示す何らかのサインを読み取ることができるかもしれない。以下ではその点について考察する。

7-1　忠実な表現の導入における論点のシフト

　前述のように、忠実な表現の採用根拠は、IASBとFASBの両審議会が構想する信頼性概念の再定義にあった。

　そのため、まず討議資料の段階では、検証可能性、中立性、および完全性を構成要素とし、従来の信頼性と類似した質的特性として忠実な表現を定義し、採用する姿勢が示されている。ただし、質的特性の適用プロセスにおいては目的適合性が先行することが明示されており、その点で、目的適合性と

忠実な表現との間に従来の目的適合性と信頼性とは異なる相互関係が取り入れられている。

次に公開草案では、忠実な表現の構成要素が、完全性、中立性、および重大な誤謬がないことへと変更され、検証可能性が独立した質的特性とされた。検証可能性が忠実な表現の構成要素から外された根拠は、忠実な表現と検証可能性とが必ずしも正の相関関係を有するものではないためであった。ここにおいては、当初の信頼性概念の再定義という目的から離れ、忠実な表現概念が独立し、忠実な表現自体を整合的に達成させるための論理的整理へと論点がシフトしているように窺える。

このような信頼性概念の再定義から忠実な表現概念の整備への論点シフトという一連の動向が、両審議会が当初から青写真として描いていたものなのか、それとも討議過程を通じて流動的に計画されたものなのかは不明である。しかし、いずれにせよ忠実な表現への置換えには、両審議会による暗黙的なメッセージがあるものと考えられる。

例えば、FASBのある審議会メンバーは、質的特性の討議過程で、検証可能性の重要性を表明するコメントレター投稿者に対して、なぜ検証可能性が補強的な質的特性とされるのかを理解しておらず、過去指向的な財務会計を主張しているとの懸念を示した上で、システム全体は、公正価値に限らず、将来を考慮した会計を必要としている、との見解を示している（FASB [2008c] para. 31）。つまり、特定個人の考えではあるかもしれないが、社会全体として将来指向的な財務情報が要求されており、そのような要求に応える必要があるとの認識が示されている。

そのような認識が、概念フレームワーク改訂プロジェクトの基底にあるとすれば、財務情報利用者のニーズに応えるための目的適合性の先行性、将来指向的な情報の識別を可能にする忠実な表現概念の導入などといった一連の改訂の背景として説得的といえよう。

7-2　忠実性と表現性の分離

従来のIASB概念フレームワークにおいて忠実な表現は、情報が「表示しようとするかあるいは表示することが合理的に期待される取引その他の事

象を忠実に表現」(IASC [1989] para. 33) すること、と定義されている。加えて、「情報が表示しようとする取引その他の事象を忠実に表現するためには、取引その他の事象は、単に法的形式に従うのではなく、その実質と経済的実態に即して会計処理され表示されることが必要である。」(IASC [1989] para. 35) として、忠実な表現における実質優先性の重要性を指摘している。IASC [1989] における忠実な表現の定義が簡潔なため、その意図するところを十分に解釈することは困難であるが、実質優先性が、法的形式よりも経済的実質に基づき表現することを要求するものであることから、IASB概念フレームワークにおける忠実な表現では、特定の事象を経済的実質の観点から忠実に表現するという、経済現象と表現との一致、すなわち忠実性に重きが置かれているものと推察できる。一方、いかに表現するか、といった表現の仕方については、実質優先性以外に言及されていない。

また、従来のFASB概念フレームワークにおける表現の忠実性とは、「ある測定値または記述と、それらが表現しようとする現象とが対応または一致すること」(FASB [1980] para. 63、同訳書 p. 92) である。このような記述から、FASB概念フレームワークにおける表現の忠実性においても、従来のIASB概念フレームワークと同様に、経済現象と表現された内容との対応ないしは一致という意味での忠実性が重要視されていると解釈できる。

そのような状況において、ファイナルペーパーで採用された忠実な表現とは、「表現しようとしている現象を忠実に表現」(IASB/FASB [2010] para. QC12) することである。そして、完璧に忠実な表現であるためには、「完全な描写」、かつ「中立的な描写」、かつ「現象の記述に誤謬や脱漏がなく、報告された情報を作成するのに用いられたプロセスが当該プロセスにおける誤謬なしに選択適用された」描写であることが求められる (IASB/FASB [2010] paras. QC13-15)。このファイナルペーパーにおける忠実な表現では、忠実であることはもとより、経済現象を表現することも重要視されていると理解できるのではないか。すなわち、表現の忠実性 (representational faithfulness) ではなく、忠実な表現 (faithful representation) が基本的な質的特性として採用されたことは、文字通り忠実性 (faithfulness) から表現すること (representation) への力点のシフトを意味していると考えられるのである。

Rosenfield [2006] では、質的特性について議論する際に、表現することの代表性（representativeness）と忠実性（faithfulness）とを区別して論じている（Rosenfield [2006] pp. 84-101）。この場合、表現することの代表性とは、データが報告書において報告主体と関係ある現象を表現しようとしていること、忠実性とは、表現されたデータが現象を忠実に表現していることを意味するという（Rosenfield [2006] p. 88）。

このような区別を前提とした場合、例えば、従来のFASB概念フレームワークにおける表現の忠実性のもとでは、経済現象が情報として表現されていることは所与であり、上述したように、経済現象の表現としての当該情報が経済現象に忠実であるかどうかが相対的に重視されていると理解できる。一方、ファイナルペーパーにおける忠実な表現では、目的適合性の先行性に基づき、まずは、現実世界における目的適合的な経済現象を表現しようとすることが肝要であり、その上で、当該表現を情報として忠実に表現することが問題になると考えられる。すなわち、忠実な表現という用語の採用、および目的適合性と忠実な表現の序列化は、忠実性から表現することへの力点のシフトを含意している、と解釈できるのである。

無論、従来の質的特性を整理検討し、その上で策定される改訂概念フレームワークであることから、単に、従来、利用されていた用語である表現の忠実性との混同を回避するために新たな用語を使用するという意味合いもあるかもしれない。ただし、そのような説明は、従来のIASB概念フレームワークにおいても忠実な表現が採用されていたことを踏まえれば説得的ではない。

8　むすびにかえて

本章では、IASB/FASB共同概念フレームワークの第3章『有用な財務情報の質的特性』の概要を明らかにするとともに、質的特性の改訂部分のうち、忠実な表現の採用と検証可能性の位置付けの変更を中心にその意義の検討、考察を行った。

検証可能性は、補強的な質的特性として位置付けられたが、このことは、

8 むすびにかえて

信頼性の構成要素とされていた従来のFASB概念フレームワークと比べると意思決定有用性における検証可能性の役割の後退と解釈できる。その一方で、従来のIASB概念フレームワークと比べると明示的に質的特性として採用されたことから、検証可能性の有用性が評価されたとみることもできる。いずれにせよ、検証可能性は補強的な質的特性であり、目的適合性や忠実な表現よりも序列は下位となっている。

忠実な表現の採用や検証可能性の位置付けの変更の背景には、前述のような表現することへ力点のシフト、具体的には、配分よりも評価の重視とそれに伴う公正価値測定の導入、原則主義による会計基準設定に伴う経営者の判断の介入などの存在があり、より大きくは将来指向的な会計システムの構築が予定されている可能性もある。

忠実な表現の採用に伴って、従来、目的適合性と信頼性とに存在したトレードオフ関係に変化がもたらされた。改訂された質的特性においては、財務情報の作成にあたって、まずは目的適合的な経済現象の識別がなされ、その後に、当該経済現象を目的適合的かつ忠実に表現できるかどうかが判断される。この結果、目的適合性と忠実な表現の間に適用上の序列関係が形成されることとなった。それでは、このような適用上の序列関係の導入が今後、会計基準設定や財務諸表の作成に正負どのような影響をもたらすのであろうか、あるいは何ら影響をもたらさないのであろうか。これらの点に関する検証が必要である。

さらに、信頼性に代わる忠実な表現の採用のインプリケーションとして、忠実性から表現することへの力点のシフトを指摘した。それでは、次に、そのようなシフトの含意するところ、あるいは帰結するところは一体どこにあるのであろうか。例えば、経済現象の実質についての判断を必要とする原則主義の採用の影響であろうか、それとも従来、財務諸表に計上されていなかった経済現象を認識、測定し、表示するための概念的整備であろうか。あるいは、そもそも力点のシフトという解釈自体が事実誤認であり、関連する変化を生んでいないかもしれない。これらの点については、質的特性に続く概念フレームワークの改訂プロジェクトや会計基準設定などの吟味を通じて検証する必要がある。

また、上記のような目的適合性と忠実な表現の適用上の序列関係が構築された一方で、その適用に際しては、目的適合的な経済現象であっても忠実な表現が可能でない場合には、改めて次に目的適合性の高い経済現象を選択し、適用プロセスをやり直すことが示されている。このことは、必ずしも目的適合性が常に優先されるわけではないことを意味する。つまり、IASBとFASBは目的適合性の先行を差し止めるうる抑制弁としての役割を忠実な表現に組み込んでいる。両審議会が、どのような意図のもと、このような忠実な表現の目的適合性に対する抑制弁としての役割を適用プロセスに組み込んだのかは定かではない。目的適合性の過剰な先行を抑止することを意図しているためかもしれないし、単に論理上必要な質的特性の適用プロセスの一部に過ぎず、実際的な機能は期待されていないかもしれない。あるいは、そのような抑止する手立てがあることを形式的にアピールするためかもしれない。

　一般に、質的特性の改訂は、フローよりもストックを、配分よりも評価を指向するものであり、資産負債観の徹底、あるいは公正価値会計の導入を示唆するものであると理解されている。そのような解釈の根拠は、新たな質的特性における目的適合性の先行的適用、信頼性に代わる忠実な表現の採用、検証可能性の後退にある。しかし、上述したように、適用プロセスにおいて忠実な表現に抑制弁としての役割が与えられている。

　折しも、ファイナルペーパーが公表された2010年には、IASBとFASBとが合同で測定プロジェクトに関するスタッフペーパー（IASB and FASB [2010b]）を公表している。当該スタッフペーパーでは、財務報告の目的を最も実現させる方法は、資産および負債に特定の測定方法を選択することによる二つの財務表への影響を考慮することであり、財政状態計算書のみもしくは包括利益計算書のみを考慮して財務表の測定方法を決定することは財務報告の目的を最も実現させることにはならないと述べられている（IASB and FASB [2010b] paras. 16-17）。そして、概念フレームワークにおける財務報告の目的に基づけば、測定に関して貸借対照表観、損益計算書観、ホリスティック観が導きうるとして（IASB and FASB [2010b] para.9）、資産負債観、収益費用観に加えて第3の会計観を提示している。

この第3の会計観の提示は、適用プロセスにおける忠実な表現の抑制弁としての役割への期待と無関係であろうか。スタッフペーパーではホリスティック観の詳細な説明がなされていないため不確定ではあるが、忠実な表現の抑制弁としての役割が、資産負債観とは異なる第3の会計観としてのホリスティック観の呼び水となる可能性もある。この点に関しては、今後のIASB/FASB共同概念フレームワークの整備や財務報告基準、会計基準の設定を通じて明らかになるであろう。

　信頼性に代わる忠実な表現の採用あるいは検証可能性の後退は、目的適合性の過度な強調であり、かえって財務情報の有用性を損なうものであるとして批判の対象となっている（例えばASBJ［2008］、桜井［2009］、渡邉［2012］など）。改訂プロジェクトでは、信頼性を忠実な表現に置換え、検証可能性を補強的特性とすることによる利点と多くの批判が寄せられ、指摘されている弊害とを勘案し、質的特性の改訂を推進したはずである。質的特性の役割を評価するうえでも、忠実な表現に限らず、今回の質的特性の改訂が、今後の概念フレームワーク構築やIFRSをはじめとした会計基準整備にいかなる影響をもたらすのか、あるいは影響をもたらさないのかについては今後の研究課題としたい。

（注）

1　FASBからは、SFAC第8号『財務報告に関する概念フレームワーク：第1章　一般目的財務報告の目的、および第3章　有用な財務情報の質的特性（*Conceptual Framework for Financial Reporting : Chapter 1, The Objective of General Purpose Financial Reporting, and Chapter 3, Qualitative Characteristics of Useful Financial Information*）』として公表されている。
2　表8-1には、質的特性の構成要素、制約条件とされる特性は含めていない。
3　IASC［1989］における「faithful representation」は、一般に「表現の忠実性」と訳されることが多い（例えば、ASBJ・FASF監訳［2009］）。本書では、「faithful representation」は忠実な表現と訳し、「representational faithfulness」は表現の忠実性と訳し、区別するものとする。
4　ただし、IASC［1989］における「情報は、重大な誤謬や偏向がなく、またそれが表示しようとするか、あるいは表示されることが合理的に期待される事実を忠実に表現したものとして利用者が信頼する場合に、信頼性の特性を有する。」（IASC

[1989] para. 31〕との記述のうち、「重大な誤謬がなく」、「利用者が信頼する」という部分をもって、内部統制や監査に基づく検証可能性が求められているとする見解もある（IASB [2005d] para. 23）。

〈引用文献〉

ASBJ [2006a]『討議資料「財務会計の概念フレームワーク」』ASBJ.

ASBJ [2008]『公開草案「財務報告の概念フレームワーク改訂案 第 1 章 財務報告の目的及び第 2 章 意思決定に有用な財務報告情報の質的特性及び制約条件」に対するコメント』ASBJ.

桜井久勝 [2009]「会計の国際的統合と概念フレームワーク」『企業会計』第61巻2号、pp. 178-185.

津守常弘 [2008]「『財務会計概念フレームワーク』の新局面と会計研究の課題」『企業会計』第60巻第 3 号、pp. 324-334.

徳賀芳弘 [2008]「『信頼性』から『忠実な表現』へ変化の意味」、友杉芳正・田中弘・佐藤倫正編著 [2008]『財務情報の信頼性―会計と監査の挑戦―』税務経理協会、pp. 22-30.

中山重穂 [2012b]「財務情報の質的特性」『国際会計の概念フレームワーク』国際会計研究学会研究グループ最終報告書、pp. 39-48.

渡邉泉 [2012]「行き過ぎた有用性アプローチへの歴史からの警鐘」『大阪経済大学ワーキングペーパー・シリーズ』、Working Paper No. 2012-1.

AASB [2007] *Framework for the Preparation and Presentation of Financial Statement (compiled)*, AASB.

ASB [1999] *Statement of Principles for Financial Reporting*, ASB.

CICA [1988] Financial Statement Concepts, Section 1000, *CICA Handbook*, CICA.

FASB [1980] *SFAC No. 2, Qualitative Characteristics of Accounting Information*, FASB（平松一夫・広瀬義州訳 [2002]『FASB 財務会計の諸概念（増補版）』、中央経済社）.

FASB [2006a] *Preliminary Views, Conceptual Framework for Financial Reporting : Objective of Financial Reporting and Qualitative Characteristics of Decision-Useful Financial Reporting Information*, Financial Accounting Series, No. 1260-001, FASB.

FASB [2008a] *Exposure Draft, Conceptual Framework for Financial Reporting : The Objective of Financial Reporting and Qualitative Characteristics and Constraints of Decision-Useful Financial Reporting Information*, Financial Accounting Series, No. 1570-100, FASB.

FASB [2010] *SFAC No. 8, Conceptual Framework for Financial Reporting : Capter 1, The Objective of General Purpose Financial Reporting, and Chapter 3, Qualita-

tive Characteristics of Decision-useful Financial Information, FASB.
IASB [2005d] *Project : Conceptual Framework, Information for Observers*, IASB meeting, May, 2005, IASB.
IASB [2006a] *Discussion Paper, Preliminary Views on an improved Conceptual Framework for Financial Reporting : The Objective of Financial Reporting and Qualitative Characteristics of Decision-useful Financial Reporting Information*, IASB.
IASB [2008a] *Exposure Draft of An improved Conceptual Framework for Financial Reporting : Chapter 1 : The Objective of Financial Reporting, Chapter 2 : Qualitative Characteristics and Constraints of Decision-useful Financial Reporting Information*, IASB.
IASB [2010] *Conceptual Framework for Financial Reporting, Chapter 1 : The Objective of General Purpose Financial Reporting and Chapter 3 : Qualitative Characteristics of Useful Financial Information*, IASB (IFRS 財団編、ASBJ・FASF 監訳 [2012]『国際財務報告基準 (IFRS) 2012』中央経済社).
IASB and FASB [2010b] *Project : Conceptual Framework, Topic : Measurement Implications of the Objective of Financial Reporting, Measurement Implications of the Qualitative Characteristics, What the Measurement Chapter Should Accomplish, Staff Paper*, IASB/FASB Board Meeting, July, 2010, IASB and FASB.
IASC [1989] *Framework for the Preparation and Presentation of Financial Statements*, IASC Foundation (IASC 財団編、ASBJ・FASF 監訳 [2009]『国際財務報告基準 (IFRS) 2009』中央経済社).
Johnson, L. T. [2005] *Relevance and Reliability, The FASB Report*, FASB.
NZSA [2001] *Statement of Concepts for General Purpose Financial Reporting (revised)*, NZSA.
Rosenfield, Paul [2006] *Contemporary Issues in Financial Reporting*, Routledge.

参考資料一覧

日本語参考資料

秋葉賢一［2011］『エッセンシャル IFRS』中央経済社。
安藤英義［2012］「財務会計と財務報告の間」『企業会計』第64巻第4号、pp. 465-472。
安藤英義編著［1996］『会計フレームワークと会計基準』中央経済社。
伊藤徳正［2011］『ベドフォードの会計思想』成文堂。
岩崎勇［2007］「会計概念フレームワークの現状と問題点」『會計』第172巻第5号、pp. 641-653。
岩崎勇［2011］「IFRS の概念フレームワークについて―財務情報の質的特性を中心として―」『會計』第180巻第6号、pp. 777-789。
岩崎勇［2012］「IASB の概念フレームワークにおける会計目的について」『經濟學研究』第78巻第5・6合併号、pp. 59-88。
浦崎直浩［2006］「会計情報の信頼性に関する考察」『會計』第170巻第3号、pp. 349-362。
浦崎直浩［2010］「IFRS 導入と概念フレームワークの意義」『国際会計研究学会年報』2010年度臨時増刊号、pp. 81-93。
ASBJ（基本概念ワーキング・グループ）［2004］『討議資料「財務会計の概念フレームワーク」』ASBJ。
ASBJ［2006a］『討議資料「財務会計の概念フレームワーク」』ASBJ。
ASBJ［2006b］『ディスカッション・ペーパー「財務報告に関する改善された概念フレームワークについての予備的見解：財務報告の目的及び意思決定に有用な財務報告情報の質的特性」に対するコメント』ASBJ。
ASBJ［2008］『公開草案「財務報告の概念フレームワーク改訂案 第1章 財務報告の目的及び第2章 意思決定に有用な財務報告情報の質的特性及び制約条件」に対するコメント』ASBJ。
鶯地隆継［2009］「原則主義への対応と解釈指針の役割」『企業会計』第61巻第3号、pp. 349-356。
越智信仁［2012］『IFRS 公正価値情報の測定と監査―見積り・予測・リスク情報拡大への対応』国元書房。
大日方隆［2005］「会計情報の質的特性」『企業会計』第57巻第1号、pp. 38-43。
大日方隆［2011］「会計機能から見た会計基準の論点」『企業会計』第63巻第1号、pp. 86-92。
加藤久明［2011］「コスト・ベネフィット調査の論点整理（1）―原則主義・規則主義に

関する問題—」、小津稚加子・梅原秀継編著『IFRS導入のコスト分析』中央経済社、pp. 45-65。

可児島達夫 [1999]「アメリカにおける財務会計概念フレームワークの形成基盤」『商學論究』第47巻第2号、pp. 209-226。

椛田龍三 [2007]「会計における概念フレームワークとコンバージェンス」『大分大学経済論集』第58巻5号、pp. 1-30。

川口八洲雄 [2005]「ドイツ基準設定審議会の概念フレームワーク草案」『大阪産業大学経営論集』第6巻第3号、pp. 15-32。

川西安喜 [2008]「FASB・IASB共通の概念フレームワークに関する公開草案『財務報告の目的並びに意思決定に有用な財務報告情報の質的特性及び制約』」『会計・監査ジャーナル』第20巻9号、pp. 54-60。

川西安喜 [2010]「共通の概念フレームワークの新章『一般目的の財務報告の目的』と『有用な財務情報の質的特性』」『会計・監査ジャーナル』第22巻12号、pp. 51-59。

菊谷正人 [2001]「英国会計の概念フレームワークにおける特徴」『国士舘大学政経論叢』平成13年第2・3号、pp. 113-137。

菊谷正人 [2002]『国際的会計概念フレームワークの構築—英国会計の概念フレームワークを中心として—』同文舘出版。

国田清志 [2001]「継続企業の前提と財務諸表の質的特徴—IASCフレームワークとFASB概念フレームワークの比較」『企業会計』第53巻第12号、pp. 1811-1817。

国田清志 [2003]「G4+1諸国における会計概念フレームワークの類型」『会計学研究』第29巻、pp. 35-54。

国田清志 [2007]「会計基準のグローバルコンバージェンスに向けて—『概念フレームワーク』の検討を中心にして—」『会計学研究』第33巻、pp. 69-92。

国田清志 [2009]「『表現の忠実性』の意味と役割—IASBとFASBの共同プロジェクトを中心として—」『産業経理』第68巻4号、pp. 90-98。

国田清志 [2012]「『表現の忠実性』と会計上の認識、測定及び期間損益計算」『専修商学論集』第94巻、pp. 165-170。

倉田幸路 [2012]「ドイツにおける概念フレームワーク—その役割と特徴—」『會計』第181巻第4号、pp. 464-478。

小西範幸 [2005]「財務会計の概念フレームワークと基本財務諸表の体系」『産業経理』第65巻2号、pp. 39-50。

小西範幸 [2009]「会計の枠組みと財務報告の変容—認識基準と測定基準の連携—」『産業経理』第69巻1号、pp. 34-45。

斎藤静樹 [2003]「会計基準の動向と概念フレームワークのあり方」『企業会計』第55巻第1号、pp. 34-38。

斎藤静樹［2007］「概念フレームワーク」『会計学大事典〈第五版〉』中央経済社、pp. 147-148。
斎藤静樹［2010］『会計基準の研究〈増補版〉』中央経済社。
斎藤静樹［2011］「会計基準作りの基準と会計研究―社会規範、概念フレームワーク、コンバージェンス―」『會計』第179巻1号、pp. 1-13。
斎藤静樹［2011］「会計基準と基準研究のあり方―理論性・実証性・規範性―」『會計』第180巻第3号、pp. 295-311。
斎藤静樹編著［2002］『会計基準の基礎概念』中央経済社。
斎藤静樹編著［2005］『詳細「討議資料・財務会計の概念フレームワーク」』中央経済社。
斎藤静樹編著［2007］『詳細「討議資料・財務会計の概念フレームワーク」第2版』中央経済社。
齋藤真哉「ドイツ概念フレームワークの検討～『正規の財務報告の諸原則』（草案）の意義と特徴～」『青山経営論集』第40巻第1号、pp. 101-104。
齋野純子［2006］『イギリス会計基準設定の研究』同文舘出版。
齋野純子［2011］「原則主義に基づく会計基準設定の方向―原則主義の概念構成と『真実かつ公正な概観』をめぐって―」『會計』第179巻第6号、pp. 796-808。
齋野純子［2011］「原則主義に基づく会計基準設定と資産負債アプローチ」『会計・監査ジャーナル』第23巻第10号、pp. 53-59。
桜井久勝［2007］「概念フレームワークのコンバージェンス」『企業会計』第59巻1号、pp. 78-85。
桜井久勝［2009］「会計の国際的統合と概念フレームワーク」『企業会計』第61巻2号、pp. 178-185。
佐藤信彦［2012］「財務会計概念フレームワークの再検討」『會計』第181巻第4号、pp. 449-463。
佐藤倫正［2008］「財務情報の信頼性」、友杉芳正・田中弘・佐藤倫正編著『財務情報の信頼性―会計と監査の挑戦―』税務経理協会、pp.3 -12。
佐藤倫正［2012］「ホリステック会計観の実名」『税務経理』第9158号、p. 1。
佐藤倫正［2012］「国際会計の概念フレームワーク序説」『国際会計の概念フレームワーク』国際会計研究学会研究グループ最終報告書、pp. 1- 8 。
佐藤倫正［2012］「資金会計の国際的展開」『経済科学』第59巻第4号、pp. 1-18。
JICPA［2008］『IASB公開草案「財務報告に関する改善された概念フレームワーク」に対する意見』JICPA。
志賀理［2007］「現代会計における信頼性の意味」『會計』第172巻第3号、pp. 311-323。
志賀理［2011］「FASB『財務会計概念ステイトメント第8号』の本質的意味」『同志社商学』第62巻第5・6号、pp. 280-291。

志賀理［2011］『会計認識領域拡大の論理』森山書店。
杉本徳栄［2003］「原則主義会計基準と概念フレームワーク」『會計』第164巻第6号、pp. 800-814。
杉本徳栄［2011］『アメリカSECの会計政策』中央経済社。
高尾裕二［2011］「会計規制と企業会計」、安藤英義・古賀智敏・田中建二責任編集『企業会計と法制度（体系現代会計学第5巻）』中央経済社、pp. 517-544。
高須教夫［2012］「意思決定有用性アプローチの確立と概念フレームワークの形成—アメリカにおける会計規制の観点から—」、千葉準一・中野常男責任編集『会計と会計学の歴史（体系現代会計学第8巻）』中央経済社、pp. 373-409。
滝西敦子［2007］「米国における『原則に基づくアプローチ』の展開—会計基準設定におけるアプローチの変化—」『経済論叢』第179巻第4号、pp. 52-72。
武田安弘編著［2001］『財務報告制度の国際比較と分析』税務経理協会。
辻山栄子［2011］「会計基準の国際化と会計基準のメタ・ルール」『會計』第179巻1号、pp. 52-67。
角ヶ谷典幸［2012］「ホーリスティック観と財務諸表の体系」『経済科学』第59巻第4号、pp. 75-93。
角ヶ谷典幸［2012］「ホリスティック会計観」『国際会計の概念フレームワーク』国際会計研究学会研究グループ最終報告書、pp. 99-105。
津守常弘［2002］『会計基準形成の論理』森山書店。
津守常弘［2008］「『財務会計概念フレームワーク』の新局面と会計研究の課題」『企業会計』第60巻第3号、pp. 324-334。
津守常弘［2012］「現代会計の『メタ理論』的省察」『企業会計』第64巻第8号、pp. 1065-1078。
徳賀芳弘［2004］「会計基準設定における姿勢の変化—エンロン事件のもたらす副産物—」、山地秀俊編著『アメリカ不正会計とその分析』神戸大学経済経営研究所、pp 1-22。
徳賀芳弘［2008］「『信頼性』から『忠実な表現』へ変化の意味」、友杉芳正・田中弘・佐藤倫正編著『財務情報の信頼性—会計と監査の挑戦—』税務経理協会、pp. 22-30。
友杉芳正［2008］「財務情報の質的特性としての信頼性」、友杉芳正・田中弘・佐藤倫正編著『財務情報の信頼性—会計と監査の挑戦—』税務経理協会、pp. 13-21。
豊田俊一［2007］「討議資料『財務会計の概念フレームワーク』について」『企業会計』第59巻第5号、pp. 682-692。
中島省吾訳編［1964］『増訂 A.A.A. 会計原則』中央経済社。
中島稔哲［2011］「有用な財務情報の質的特性と会計基準の開発」『ビジネス＆アカウンティングレビュー』第7号、pp. 63-75。

中島稔哲［2012］「概念フレームワークと原則主義に基づく会計基準の関係」『ビジネス＆アカウンティングレビュー』第9号、pp. 55-68。

中山重穂［2004a］「原則主義アプローチによる会計基準設定にともなう諸問題の検討」『税経通信』第59巻第6号、pp. 179-186。

中山重穂［2004b］「目的指向型会計基準の設定に向けた諸問題の検討」『豊橋創造大学短期大学部研究紀要』第21号、pp. 49-64。

中山重穂［2008］「会計制度における実質優先性の位置づけ」『豊橋創造大学短期大学部研究紀要』第25号、pp. 9-20。

中山重穂［2012a］「原則主義」『国際会計の概念フレームワーク』国際会計研究学会研究グループ最終報告書、pp. 117-120。

中山重穂［2012b］「財務情報の質的特性」『国際会計の概念フレームワーク』国際会計研究学会研究グループ最終報告書、pp. 39-48。

西谷順平［2007］「会計基準設定の分析―資産負債観へのシフト、コンバージェンス問題の再検討も含めて―」『立命館経営学』第45巻第6号、pp 27-39。

橋本尚・山田善隆［2012］『IFRS会計学基本テスト第3版』中央経済社。

平賀正剛［2005］「会計基準の国際的収斂と概念フレームワークの形成」『税経通信』第60巻1号、pp. 153-160。

広瀬義州・間島進吾編［1999］『コメンタール国際会計基準Ⅰ』中央経済社。

藤井秀樹［2007］『制度変化の会計学―会計基準のコンバージェンスを見すえて』中央経済社。

藤井秀樹［2009］「会計制度形成の現代的特徴と展開方向―改訂概念フレームワーク草案における『忠実な表現』に寄せて―」『会計制度の成立根拠とGAAPの現代的意義（中間報告）』日本会計研究学会スタディ・グループ報告書、pp. 87-110。

藤田晶子［2012］「フランスにおける概念フレームワーク―その役割と特徴―」『會計』第181巻第4号、pp. 479-493。

万代勝信［2012］「日本における概念フレームワーク―その役割と特徴―」『會計』第181巻第4号、pp. 494-508。

向伊知郎［2009］「原則主義による国際会計基準の設定と課題」『経営学研究』第19巻第1号、pp. 35-44。

村井秀樹［2003］「国際会計基準と概念フレームワーク」、小栗崇資・熊谷重勝・陣内良昭・村井秀樹編著『国際会計基準を考える―変わる会計と経済』中央経済社、pp. 26-40。

村瀬儀祐［2011］『会計理論の制度分析』森山書店。

村田英治［2011］「会計における主観主義と客観主義―受託責任会計と投資意思決定会計の異質性―」『商学論集』第79巻第4号、pp. 11-17。

森川八洲男［2003］「ドイツ版概念フレームワークの構想」『企業会計』第55巻第10号、pp. 1380-1389。

山形休司［1986］『FASB 財務会計基礎概念』同文舘出版。

山田辰己［2012］「IASB の概念フレームワーク―その役割と特徴―」『會計』第181巻第4号、pp. 509-520。

山田康裕［2012］「財務会計の概念フレームワーク」『企業会計』第64巻第1号、pp. 33-38。

有限責任あずさ監査法人 IFRS 本部編［2012］『IFRS の基盤となる概念フレームワーク入門』中央経済社。

和田博志［2009］「会計測定の対象に関する認識論的考察―『信頼性』概念の再構築に向けて―」『會計』第176巻第3号、pp. 344-354。

和田博志［2012］「会計基準設定の方向性に関する一試論」『會計』第182巻第2号、pp. 236-248。

渡邉泉［2009］「会計目的のパラドクス―信頼性と有用性の狭間」『會計』第175巻第5号、pp. 736-750。

渡邉泉［2011］「歴史から見る時価評価の位置づけ」『會計』第180巻第5号、pp. 595-610。

渡邉泉［2012］「行き過ぎた有用性アプローチへの歴史からの警鐘」『大阪経済大学ワーキングペーパー・シリーズ』、Working Paper No. 2012-1。

外国語参考資料

AAA［1936］A Tentative Statement of Accounting Principles Affecting Corporate Reports, *The Accounting Review*, Vol. 11, No. 2, pp. 187-191.

AAA［1966］*A Statement of Basic Accounting Theory*, AAA（飯野利夫訳［1969］『アメリカ会計学会 基礎的会計理論』国元書房）.

AAA's Financial Accounting Standards Committee［2007］The FASB's Conceptual Framework for Financial Reporting: A Critical Analysis, *Accounting Horizons*, Vol. 21, No. 2, pp. 229-238.

AAA's Financial Accounting Standards Committee［2010］A Framework for Financial Reporting Standards: Issues and a Suggested Model, *Accounting Horizons*, Vol. 24, No. 3, pp. 471-485（松浦総一・朱閔如・任妮訳［2011］「財務報告基準のためのフレームワーク：問題点と提案モデル」『立命館経営学』第49巻第6号、pp. 161-180）.

AASB［2004］*Framework for the Preparation and Presentation of Financial Statements*, AASB.

AASB [2007] *Framework for the Preparation and Presentation of Financial Statements* (compiled), AASB.

AICPA [1970] APB Statement No. 4, Basic Concepts and Accounting Principles Underlying Financial Statements of Business Enterprises, *APB Accounting Principles, Original Pronouncements as of June 30, 1973*, Vol. 2, Commerce Clearing House, Inc. (川口順一訳 [1973]『アメリカ公認会計士協会 企業会計原則』同文舘出版).

AICPA [1973] *Objectives of Financial Statements, Report of the Study Group on the Objectives of Financial Statements*, AICPA (川口順一訳 [1976]『アメリカ公認会計士協会 財務諸表の目的』同文舘出版).

Anthony, Robert. N. [1983] *Tell It Like It Was : A Conceptual Framework for Financial Accounting*, Richard D Irwin Inc..

Anthony, Robert. N. [1984] *Future Directions for Financial Accounting*, Dow Jones-Irwin (佐藤倫正訳 [1989]『アンソニー財務会計論』白桃書房).

ASB [1999] *Statement of Principles for Financial Reporting*, ASB.

Benston, George J., Michael Bromwich, Robert E. Litan and Alfred Wagenhofer [2003] *Following the Money : The Enron Failure and the State of Corporate Disclosure*, Brookings Institution Press (田代樹彦・石井康彦・中山重穂訳 [2005]『会計制度改革への挑戦―フォローイング・ザ・マネー』税務経理協会).

Benston, George J., Michael Bromwich, Robert E. Litan and Alfred Wagenhofer [2006] *Worldwide Financial Reporting : The Development and Future of Accounting Standards*, Oxford University Press (川村義則・石井明監訳 [2009]『グローバル財務報告―その真実と未来への警鐘』中央経済社).

Bullen, H. G. and Kimberley Crook [2005] *Revisiting the Concepts*, IASB/FASB.

Canning, J. B. [1929] *The Economics of Accountancy*, Arno Press (reprinted 1978).

CICA [1988] Financial Statement Concepts, Section 1000, *CICA Handbook*, CICA.

DSR [2002] *Entwurf Grundsätze ordnungsgemäßer Rechnungslegung* (Rahmenkonzept), DSR.

FASAC [2004a] *Revisiting the FASB's Conceptual Framework*, March, 2004, FASAC Meeting, Attachment D.

FASAC [2004b] *Joint Conceptual Framework Project*, December, 2004, FASAC Meeting, Attachment D.

FASB [1974] *Conceptual Framework for Financial Accounting and Reporting : Consideration of the Report of the Study Group on the Objectives of Financial Statements, FASB Discussion Memorandum*, FASB.

FASB [1976a] *Scope and Implications of the Conceptual Framework Project*, FASB (森川八洲男監訳 [1988] 『現代アメリカ会計の基礎概念』白桃書房).

FASB [1976b] *An Analysis of Issues related to Conceptual Framework for Financial Accounting and Reporting : Elements of Financial Statements and Their Measurement, FASB Discussion Memorandum*, FASB (津守常弘監訳 [1997] 『FASB 財務会計の概念フレームワーク』中央経済社).

FASB [1978] *SFAC No. 1, Objectives of Financial Reporting by Business Enterprises*, FASB (平松一夫・広瀬義州訳 [2002] 『FASB 財務会計の諸概念(増補版)』、中央経済社).

FASB [1980] *SFAC No. 2, Qualitative Characteristics of Accounting Information*, FASB (平松一夫・広瀬義州訳 [2002] 『FASB 財務会計の諸概念(増補版)』、中央経済社).

FASB [1980] *SFAC No. 3, Elements of Financial Statements of Business Enterprises*, FASB.

FASB [1980] *SFAC No. 4, Objectives of Financial Reporting by Nonbusiness Organizations*, FASB (平松一夫・広瀬義州訳 [2002] 『FASB 財務会計の諸概念(増補版)』、中央経済社).

FASB [1981] *Exposure Draft : Reporting Income, Cash Flows, and Financial Position of Business Enterprises*, FASB.

FASB [1984] *SFAC No. 5, Recognition and Measurement in Financial Statements of Business Enterprises*, FASB (平松一夫・広瀬義州訳 [2002] 『FASB 財務会計の諸概念(増補版)』、中央経済社).

FASB [1985] *SFAC No. 6, Elements of Financial Statements*, FASB (平松一夫・広瀬義州訳 [2002] 『FASB 財務会計の諸概念(増補版)』、中央経済社).

FASB [2000] *SFAC No. 7, Using Cash Flow Information and Present Value in Accounting Measurements*, FASB (平松一夫・広瀬義州訳 [2002] 『FASB 財務会計の諸概念(増補版)』、中央経済社).

FASB [2002] *Principles-based Approach to U.S. Standard Setting, Proposal*, FASB.

FASB [2005a] *Minutes of the January 19, 2005 Board Meeting : Conceptual Framework*, February, 2005, FASB.

FASB [2005b] *Minutes of the February 23, 2005 Board Meeting : Conceptual Framework*, February, 2005, FASB.

FASB [2005c] *Minutes of the May 25, 2005 Board Meeting : Conceptual Framework—Qualitative Characteristics : Relevance and Reliability*, June, 2005, FASB.

FASB [2005d] *Minutes of the June 22, 2005 Board Meeting : Conceptual Framework*

—*Qualitative Characteristics 2*, June, 2005, FASB.

FASB [2005e] *Minutes of the July 27, 2005 Board Meeting : Conceptual Framework —Stewardship, Relationships between Qualitative Characteristics, and Definitions of Understandability and Materiality*, July, 2005, FASB.

FASB [2005f] *Minutes of the September 21, 2005 Board Meeting : Conceptual Framework*, September, 2005, FASB.

FASB [2005g] *Minutes of the October 25, 2005 Joint FASB/IASB Board Meeting : Conceptual Framework*, November, 2005, FASB.

FASB [2005h] *Minutes of the December 14, 2005 Conceptual Framework Board Meeting*, November, 2005, FASB.

FASB [2006a] *Preliminary Views, Conceptual Framework for Financial Reporting : Objective of Financial Reporting and Qualitative Characteristics of Decision-Useful Financial Reporting Information*, Financial Accounting Series, No. 1260-001, FASB.

FASB [2006b] *Minutes of the April 28, 2006 Conceptual Framework Joint Board Meeting*, May, 2006, FASB.

FASB [2007a] *Minutes of the February 28, 2007 Conceptual Framework Board Meeting*, March, 2007, FASB.

FASB [2007b] *Minutes of the May 2, 2007 Conceptual Framework Board Meeting*, May, 2007, FASB.

FASB [2008a] *Exposure Draft, Conceptual Framework for Financial Reporting : The Objective of Financial Reporting and Qualitative Characteristics and Constraints of Decision-Useful Financial Reporting Information*, Financial Accounting Series, No. 1570-100, FASB.

FASB [2008b] *SFAS No. 162, The Hierarchy of Generally Accepted Accounting Principles*, FASB.

FASB [2008c] *Minutes of the February 20, 2008 Board Meeting, Objective and Qualitative Characteristics Phase*, February, 2008, FASB.

FASB [2008d] *Minutes of the December 10, 2008 Conceptual Framework (Phase A & Phase D) Board Meeting*, December, 2008, FASB.

FASB [2009a] *SFAS No. 168, The FASB Accounting Standards Codification™ and the Hierarchy of Generally Accepted Accounting Principles (a replacement of FASB Statement No. 162)*, FASB.

FASB [2009b] *Minutes of the January 14, 2009 Conceptual Framework (Phase A, Phase C & Phase D) Board Meeting*, January, 2009, FASB.

FASB [2010] *SFAC No. 8, Conceptual Framework for Financial Reporting : Chapter 1, The Objective of General Purpose Financial Reporting, and Chapter 3, Qualitative Characteristics of Decision-useful Financial Information*, FASB.

IASB [2004a] *Project : Conceptual Framework (Agenda paper 10), Information for Observers*, Joint IASB/FASB meeting, October, 2004, IASB.

IASB [2004b] *Board Decisions on International Financial Reporting Standards, Update*, October, 2004, IASB.

IASB [2004c] *Project: Conceptual Framework (Agenda paper 2), Information for Observers*, SAC meeting, November, 2004, IASB.

IASB [2004d] *2004 International Financial Reporting Standards*, IASC Foundation (ASBJ・FASF 監訳『国際財務報告基準書 (IFRSs™) 2004』レクシスネクシス・ジャパン).

IASB [2005a] *Project : Conceptual Framework (Agenda paper 11), Information for Observers*, IASB meeting, January, 2005, IASB.

IASB [2005b] *Project : Conceptual Framework, Information for Observers*, IASB meeting, February, 2005, IASB.

IASB [2005c] *Board Decisions on International Financial Reporting Standards, Update*, January, 2005, IASB.

IASB [2005d] *Project : Conceptual Framework, Information for Observers*, IASB meeting, May, 2005, IASB.

IASB [2005e] *Project : Conceptual Framework (Agenda paper 6), Information for Observers*, IASB meeting, June, 2005, IASB.

IASB [2005f] *Project : Conceptual Framework —Qualitative Characteristics 4 : Definitions of understandability and materiality (Agenda paper 7B), Information for Observers*, IASB meeting, July, 2005, IASB.

IASB [2005g] *Project : Conceptual Framework —Qualitative Characteristics 3 : Relationships between Qualitative Characteristics (Agenda paper 7A), Information for Observers*, IASB meeting, July, 2005, IASB.

IASB [2005h] *Project : Conceptual Framework : Qualitative Characteristics 4 : The Process for Assessing Qualitative Characteristics (Agenda Paper 15B), Information for Observers*, IASB meeting, September, 2005, IASB.

IASB [2005i] *Agenda paper 3, Information for Observers*, World Standard Setters meeting, September, 2005, IASB.

IASB [2005j] *Agenda paper 3A, Information for Observers*, World Standard Setters meeting, September, 2005, IASB.

参考資料一覧   233

IASB [2005k] *Agenda paper 3B, Information for Observers*, World Standard Setters meeting, September, 2005, IASB.

IASB [2005l] *Board Decisions on International Financial Reporting Standards, Update*, September, 2005, IASB.

IASB [2005m] *Project : Conceptual Framework, IASB Meeting Agenda Paper 8 and IASB/FASB Meeting Agenda Paper 6, Information for Observers*, IASB meeting and IASB/FASB meeting, October, 2005, IASB.

IASB [2005n] *Project : Conceptual Framework : Project Status and Plans Including Due Process, IASB Meeting Agenda Paper 8C and IASB/FASB Meeting Agenda Paper 6C, Information for Observers*, IASB meeting and IASB/FASB meeting, October, 2005, IASB.

IASB [2006a] *Discussion Paper, Preliminary Views on an improved Conceptual Framework for Financial Reporting : The Objective of Financial Reporting and Qualitative Characteristics of Decision-useful Financial Reporting Information*, IASB.

IASB [2006b] *Comment Letters No. 1-No. 179*, IASB. (www.ifrs.org/Current-Projects/IASB‐Projects/Conceptual‐Framework/DPJul06/Comment‐Letters/Pages/Comment-letters.aspx) (最終アクセス：2012年12月10日)

IASB [2007a] *Project : Conceptual Framework, Subject : Phase A : Objective of Financial Reporting and Qualitative Characteristics—Comment Letter Summary (Agenda paper 3A), Information for Observers*, Board meeting, February, 2007, IASB.

IASB [2007b] *Project : Conceptual Framework, Subject : Phase A Redeliberations : Qualitative Characteristics of Decision-Useful Financial Reporting Information (Agenda paper 5), Information for Observers*, Board meeting, April, 2007, IASB.

IASB [2007c] *Project : Conceptual Framework, Subject : Phase A : Timeliness (Agenda paper 9a), Information for Observers*, Board meeting, June, 2007, IASB.

IASB [2008a] *Exposure Draft of An improved Conceptual Framework for Financial Reporting : Chapter 1 : The Objective of Financial Reporting, Chapter 2 : Qualitative Characteristics and Constraints of Decision-useful Financial Reporting Information*, IASB.

IASB [2008b] *Project : Conceptual Framework, Subject : Issues Arising During Drafting of Phase A ED and Phase D DP/PV (Agenda paper 3), Information for Observers*, Board meeting, February, 2008, IASB.

IASB [2008c] *Comment Letters No. 1-No. 142*, IASB (http://www.ifrs.org/Current-

Projects/IASB-Projects/Conceptual-Framework/EDMay08/Comment-Letters/Pages/Comment-letters-2008.aspx）（最終アクセス：2012年12月10日）

IASB [2008d] *Project : Conceptual Framework, Subject : Comment Letter summary : Objectives and Qualitative Characteristics （Agenda paper 2A）, Information for Observers*, Board meeting, December, 2008, IASB.

IASB [2009] *Project : Conceptual Framework - phase A : Qualitative Characteristics and Constraints of Financial Reporting （Agenda paper 5）, Information for Observers*, Board meeting, January, 2009, IASB.

IASB [2010] *Conceptual Framework for Financial Reporting : Chapter 1 : The Objective of General Purpose Financial Reporting and Chapter 3 : Qualitative Characteristics of Useful Financial Information*, IASB（IFRS財団編、ASBJ・FASF監訳『国際財務報告基準（IFRS）2012』中央経済社）．

IASB [2011] *Sir David Tweedie addresses the US Chamber of Commerce, Web announcements*, IASB.（http://www.ifrs.org/News/Announcements+and+Speeches/convergence+or+not+speech.htm）（最終アクセス：2012年12月10日）

IASB [2012] *2012 International Financial Reporting Standards*, IFRS Foundation（IFRS財団編、ASBJ・FASF監訳『国際財務報告基準（IFRS）2012』中央経済社）．

IASB and FASB [2010a] *Project : Conceptual Framework, Topic : Objective and Qualitative Characteristics, Topic : Sweep Issues from the Ballot Draft*, IASB/FASB Board meeting, May, 2010, IASB and FASB.

IASB and FASB [2010b] *Project : Conceptual Framework, Topic : Measurement Implications of the Objective of Financial Reporting, Measurement Implications of the Qualitative Characteristics, What the Measurement Chapter Should Accomplish, Staff Paper*, IASB/FASB Board meeting, July, 2010, IASB and FASB.

IASC [1989] *Framework for the Preparation and Presentation of Financial Statements*, IASC Foundation（IASC財団編、ASBJ・FASF監訳 [2009]『国際財務報告基準（IFRS）2009』中央経済社）．

Johnson, L. Todd [2004] *The Project to Revisit the Conceptual Framework, The FASB Report*, FASB.

Johnson, L. Todd [2004] *Understanding the Conceptual Framework, The FASB Report*, FASB.

Johnson, L. Todd [2005] *Relevance and Reliability, The FASB Report*, FASB.

Joyce, E. J., R. Libby, and S. Sunder [1982] FASB's Qualitative Characteristics of Accounting Information : A Study of Definitions and Validity, *Journal of*

Accounting Research, Vol. 20, No. 2, pp. 654-675.

Macve, R. [1981] *A Conceptual Framework for Financial Accounting and Reporting : The Possibilities for an Agreed Structure*, ICAEW.

McGregor, Warren, and Donna L. Street [2007] IASB and FASB Face Challenges in Pursuit of Joint Conceptual Framework, *Journal of International Financial Management and Accounting*, Vol. 18, Issue 1, pp. 39-51.

NZSA [1993] *Statement of Concepts for General Purpose Financial Reporting*, NZSA.

NZSA [2001] *Statement of Concepts for General Purpose Financial Reporting (revised)*, NZSA.

Paton, W. A. [1922] *Accounting Theory*, Scholars Book Co. (reprinted 1973).

PSASB and AASB [1993] *The Development of Statements of Accounting Concepts and Accounting Standards*, AARF and AASB.

PSASB and ASRB [1990a] *Statement of Accounting Concepts, SAC 1, Definition of the Reporting Entity*, AARF and ASRB.

PSASB and ASRB [1990b] *Statement of Accounting Concepts, SAC 2, Objective of General Purpose Financial Reporting*, AARF and ASRB.

PSASB and ASRB [1990c] *Statement of Accounting Concepts, SAC 3, Qualitative Characteristics of Financial Information*, AARF and ASRB.

PSASB and AASB [1995] *Statement of Accounting Concepts, SAC 3, Definition and Recognition of the Elements of Financial Statements*, AARF and AASB.

Rosenfield, Paul [2006] *Contemporary Issues in Financial Reporting*, Routledge.

SEC [2003] *Study Pursuant to Section 108(d) of the Sarbanes-Oxley Act of 2002 on the Adoption by the United States Financial Reporting System of a Principles-Based Accounting System*, SEC.

Sorter, George H. [1967] An "Events" Approach to Basic Accounting Theory, *The Accounting Review*, Vol. 44, No. 1, pp 12-19.

Storey, Reed K. and Sylvia Storey [1998] *The Framework of Financial Accounting Concepts and Standards, FASB Special Report*, FASB ((財)企業財務制度研究会訳 [2001]『財務会計の概念および基準のフレームワーク』中央経済社。).

Tweedie, David [2007] Can Global Standards be Principle Based?, *Journal of Applied Research in Accounting and Finance*, Vol. 2, Issue 1, pp. 3-8.

Wells, Michael [2010] *Teaching Principle-based Standards*, IFRS Foundation. (http://www.ifrs.org/Documents/IFRSforacademicsandeducatorsTokyo.pdf)（最終アクセス：2012年12月10日）

Zeff, S. A. [1999] The Evolution of the Conceptual Framework for Business Enterprises in the United States, *The Accounting Historians Journal*, Vol. 26, No. 2, pp. 89-131.

著者紹介

中 山 重 穂（なかやま　しげほ）

略　歴
1971年　埼玉県に生まれる
1995年　慶応義塾大学商学部卒業
2000年　慶応義塾大学大学院商学研究科後期博士課程単位取得退学
2000年　豊橋創造大学短期大学部専任講師
2004年　同助教授
2009年　愛知学院大学商学部准教授（現職）

主要著書
『会計学』（分担執筆：慶應義塾大学出版会、2007年）
『財務会計の世界』（分担執筆：税務経理協会、2005年）
『会計制度改革への挑戦―フォローイング・ザ・マネー』（共訳：税務経理協会、2005年）

財務報告に関する概念フレームワークの設定
―財務情報の質的特性を中心として―

2013年3月25日　初版第1刷発行

著　者　中　山　重　穂

発行者　阿　部　耕　一

〒162-0041　東京都新宿区早稲田鶴巻町514番地
発行所　株式会社　成　文　堂
電話　03(3203)9201(代)　Fax　03(3203)9206
http://www.seibundoh.co.jp

検印省略

☆乱丁・落丁本はお取り替えいたします☆
©2013　S. Nakayama　Printed in Japan
ISBN 978-4-7923-5058-1　C3034

定価（本体4000円＋税）